# O MESSIAS SELVAGEM

# O MESSIAS SELVAGEM

## COMO O DR. JORDAN PETERSON ESTÁ SALVANDO A CIVILIZAÇÃO OCIDENTAL

JIM PROSER

ALTA CULT
EDITORA
Rio de Janeiro, 2021

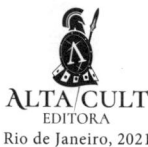

**O Messias Selvagem**
Copyright © 2021 da Starlin Alta Editora e Consultoria Eireli. ISBN: 978-65-552-0377-6

*Translated from original Savage Messiah. Copyright © 2019 by James Proser. ISBN 978-1-250-25142-8. This translation is published and sold by permission of St. Martin's Press, an imprint of St. Martin's Publishing Group, the owner of all rights to publish and sell the same. PORTUGUESE language edition published by Starlin Alta Editora e Consultoria Eireli, Copyright © 2021 by Starlin Alta Editora e Consultoria Eireli.*

Todos os direitos estão reservados e protegidos por Lei. Nenhuma parte deste livro, sem autorização prévia por escrito da editora, poderá ser reproduzida ou transmitida. A violação dos Direitos Autorais é crime estabelecido na Lei nº 9.610/98 e com punição de acordo com o artigo 184 do Código Penal.

A editora não se responsabiliza pelo conteúdo da obra, formulada exclusivamente pelo(s) autor(es).

**Marcas Registradas:** Todos os termos mencionados e reconhecidos como Marca Registrada e/ou Comercial são de responsabilidade de seus proprietários. A editora informa não estar associada a nenhum produto e/ou fornecedor apresentado no livro.

Impresso no Brasil — 1ª Edição, 2021 — Edição revisada conforme o Acordo Ortográfico da Língua Portuguesa de 2009.

| | | | |
|---|---|---|---|
| **Produção Editorial**<br>Editora Alta Books | **Produtor Editorial**<br>Thiê Alves | **Coordenação de Eventos**<br>Viviane Paiva<br>eventos@altabooks.com.br | **Editor de Aquisição**<br>José Rugeri<br>j.rugeri@altabooks.com.br |
| **Gerência Editorial**<br>Anderson Vieira | | **Assistente Comercial**<br>Filipe Amorim<br>vendas.corporativas@altabooks.com.br | **Equipe de Marketing**<br>Livia Carvalho<br>Gabriela Carvalho<br>marketing@altabooks.com.br |
| **Gerência Comercial**<br>Daniele Fonseca | | | |
| **Equipe Editorial**<br>Ian Verçosa<br>Illysabelle Trajano<br>Luana Goulart<br>Raquel Porto<br>Maria de Lourdes Borges | Rodrigo Ramos<br>Thales Silva | **Equipe de Design**<br>Larissa Lima<br>Marcelli Ferreira<br>Paulo Gomes | **Equipe Comercial**<br>Daiana Costa<br>Daniel Leal<br>Kaique Luiz<br>Tairone Oliveira<br>Vanessa Leite |
| **Tradução**<br>Alberto Gassul Streicher | **Copidesque**<br>Carolina Gaio | **Revisão Gramatical**<br>Alessandro Thomé<br>Eveline Vieira Machado | **Diagramação**<br>Daniel Vargas |

Publique seu livro com a Alta Books. Para mais informações envie um e-mail para autoria@altabooks.com.br

Obra disponível para venda corporativa e/ou personalizada. Para mais informações, fale com projetos@altabooks.com.br

**Erratas e arquivos de apoio:** No site da editora relatamos, com a devida correção, qualquer erro encontrado em nossos livros, bem como disponibilizamos arquivos de apoio se aplicáveis à obra em questão.

Acesse o site **www.altabooks.com.br** e procure pelo título do livro desejado para ter acesso às erratas, aos arquivos de apoio e/ou a outros conteúdos aplicáveis à obra.

**Suporte Técnico:** A obra é comercializada na forma em que está, sem direito a suporte técnico ou orientação pessoal/exclusiva ao leitor.

A editora não se responsabiliza pela manutenção, atualização e idioma dos sites referidos pelos autores nesta obra.

**Ouvidoria:** ouvidoria@altabooks.com.br

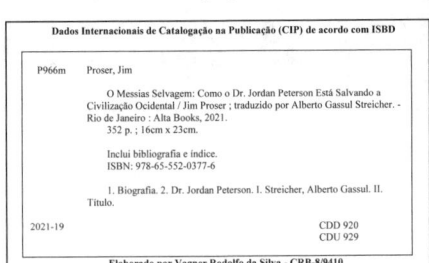

Dados Internacionais de Catalogação na Publicação (CIP) de acordo com ISBD

| | |
|---|---|
| P966m | Proser, Jim<br>    O Messias Selvagem: Como o Dr. Jordan Peterson Está Salvando a Civilização Ocidental / Jim Proser ; traduzido por Alberto Gassul Streicher. - Rio de Janeiro : Alta Books, 2021.<br>    352 p. ; 16cm x 23cm.<br><br>    Inclui bibliografia e índice.<br>    ISBN: 978-65-552-0377-6<br><br>    1. Biografia. 2. Dr. Jordan Peterson. I. Streicher, Alberto Gassul. II. Título. |
| 2021-19 | CDD 920<br>CDU 929 |

Elaborado por Vagner Rodolfo da Silva - CRB-8/9410

Rua Viúva Cláudio, 291 — Bairro Industrial do Jacaré
CEP: 20.970-031 — Rio de Janeiro (RJ)
Tels.: (21) 3278-8069 / 3278-8419
www.altabooks.com.br — altabooks@altabooks.com.br
www.facebook.com/altabooks — www.instagram.com/altabooks

*Para Adoley, mais do que tudo para mim.*

# SUMÁRIO

| | |
|---|---|
| **PREFÁCIO** | ix |
| **INTRODUÇÃO** | xiii |
| **CAPÍTULO UM: DESCIDA AO INFERNO** | 1 |
| **CAPÍTULO DOIS: PASSEIO PELO SUBMUNDO** | 15 |
| **CAPÍTULO TRÊS: NA BARRIGA DA BESTA** | 33 |
| **CAPÍTULO QUATRO: O RETORNO DO HERÓI** | 49 |
| **CAPÍTULO CINCO: SELVAGERIA** | 63 |
| **CAPÍTULO SEIS: TENTAÇÃO** | 75 |
| **CAPÍTULO SETE: UM CÔMODO NINHO DE VÍBORAS** | 91 |
| **CAPÍTULO OITO: BRINCADEIRA DE CRIANÇA** | 115 |
| **CAPÍTULO NOVE: ORDEM E CAOS** | 131 |
| **CAPÍTULO DEZ: A MÃE DEVORADORA** | 141 |
| **CAPÍTULO ONZE: A REALIDADE E O SAGRADO** | 163 |
| **CAPÍTULO DOZE: A DARK WEB INTELECTUAL** | 189 |
| **CAPÍTULO TREZE: O TURBILHÃO** | 213 |
| **CAPÍTULO QUATORZE: RETALIAÇÃO** | 245 |
| **EPÍLOGO** | 305 |
| **AGRADECIMENTOS** | 311 |
| **NOTAS** | 313 |

# PREFÁCIO

Há uma famosa lenda judaica que diz haver, em qualquer época, 36 pessoas justas no mundo. Graças a elas, ele continua a existir; se não fosse por elas, o mundo cairia em um mal tão grande, que se autoconsumiria e basicamente seria extinto.

Nós não sabemos quem elas são, tampouco elas o sabem.

Não acredito na literalidade de tal lenda — presumo haver muito mais de 36 pessoas justas no mundo. Mas a levo a sério. Sua mensagem é totalmente precisa. Todos sabemos do poder que o mal legítimo tem para causar estragos na Terra. Portanto, é necessário que algumas pessoas verdadeiramente boas tenham que o contrabalançar.

Os ventos estão contra você. É muito mais fácil para uma pessoa fazer um grande mal do que um grande bem. Qualquer alma patética pode assassinar dezenas de pessoas; porém, sem contar os médicos, quantas pessoas podem salvar dezenas de vidas?

Jordan Peterson é uma dessas raras pessoas.

Caso o conheça um pouco, você sabe que ele zombaria de tal ideia, é desnecessário dizer. Certa vez, perguntei-lhe em um debate público se acreditava em Deus, e ele respondeu que não se considerava bom o suficiente para poder dizer que sim. Em sua concepção, acreditar em Deus exige uma moralidade tão grande, que ele não consegue imaginar alguma pessoa que possa genuinamente dizer que acredita em Deus.

Como crente em Deus, tudo o que posso dizer é que, embora Jordan não esteja seguro quanto à sua crença em Deus, tenho certeza de que

Deus acredita em Jordan. Ao fim de cada dia na história da criação, relatada em Gênesis, diz-se:

"E viu Deus que era bom." Apenas depois da criação do ser humano é que o texto diz: "E viu Deus que era *muito* bom."

Jordan Peterson é uma daquelas raras pessoas que querem ser muito boas. Acredito que ele seja. Não apenas um psicólogo, marido e pai muito bom, mas um ser humano muito bom.

Todavia, o que o distingue, acima de tudo, é o mais raro dos traços: a coragem. Diversas pessoas são éticas, têm integridade e demonstram bondade regularmente, mas são poucas as que têm coragem. Jordan tem.

Foi sua coragem que o trouxe à atenção pública. Ele recusou-se a ser intimidado pelos bullies orwellianos do politicamente correto, que aprovaram leis na província de Ontário, no Canadá, regulamentando quais pronomes uma pessoa deve usar ao falar ou se dirigir às outras.

Homem decente que é, Jordan Peterson nunca insultaria uma pessoa intencionalmente. Como já deixou claro repetidas vezes, caso alguém tenha aparência feminina e se vista como tal, com um nome feminino, ele se referirá àquela pessoa como "ela", sendo a pessoa transgênero ou não. De igual modo, tendo a pessoa aparência e vestimentas masculinas, e um nome masculino, ele se referirá como "ele". Mas quando uma pessoa barbada e usando saia exige ser chamada de "ela", talvez Jordan não aquiesça, e não permitirá que Ontário lhe diga que assim o deve fazer.

Hoje, tal postura exige coragem, especialmente na instituição menos aberta e mais intolerante de nossa época, a universidade.

Como consequência de sua habilidade impressionante para responder a entrevistadores do mundo inteiro de forma intelectual, racional e fria, Jordan tornou-se uma sensação internacional, particularmente entre os jovens.

E por quê?

Não há uma resposta definitiva a essa pergunta, porém, permita-me sugerir algumas.

Nenhuma outra geração na história moderna foi tão enganada pelos mais velhos quanto as últimas duas, principalmente em países onde o inglês é o idioma oficial. A maioria dos jovens não percebe isso. E como poderia? Se as pessoas que lhe apresentam a realidade — mais especificamente, seus professores e a mídia, por meio de notícias e do entretenimento — dizem que a Terra é plana, por que você presumiria que ela é redonda?

Porém, muitos jovens suspeitam de que não ouviram a verdade completa. No mínimo, muitos deles percebem que não foram expostos a qualquer outra concepção sobre o mundo, sobre o bem e o mal, ou sobre a civilização ocidental. Então, quando um homem nitidamente decente, honesto, erudito e intelectual aparece e lhes fala sobre o bem e o mal, sobre o sentido da vida e como ser uma pessoa mais realizada e definitivamente mais feliz, milhões reagem com entusiasmo.

Os jovens precisam que os adultos lhes mostrem um modelo e que lhes proporcionem sabedoria. Jordan Peterson tornou-se tal adulto para milhares desses jovens. E ele atingiu especialmente jovens rapazes, pois, desde a década de 1970, muitos homens adultos escolheram não se tornar homens, mas permanecer garotos. Com a emasculação deliberada de uma geração de homens, levada à frente por feministas (de ambos os sexos), inúmeros garotos e homens estão perdidos.

O subtítulo desta biografia é "Como o Dr. Jordan Peterson Está Salvando a Civilização Ocidental".

Isso não é um exagero. É o nível de importância que a vida e o trabalho de Peterson têm.

— *Dennis Prager*

Dennis Prager é cofundador da Universidade Prager, que recebe mais de um bilhão de visualizações por ano; também é apresentador de um talk show no rádio e colunista nacionalmente conhecido, além de ser autor de nove best-sellers, incluindo os dois primeiros volumes (dos cinco planejados) de *The Rational Bible*, um tratado sobre a Torah.

# INTRODUÇÃO

Descobri Jordan Peterson no YouTube e fiquei imediatamente cativado pelo seu uso da linguagem. Havia uma musicalidade nela. Ele falava muito rápido sobre conceitos científicos que eu mal conseguia entender, aumentando seu tom de voz, então parava, fazendo um silêncio longo e inesperado. Ele falava em um tipo elevado de inglês canadense. Pausei aquele primeiro vídeo e levei um tempo para digerir o que tinha acabado de ouvir. Parecia-me que ele estava fazendo um alerta sobre algo denominado *neomarxismo pós-moderno* — seja lá o que for isso. Coloquei o vídeo no começo para assistir de novo.

Percebi que seus longos e inesperados silêncios eram momentos espontâneos de introspecção, muitas vezes no meio de explosões de observações científicas. Ele analisava suas palavras, mas não para as deixar mais palatáveis ou se proteger, muito pelo contrário. Deixava-as mais precisas e, muitas vezes, mais inacessíveis. Ele usava frases como "o nível adequado de análises" e "a agradabilidade é um dos traços intimamente associados à criatividade". Compreender isso estava certamente longe do meu alcance, mas ele me desafiava a acompanhar seu raciocínio, com interjeições reflexivas simples e sem rodeios, à la Will Rogers:

> Então, que diabos exatamente está acontecendo aqui? E por que maldição ficamos atacando uns aos outros?

Ele usava termos da psicometria, uma área da ciência que mede as reações psicológicas. Ele dava cor a fatos científicos com sua compreensão singular da natureza humana, que aprendeu com grandes mentes, como

Carl Jung, Friedrich Nietzsche e Jean Piaget. Ele trazia a sabedoria de grandes escritores, tais como Alexander Soljenítsin e Fiódor Dostoiévski. E compartilhava sua própria dor, abertamente e sem qualquer pudor.

Mas, por fim, foram a profunda sensibilidade ao sofrimento humano e os insights de Jordan Peterson sobre a maldade que habita cada coração humano que tornaram as mensagens naquele vídeo únicas e vitais. Espero que você encontre lenitivo nas palavras dele de sabedoria, inspiração com a heroica postura que demonstrou contra inimigos terríveis e alívio do imerecido sofrimento da sua, caro leitor, vida.

— *Jim Proser Sarasota, Flórida, 2019*

## CAPÍTULO UM

# DESCIDA AO INFERNO

O próprio fato de que um problema genérico tomou conta completamente de uma pessoa e é por ela assimilado é uma garantia de que o falante realmente o experienciou e, talvez, ganhou algo com seus sofrimentos. Ele então refletirá o problema para nós em sua vida pessoal e, desta forma, nos mostrará uma verdade.

— CARL GUSTAV JUNG, FUNDADOR DA PSICOLOGIA ANALÍTICA

Ele analisou o pescoço do jovem rapaz, colega de escola, sentado à sua frente. Os finos cabelos e a suave ondulação das vértebras lhe causavam náuseas — algo relacionado à fragilidade e à fraqueza que insinuavam. Sua compulsão para atacar irrompeu, ameaçando escapar para o mundo real desta vez. De repente, viu-se em uma fúria cega e sedenta por sangue. Seu coração disparou, e sua atenção voltou-se à curva da pelugem frágil e macia, fina como se fosse a de um bebê, que dava a volta no pescoço, passando pelas jugulares vulneráveis de cada lado e chegando ao centro preciso da delicada vértebra. Ali, fundiam-se em uma linha vertical escura que marcava o centro exato do nervo espinhal.

Obviamente, a pelugem não daria nenhuma proteção contra o ataque do tipo que ele considerava fazer. Na verdade, ela apontava a alvos primordiais e destacava a larga faixa muscular na qual a ponta de sua caneta encontraria uma satisfação sanguinária. Em algum lugar dentro de sua cabeça, ouviu uma voz parecida com a sua, que talvez dizia algo como:

*Ele não entende que o mundo todo está prestes a ser devastado por uma guerra nuclear? Bem, ele e todos nessa turma idiota ficarão com a porcaria dos olhos arregalados quando eu terminar aqui, vai ser o diabo!*

Permaneceu sentado, no fervor da trama por vingança perante a ignorância dos colegas de sala, enquanto imaginava os líderes mundiais preparando-se para evaporar a humanidade com fogo de urânio a sessenta milhões de graus Celsius, seis vezes mais quente do que o centro do Sol! Aquilo não tinha solução. Sabia que não tinha lógica, e religião ou filosofia alguma podia explicar. Não havia nada além dos exemplos óbvios e infinitos de barbárie que aconteciam em todos os lugares, diariamente, vez após vez, desde o princípio do mundo.

A pergunta que lhe atormentava, "Como o mal — o mal perene e generalizado — operava no mundo?", há um tempo ricocheteava dentro de sua cabeça como um projétil luminoso, devastando seus pensamentos, impedindo-o de dormir e silenciando-o em seu quarto. Sabia que estava perdendo o controle, agora até quando em público. No entanto, não havia onde se apoiar, tampouco um norte a guiá-lo, enquanto tropeçava e caía em seu próprio poço lúgubre em direção ao inferno e à insanidade.

Jordan Peterson entrara no poço de seus próprios medos sete anos antes. Aos 13, já troçava dos contos de fada que lhe ensinavam nas aulas de crisma. *Nascer de uma virgem*, ahã, até parece! *Jesus ressuscitou dentre os mortos*, fala sério! Ficava de cabelos em pé até mesmo perante a ideia de esse papo furado ser ensinado em uma sala de aula, como se fosse uma educação real, e não apenas um punhado de fantasias antigas. Acreditava na ciência. De porte pequeno para a idade e pesando cerca de 50kg, o simples fato de estar próximo daquelas criancinhas cristãs quietinhas e obedientes era suficiente para que fosse repelido da turma legal — os caras durões que falavam palavrão, ficavam bêbados, contavam piadas nojentas e muito injuriosas, chegando até a urinar em túmulos. Ele não queria ser visto com aqueles nerds religiosos.

Apesar das esperanças da mãe, Beverley, de que ele encontraria conforto e orientação na fé cristã que ela exercia, o fato era que estava perdendo-o. Seu pai, Walter, diretor e professor de um colégio de ensino médio, era de pouca ajuda, visto que nunca tinha muito a dizer sobre o assunto. Embora o jovem Jordan amasse sua mãe e nela confiasse completamente, simplesmente não conseguia acreditar em um deus que transformava uma mulher em uma estátua de sal ou que seu único *filho*, um homem comum, pudesse caminhar sobre as águas.

Era como se a urgência em rejeitar a fé da mãe, a primeira fratura indicativa de sua separação como indivíduo, colocasse sua curiosidade já hiperativa, quase maníaca, em marcha alta. Se a Bíblia fosse abobrinha, qual então era a verdade? Agora ele tinha que descobrir. Provavelmente não daria nem para transparecer tal ideia nerd para seus amigos. Era de sua exclusiva propriedade, como se tivesse entrado em sua câmara de eco pessoal para debatê-la, fechando a porta atrás de si. Assim a sós, mergulhou em busca de uma visão, na esfera dos heróis em busca do velo de ouro, o Santo Graal, ou o próprio Grande Espírito. Tendo apenas uma vaga noção de qual direção seguir, deu as costas ao Éden murado de sua mãe e saiu correndo rumo a seu conhecimento pessoal do bem e do mal.

Sabia que seu alvo estava nos alicerces do raciocínio humano e da ciência — tinha de estar. E tinha pressa. Mas já possuía todo o conhecimento sobre o bem e o mal que poderia usar.

Tal conhecimento era absorvido há tempos por meio da leitura de centenas de livros de ficção científica e aventura, em média um por dia, desde que era pequeno. Reconhecia instantaneamente uma pessoa má após poucas palavras de apresentação e, naturalmente, tinha esperanças de que, no fim, ela pagaria por seus atos maldosos. Pensava sobre o bem e o mal desde que conseguiu ler jornal, aos 6 anos. Tudo começou com os horrores do massacre de My Lai, em 1968. Depois, passou a conhecer as histórias sobre os milhões assassinados em guerras mundiais recentes que enchiam livros e filmes populares. Em 1975, então com 13, leu sobre os campos de extermínio do Khmer vermelho em Cambodja, que depois seriam abarrotados com 1,8 milhão de párias políticos, cuja maioria fora morta com picaretas para não gastar balas. Já havia lido sobre as dezenas de milhões de cadáveres das guerras mundiais e sabia que pessoas maldosas atuavam rotineiramente a céu aberto, enquanto as pessoas boas pareciam estar muitas vezes se escondendo, temerosas. *Deus está morto*, ouvira, e também: *A religião é o ópio do povo*. A religião servia para os nerds obedientes, e não para os caras durões que sabiam das coisas. *A religião é um mal.*

E assim, o jovem Jordan, mal entrado na adolescência, desafiava o ministro em sua aula de crisma, perguntando como as pessoas poderiam sequer acreditar no relato bíblico do Gênesis à luz das teorias científicas modernas do big bang e da evolução. Aparentemente, não havia uma resposta satisfatória, apenas as reflexões de um devoto seguidor de Jesus Cristo. Isso enojava o rebelde, prestes a tornar-se o anjo caído. O que pensava era blasfêmia, e ele sabia disso. Mas, e daí? Não havia Jesus ou Deus para puni-lo, de qualquer forma.

Ele já sabia que o mal era algo que vinha de fora, como os monstros espaciais em seus livros de ficção ou os pistoleiros com chapéus pretos que se arrastavam para dentro das cidades buscando problemas, retratados nas aventuras do faroeste. O que não sabia era que um mal especial e pessoal já criara raízes profundas em seu interior, crescendo rapidamente. A sabedoria religiosa da qual troçara e que poderia tê-lo ajudado a enfrentar aquilo só seria adquirida dali a muitos anos, e apenas após muito sofrimento, flertando com a insanidade e quase morrendo.

Aparentemente a única orientação que o jovem Jordan seguia de sua mãe, leal e dedicada, era prosseguir buscando sua visão por meio dos livros, que continuava a consumir às dezenas. Felizmente, ela acabara de começar um trabalho como bibliotecária na faculdade Fairview, ali perto. Ela era a luz no *campus*, atraindo alunos e professores, encantando os colegas com sua personalidade divertida e brincalhona. Não demorou muito, e todos a adoravam quase que completamente, tal qual Jordan. Com a ajuda de colegas, ela pôde orientar seu filho, precoce no ensino médio, a respeito dos livros já da faculdade e das aulas que tratavam da política global e de questões sociais.

Obteve ajuda de Sandy Notley, bibliotecária do colégio de Jordan e mentora de grande influência que o apresentou aos novos livros de críticas políticas e sociais de George Orwell, Aldous Huxley, Alexander Soljenítsin e Ayn Rand. Sandy também lhe apresentou as políticas sociais em ascensão no Canadá. Ela era casada com Grant Notley, líder do Partido Democrático Novo [NDP — New Democratic Party], socialista, na província de Alberta. O NDP era até mesmo mais liberal que o Partido Liberal, em maioria no país. Jordan foi recebido no partido por Grant e não demorou para tornar-se um defensor das políticas socialistas do NDP. Com sua ambição, ética de trabalho impávida e talento para argumentar, ajudou a impulsionar o avanço do partido na política canadense.

À medida que preparava os envelopes com as malas diretas e fazia cartazes para as marchas de protesto, tornava-se cada vez mais inspirado pela revolução em prol dos trabalhadores, agricultores e operários de fábricas, todos oprimidos no mundo inteiro. Agora, orgulhosamente fazia parte do coletivo global, o proletariado, que era abusado e traído em todas as nações do planeta.

Tais palavras novas, *coletivo* e *proletariado*, mal podiam ser compreendidas pelos não iniciados. Mas ele, Jordan Peterson, com 13 anos, estava seguro de que encontraria o caminho que o levaria para longe da ignorância religiosa, em direção à resposta para a pergunta que o possuía totalmente agora: Como e por que o mal existe?

Ele queria saber como o mal político tomou conta de nações inteiras e, aparentemente, de todas as pessoas. Por que alguns países eram consistentemente mais ricos, e seus habitantes, mais felizes e bem-sucedidos, enquanto outros eram sempre pobres, miseráveis e ainda dominados pelo mal? Por que a OTAN e a União Soviética estavam sempre a um triz de uma guerra nuclear que aniquilaria tudo? Como alemães comuns poderiam ter se tornado nazistas? O que os teria levado a cometer atos tão obviamente cruéis e de modo tão despreocupado, ao ponto de apenas seguir ordens?

Ele não parava de fazer perguntas aos Notleys e desafiava seus jovens camaradas do NDP a debater. Porém, estes, os voluntários da base da pirâmide, como ele, pareciam incomodados com o fato de as coisas ainda não estarem resolvidas, pois todas as perguntas eram respondidas com um "Que venha a revolução". Para eles, parecia que as coisas caminhavam a passos de tartaruga. Reclamavam constantemente enquanto fechavam os envelopes com cartas de divulgação para os eleitores ao lado dele, sempre parecendo "impertinentes e rancorosos".[1] Reclamavam sem parar que o povão, o *lumpemproletariado*, como alguns se referiam desdenhosamente a eles, não era motivado o suficiente, não estava protestando nas ruas e nem mesmo lutando contra a polícia. Eles simplesmente não eram revolucionários o bastante, sendo, assim, filhos e filhas do Canadá permissivos demais. Pareciam um bando de chorões sonhadores, tão preguiçosos intelectualmente quanto seus antigos colegas de crisma, mas ainda mais irritantes. Pelo menos, os cristãos não esperavam que as pessoas encontrassem Jesus por si só e, depois, reclamavam quando isso não acontecia.

Eles sabiam que as pessoas estavam lutando em um mundo caído. Aqueles marxistas mais jovens estavam irritados porque as pessoas simplesmente não entendiam a situação, quando era óbvia demais.

Nada daquilo tinha qualquer obviedade ou facilidade para Jordan, então ele passou a ficar distante dos reclamões. Questões importantíssimas que poderiam salvar a humanidade da catástrofe ainda precisavam ser respondidas. A resposta mais simples, como todos leram no *Manifesto Comunista*, de Marx e Engels, era a injustiça econômica. Tal era a raiz de todos os males; não o dinheiro, mas a falta dele e do poder que dele decorria às pessoas da classe trabalhadora. Isso fora o que causara todo o sofrimento no mundo. No entanto, para a mente de Jordan, isso não chegava nem mesmo perto de explicar como um brilhante pesquisador médico oriundo de uma rica família alemã poderia ter se tornado o infame Dr. Josef Mengele, em Auschwitz. A economia não tinha nada a ver com isso. Obviamente, havia algo muito mais profundo, muito mais maldoso acontecendo.

Com sua mente fixada firmemente na visão utópica para o fim do mal de alguma forma e por meio de um paraíso global de trabalhadores, ele se uniu à luta de todos os empregados e deu seu primeiro passo no mundo real do trabalho. Na cabeça dele, tal começo fora a passos largos, como um colosso musculoso empunhando habilmente um martelo, tal qual os cartazes revolucionários soviéticos — o martelo empunhado no alto, desafiador, o rosto voltado para cima, olhando heroicamente para o futuro. Na verdade, ele era um lavador de pratos não tão musculoso assim em um restaurante local, pequeno, com a cabeça repleta de perguntas desesperadamente importantes necessitando de respostas.

Trabalhador sempre esforçado e agradável, embora sendo um jovem bem reservado, não demorou até que fosse promovido a cozinheiro, função na qual experimentou as primeiras e vagas indicações da opressão. Não a opressão de classes, pois até onde sabia, todos em Fairview pertenciam à mesma classe, porém, a opressão das demandas constantes do trabalho em si, que não mais lhe permitiam ter tempo para a leitura. Mudou de emprego, passando a ser frentista em um posto local, trabalho no qual podia ficar com as mãos sujas tal qual um Ivan, membro da real classe trabalhadora, e conseguia ler algumas páginas entre os atendimentos. Desenvolvia habilidades e disciplina como funcionário, mas a opressão parecia não estar por perto na comunidade unida de Fairview. Todos eram trabalhadores, até mesmo os chefes. Porém, de acordo com o NDP, opressão era o que não faltava. Os chefes políticos de Ottawa estavam sempre passando a perna nos fazendeiros de alguma forma, ou enganando os trabalhadores petroleiros com algum esquema. O problema era que o partido simplesmente não conseguia atrair muitos interessados e continuava com dificuldades e sem qualquer poder, até que, em 1968, Notley assumiu a liderança e, em 1971, ganhou assento na Assembleia Legislativa de Alberta. Quando Jordan respondeu ao chamado para agir, em 1975, o NDP era ainda um partido de minoria no governo provincial, com um poder real muito pequeno. Mas era um grupo no qual ele conseguia transformar seus entusiasmos joviais em conceitos refinados de justiça social, ao mesmo tempo em que aprendia as bases da organização política.

Terminando o ensino médio, aos 17, mudou-se para Grand Prairie, a 96km dali, e começou a estudar na Faculdade Regional Grand Prairie. Pensava que gostaria de ser advogado, alguém que protegeria os inocentes e puniria os malvados. A escolha de seus estudos visava prepará-lo para uma carreira no tribunal.

A política ainda o cativava, especialmente a de esquerda, popular entre seus novos colegas de sala. O marxismo estridente parecia uma saída incerta, visto que a maioria dos alunos tentava ao máximo ser legal. Parecia um tanto prepotente e idiota sair por aí protestando e gritando slogans, usando pequenos óculos nerd à la Trotsky ou bonés de trabalhadores comunas, assim, debates regados a cerveja e defumados com bongs nos dormitórios eram uma alternativa mais atraente. Especialmente em um mundo que prosperava com a ideia do "bacana", do "cool" — jazz, roupas, garotas e garotos, todos bacanas e cool —, o marxismo não caía bem para Jordan.

Ele era um valentão, cowboy fronteiriço dos campos petrolíferos de Alberta. Falava rápido e pensava mais rápido ainda. Cresceu lutando por seu espaço em uma matilha de lobos composta por caras durões, então o que lhe faltava em estatura física era compensado por ridicularizações esmagadoras.

Aqueles que sabem sobre os cowboys dizem que o animal mais perigoso do mundo é um cowboy de 75kg. Jordan era agora um deles, mas ainda menor, e com uma pequena provocação, ficava irascível tal qual um demônio. Perto dele, qualquer um aprendia rápido a ter cuidado com o que dizia. Nenhum argumento indolente ou fraco passava sem ser desafiado, e todos os insultos velados eram descobertos. Ele não era muito bacana, mas sério, intenso. Estava com pressa.

Já havia lido, anos antes, sobre os mundos ficcionais da opressão da classe dominante em *1984*, de George Orwell, e em *Admirável Mundo Novo*, de Aldous Huxley, com a ajuda de Sandy Notley. Mas quando oportunamente descobriu o mundo real e chocante em *Arquipélago Gulag*, de Alexander Soljenítsin, parecia que tinha sido atingido em cheio no peito com a pá de um extrator de sal. Ao ler as centenas de páginas com detalhes do mal nojento e monstruoso da moderna União Soviética, o brilho de um paraíso utópico dos trabalhadores começou a escurecer rapidamente. Os marxistas não eram melhores que os capitalistas; na verdade, eram terrivelmente piores! Marx disse que a religião era o ópio do povo que ninava os trabalhadores, mas os comunistas eram a heroína que os matava de primeira.

Para a mente explosiva e o coração confiante que tinha, em uma busca sagrada pela verdade, isso foi uma revelação arrasadora. Ele tinha sido um tolo. Tinha sido traído pelos amigos confiáveis da família, Sandy e Grant Notley.

Tinha sido um jovem tolo, gritando belas palavras que não entendia completamente, como um advogado sabichão. Estava indignado. Mentirosos!

Sua utopia no horizonte caiu em ruínas perante os olhos de sua mente, enquanto assistia, estupefato por sua tolice. Caiu como os colegas prisioneiros de Soljenítsin que, naquele mesmo dia, estavam sendo forçados a trabalhar e passar fome até morrerem nos gulags. Os prisioneiros que ele ajudara a escravizar. Sim, ele mesmo. Toda aquela falação tinha apenas justificado um sistema corrupto que humilhava aqueles miseráveis, exilava-os e, depois, assassinava-os. *Não tinha como sair dessa, garotão!* Tal percepção deve ter sido devastadora.

Não tinha como sair dessa, por lado nenhum. A ignorância, a humilhação e o engano pairavam em todas as direções. Tudo o que podia fazer era retirar-se. Ficou ressentido com aqueles que o haviam enganado, e também com aqueles que, como ele mesmo, haviam permitido ser enganados. Ficou furioso consigo mesmo e com os outros imbecis no mundo todo que estavam promovendo aquele sistema descaradamente mau. E, por fim, para aliviar sua dor, engoliu a amarga droga do niilismo, a crença de que a vida não tinha sentido e as pessoas eram apenas parasitas desmioladas. Vagamente, pensamentos infernais de violência começaram a se infiltrar no vazio onde seus sonhos costumavam estar. Talvez ainda nem entendesse a palavra *niilismo*, mas o diabo, como sua mãe teria lhe explicado caso ele tivesse demonstrado respeito o bastante para ouvi-la, tem muitos nomes obscuros. E não demoraria até que ele aprendesse cada um deles.

Após algumas semanas, enquanto processava sua percepção devastadora, o choque e o nojo diminuíram, e ainda sentia que a ideia coletivista de todos compartilhando tudo devia ter algum valor. Era apenas senso comum. Não dava para jogar tudo no lixo. Ele *sentia* a verdade naquilo. Os russos obviamente a haviam entendido mal, de alguma forma foram corrompidos.

Que os trabalhadores estavam sendo tratados como escravos contratados em todos os lugares, era óbvio. Os ricos não se importavam com eles, tampouco os políticos, e a Igreja, ainda menos — ou já teriam feito algo àquela altura.

Talvez estivessem todos enfraquecidos, provavelmente até os marxistas russos, pelos capitalistas que os atacavam constantemente com propaganda política e estavam prontos para proteger seus lucros com bombas nucleares, se preciso fosse. Estava claro que os dois lados faziam parte de um sistema insano. O sistema é que estava errado, e não a teoria marxista. Tinha que ser o sistema. Algo em sua profundidade, esquecido pelos pensadores preguiçosos e corruptos.

De qualquer modo, ele não conseguiria escapulir do marxismo como fizera com o cristianismo. Quando parou de frequentar as aulas da escola bíblica, ninguém sequer percebeu. Mas agora era diferente. Deixara sua marca e havia assumido uma posição. A humilhação de voltar atrás seria fatal, socialmente falando. Ele sabia que conseguiria colocar esse pino quadrado em um buraco redondo apenas se tivesse tempo suficiente para pensar. Teria que trabalhar muito mais para descobrir a falha que havia capturado Soljenítsin e seus colegas prisioneiros.

Deve ter sido difícil seguir em frente, escondendo sua humilhação, mas não havia escolha. Ele tinha que se redimir. O relógio nuclear não parava. A guerra nuclear nem mesmo era mais chamada de *guerra*, mas de *destruição mútua assegurada* ou MAD [*mutual assured destruction*] nas falas políticas. Aniquilação total e global. Nem mesmo importava quem seria o primeiro a lançar; os russos atingiriam os Estados Unidos e devastariam o Canadá também — por 24 mil anos! Mas o mundo terminaria muito antes disso, pelo inverno nuclear e pela fome em massa, era o que dizia a ficcional propaganda política da KGB soviética que dizimava a vontade política norte-americana.[2] Tal mentira sobre o inverno nuclear era tão eficaz, que quando os alarmes de incêndio foram testados durante alguns fins de semana em todos os EUA e no Canadá, ninguém, especialmente os adolescentes com imaginação fértil como Jordan Peterson, tinha 100% de certeza de que não eram, de fato, os alarmes anunciando os mísseis que estavam chegado para causar o fim do mundo.

A humilhação por sua ingenuidade e pela possibilidade de morrer de fome em um inverno nuclear, como os prisioneiros colegas de Soljenítsin na Sibéria, só aumentava sua pressão interna. Obviamente ele não entendia nem mesmo algumas realidades políticas básicas. Não era uma questão que poderia ser respondida com cerveja, bongs e papo furado com os jovens bacanas. E como poderia mesmo obter as respostas, se não havia nenhum adulto a quem pudesse recorrer?

Esperava obter orientação com os líderes socialistas do *campus* e aparentemente encontrou alguns que eram dignos de seu respeito. Mas os reclamões, como os voluntários do NDP, muitas vezes "não tinham trabalho, família e educação concluída — nada além da ideologia. Eram impertinentes, irritadiços e pequenos, em todos os sentidos da palavra".[3]

Os mortos da história de Soljenítsin ralhavam sua paz de espírito. Sussurravam para ele quando as garotas lhe lançavam olhares e sorrisos em festas. Eles o acordavam em salas de aula sufocantes quando o ruído do apagador, ao bater levemente no quadro, transformava-se em uma picareta golpeando a camada de pedra branca em uma mina de sal. Nunca o deixavam em paz por muito tempo.

Motivou-se ainda mais, determinado a descobrir onde havia errado. O que teria deixado passar enquanto perseguia a utopia? Ele permanecia com os políticos, em geral esquerdistas, no *campus*, uma vez que era onde as coisas aconteciam. Coisas como o icônico romancista e totem da cultura jovem, Kurt Vonnegut, discursando na Faculdade Bennington:

> Não seria correr atrás do vento falar sobre uma abundância modesta para todos. Lá na Suécia é assim. Podemos ter isso aqui também. Dwight David Eisenhower certa vez destacou que a Suécia, com seus vários programas utópicos, tinha uma alta taxa de alcoolismo e suicídio, além de um desassossego entre os mais novos. Mesmo assim, gostaria de ver os Estados Unidos tentarem o socialismo. Se começarmos a beber demais ou a nos suicidar, e se nossos jovens começarem a agir como loucos, podemos voltar à boa e velha Livre Iniciativa novamente.[4]

Mexendo ainda mais na ferida, Yuri Bezmenov, agente soviético da KGB, desertara rumo ao Canadá anos antes e havia aberto o bico sobre o plano russo de apoiar vinte alunos esquerdistas, como Jordan, e enfraquecer o Ocidente. Nas palavras dele:

> A ênfase da KGB está muito longe de ser na área de inteligência... 85% estão em um processo lento que chamamos de subversão ideológica... ou guerra psicológica. Isso significa basicamente que queremos mudar a percepção da realidade de cada norte-americano (e canadense) a tal ponto que, apesar da abundância de informações, ninguém conseguirá chegar a conclusões racionais a bem de defender a si próprio, sua família, sua comunidade e seu país.[5]

Obviamente, quase ninguém, além dos conservadores (que ficaram imediatamente de cabelos em pé), jamais ouvira falar de Bezmenov, mas todos sabiam quem era Vonnegut. Com um conflito crescente em sua mente, o idealista Jordan Peterson sabia que poderia pelo menos estar com o pessoal da esquerda, muito embora não os admirasse, enquanto as mesmas velhas perguntas sobre o bem e o mal martelavam em sua cabeça, começando a deixá-lo louco.

Chegara a hora de agir. Definiu como missão concorrer ao cargo de representante estudantil no Conselho de Governadores da Faculdade Regional Grand Prairie. Aprendera como fazer campanha quando trabalhou para Grant Notley, e agora faria campanha para si próprio. Ele mergulhou de cabeça na política e conquistou sua vaga no Conselho, acreditando que teria uma confrontação direta com o inimigo conservador. Lá, participavam empresários locais bem-sucedidos, conservadores, como a maioria dos moradores da província de Alberta, em geral agradáveis e tolerantes ao jovem socialista agora entre eles. Jordan irritou-se quando percebeu que não conseguia encontrar um pingo de sentimento opressor no grupo. Contra que diabos de inimigo ele tinha que lutar? Ficava ainda mais incomodado pelo fato de começar a realmente admirá-los. Pelo menos, eles não ficavam reclamando sobre o estado do mundo, como seus colegas socialistas. O mundo destes aqui estava prosperando, deixando-o de certa forma mais confuso e infeliz.

Como menciona em seu primeiro livro, *Mapas do Significado*, na época em que tinha um colega de quarto cético na faculdade,

> ele demonstrava ceticismo com relação às minhas crenças ideológicas. Ele me disse que o mundo não podia ser encapsulado dentro dos limites da filosofia socialista. Eu tinha chegado mais ou menos a essa conclusão sozinho, mas não a admitira tanto em palavras.[6]

Não demorou para que, em suas leituras, passasse por *O Caminho para Wigan Pier*, de George Orwell, um livro que acabou com sua confusão quanto aos motivos de seus colegas socialistas serem uns perdedores insuportáveis, além de lhe mostrar pelo menos uma grande falha no socialismo que vinha tentando desesperadamente encontrar. A respeito desse livro, ele disse:

> Orwell fez uma análise político-psicológica das motivações do socialista de classe média, intelectual e em seu paletó de tweed, chegando à conclusão de que não é que pessoas assim não gostavam dos pobres; elas apenas odiavam os ricos... aí está!, pensei. É isso, o ressentimento.[7]

Ele descobriu não apenas o ressentimento, mas a escada caracol que descia ao próprio inferno. Descobriu que o ressentimento levava ao ódio, e o ódio, à vingança. Por sua vez, a vingança levava ao escabelo do Príncipe das Trevas em pessoa: a demonização. Uma vez que a pessoa é demonizada, sua humanidade se apaga. Ela se torna desumana e sujeita a todas as desumanidades. Assim, qualquer mal que se lhe apresente, até o assassinato ou mesmo o genocídio, torna-se meramente o cotidiano, algo banal.

É de tal forma que um padeiro alemão gente boa se torna o guarda imperturbável em Auschwitz, levando crianças ao médico pesquisador outrora brilhante que havia se transformado no impiedoso Dr. Mengele. Então, ambos são alemães leais e orgulhosos, alegremente a serviço do Príncipe.

À medida que Jordan percebia que o ressentimento e a atrocidade se encontravam em cada ponta de uma reta, também se deu conta de que isso não poderia ser verdade apenas para os socialistas. Era a condição humana. Era como o mundo funcionava. E, portanto, qualquer defensor de qualquer causa, incluindo ele mesmo, deveria ser considerado com suspeição. Cada crença parecia, assim, não ter valor algum, uma vez que não dava para confiar que qualquer pessoa a viveria totalmente.

Mas, pelo menos, agora encontrara uma direção. Deu o primeiro passo descendo a escada caracol rumo às trevas. Já não reconhecia mais quem era bom e quem era mal, incluindo sua própria família e a si mesmo. Não sabia mais no que acreditar ou não. Com esse dilema terrível, a pressão interna aparentemente despontou, aumentando seu isolamento.

O passo seguinte foi obscuro, e ele tomou cuidado. Mais pensamentos e leitura seriam necessários. Por ora, ainda conseguia fingir sua postura no curso de Direito e em seus deveres no Conselho dos Governadores, mas a política e o direito começaram a perder seu brilho para ele. Seus pontos de referência extraviaram-se, então permaneceu no primeiro degrau da escada, sem acreditar em nada e em ninguém.

Continuando a descida, o próximo degrau seria sua descoberta: o ressentimento. Não era algo que lhe ocorrera naturalmente; afinal não era uma pessoa ressentida, e considerava ser essa uma qualidade sem atração. Como todos pareciam ser igualmente indignos de confiança, não havia alguém especificamente contra quem guardasse ressentimentos. Ainda não. Em breve apareceriam muitas oportunidades na direção na qual seguia, e o Príncipe já batia o pé, calçado de pantufas, impacientemente.

## CAPÍTULO DOIS

# PASSEIO PELO SUBMUNDO

> A aventura [do herói arquétipo] é sempre, e em todos os lugares, uma passagem para além do véu do conhecido, rumo ao desconhecido; os poderes que vigiam tal fronteira são perigosos; enfrentá-los é arriscado...
>
> — JOSEPH CAMPBELL, *O HERÓI DE MIL FACES*

Chovia há alguns dias em Edmonton, o coração industrial de Alberta, Canadá, quando Jordan Bernt Peterson nasceu, no dia 12 de junho de 1962. Para sua chegada, as nuvens carregadas se dissiparam e o sol do início do verão esquentou o ar fresco. Primeiro filho de Wally e Beverley Peterson, a chegada segura de Jordan era um alívio enorme e uma celebração transformadora, tudo de uma vez só. O sol brilhava, os pássaros cantavam, e, agora, eram uma família de verdade. Tinham sido abençoados.

Durante o percurso que levava sete horas de carro, rumo ao norte de onde moravam, em Hines Creek, que tinha uma população de cerca de 380 pessoas, Wally estava atento a tudo e sem dúvidas colocava toda sua concentração na segurança, dirigindo cuidadosamente e com os olhos aguçados e treinados para perceber qualquer movimento diferente de carros e caminhões a seu redor. Naturalmente, Beverley não deve nem ter prestado atenção na estrada, com a alegria de seu coração inteiramente voltada a ficar analisando cada detalhezinho de seu lindo bebê.

Para Jordan, crescer no minúsculo vilarejo fronteiriço de Hines Creek era como fazer parte de uma tribo isolada. Com apenas 150 famílias vivendo juntas nos campos petrolíferos do norte de Alberta, era uma comunidade bastante unida, que tinha o básico da vida moderna, mas nada muito além disso. Quando seu irmão e sua irmã mais novos chegaram, todos desfrutavam basicamente do mesmo estilo de vida rural que os filhos dos pioneiros nas pradarias tiveram durante cem anos. Recebiam comida, roupas e educação, mas em termos de entretenimento, geralmente ficavam por conta própria, inventando jogos e correndo soltos ao ar livre.

E isso especialmente durante os seis longos e gelados meses de inverno, quando a imaginação era o único recurso disponível. Naquela metade do ano, quando a noite começava cedo e ficava quase que para sempre, jogos de tabuleiro ou a leitura eram geralmente os únicos entretenimentos.

Parecia que o jovem Jordan se adaptava bem aos aspectos espartanos, um tanto reclusos, de Hines Creek. Estava seguro sob a atenção bem séria, mas amável, de seu pai, e era encorajado pela jocosidade da mãe. Com poucas distrações, desenvolveu uma percepção aguçada do mundo ao seu redor e a habilidade de estudá-lo de forma organizada com seu educador: o pai. Ele recorda de quando aprendeu a ler aos 3 anos, tendo rapidamente devorado todos os livros do Dr. Seuss. Nas palavras de seu pai:

> Ô rapazinho danado de bom para leitura! Fomos visitar sua avó no litoral quando ele tinha uns 5 anos, e ela não conseguia acreditar no que via. Ela dava o jornal para o pequeno, que o lia para ela.[1]

A paisagem das planícies intocadas do norte em Hines Creek, com sua ordem meticulosa, tranquilizadora e, de repente, com um caos explosivo, certamente fascinava e assustava o garoto. Ela formou o traço fundamental de sobrevivência do respeito vigilante, que ajudou a explorar seu intelecto ardente em desenvolvimento, cuja tendência era disparar rumo à fantasia. Com a orientação paciente de seu pai, explorava a natureza, aprendendo a pescar, a caçar e também a prestar o respeito apropriado àqueles sacrifícios horríveis.

Porém, Jordan não compartilhava da paciência de seu pai nem da resolução silente de sua mãe. Era um turbilhão emocional. Suas leituras por vezes ocasionavam explosões de perguntas, com lágrimas de frustração enchendo seus olhos enquanto esperava pelas respostas. Até mesmo a animação dos jogos infantis podia produzir um terremoto emocional, e não demorou até que as outras crianças começassem a provocá-lo, apenas piorando as coisas. Suas emoções pareciam se amplificar com sua inteligência, assim como certas ideias vinham com aspectos espinhosos. Era um traço que permaneceria com ele ao longo da vida.

Hines Creek ficava a uma curta caminhada do Lago George, enorme e um pouco menos de 2km ao norte, 8km ao norte de Sand Lake Nature Area e apenas 19,3km a leste do Rio Peace e da área selvagem de Dunvegan. Ele aprendeu sobre as tribos nômades dos nativos Cree, Beaver e Chipewyan, que caçaram búfalos por milhares de anos nas planícies do norte, longe das ricas florestas e dos agradáveis verões do sul.

Os livros continham todas as histórias e fotos desse outro tipo de pessoas. Elas faziam tudo diferente; falavam outro idioma e não tinham empregos. Vagavam pelas planícies seguindo os rebanhos de búfalos, carregando suas tendas feitas de galhos e peles de animais. Tinham até mesmo uma cor diferente. Porém, quase todos tinham desaparecido, inclusive os búfalos. Era um mistério, quase que fascinante demais para ele suportar. Precisava de mais livros.

Os livros então explicaram sobre a corrida do ouro local, a chegada da ferrovia (Hines Creek sendo o ponto mais ao norte da linha Canadian Pacific), as descobertas de petróleo e, depois, diamantes na província. Depois vieram as leis e os tratados que deram terras às tribos, mas não o suficiente para caçarem como nos idos dias. Os búfalos já tinham desaparecido àquela altura, então não tinham o que caçar. Os caçadores profissionais das cidades os haviam matado por dinheiro.

Por dinheiro? Sua mente juvenil, que estava apenas começando a captar as engrenagens internas de um mundo real e problemático, deve ter hesitado perante tal ideia. Todos os búfalos foram exterminados *por dinheiro*? Em seus livros havia imagens de pilhas enormes de ossos branquinhos de búfalos — três vezes mais altas que um homem — e vagões-prancha carregados ao máximo com peles dos animais. Isso não era o respeito sobre qual o tinham ensinado. As lições de seus pais eram claras — se matar um animal, é muito bom que esteja preparado para consumi-lo, garotão, senão... Todos os caçadores sabiam disso. Matar um animal e não o consumir era um pecado. E dos grandes.

E se aqueles caçadores eram inspirados apenas pelo dinheiro, por que tiveram que matar *todos* os búfalos? Essa e uma série infinita de outras perguntas exigiam respostas as quais seus pais se esforçavam ao máximo para transmitir a ele. Falavam sobre cobiça e um tipo de cegueira que as pessoas da cidade carregavam em si, gerando apenas mais perguntas. Ele sabia que aquilo era um tipo de pecado, mas era tudo que sabia. Voltava às suas leituras com um senso de urgência e, agora, com certo pesar.

A família, incitada por Beverley, frequentava a Igreja Unida do Canadá, uma parceria das igrejas presbiteriana, metodista e outras protestantes. Deve ter sido torturante para o hiperativo Jordan. Na maior parte das vezes, nem mesmo sabia sobre o que o ministro estava falando lá na frente, mas tinha que fingir que sabia, porque não podia fazer nenhuma pergunta.

Às vezes era sobre Jesus, que foi torturado até a morte por vilões. Havia uma estátua assustadora dele sangrando e preso a uma cruz de madeira, pendurada na frente da igreja. Outras vezes era sobre Deus e de quem Ele gostava ou não porque fizeram determinadas coisas. Havia um livro gigantesco que explicava isso tudo, mas em uma linguagem esquisita e antiga que ele mal podia compreender. Era um pesadelo, tudo aquilo — levantar, sentar, ajoelhar, levantar de novo, ouvir o homem contar uma história sobre alguma coisa — durante uma hora! Não havia escape. Levava uma encarada do pai e um puxão da mãe em sua camisa até mesmo quando ficava se mexendo ou cutucando o irmão para se divertir. Era um desastre.

Aos 10, Jordan e sua família mudaram-se do pequeno vilarejo fronteiriço de Hines Creek para a cidade de Fairview, cerca de 24km ao sul e com uma população de 3 mil pessoas. Fairview tinha times de beisebol e hóquei no gelo no colégio, além de hotéis, cinemas e variadas feiras e desfiles. Havia muitos trabalhadores de perfuração nos campos ricos em petróleo, como em Hines Creek, porém também havia muitos fazendeiros, cowboys pecuaristas e pequenos empresários, o que lhe dava a aparência de ser uma cidade grande.

O único problema do local era que agora ele tinha que frequentar a escola dominical, onde ficava sentado diante de uma mesa durante uma hora ouvindo o ministro falar. O homem contava histórias da Bíblia que às vezes eram interessantes, e ensinava orações diferentes para memorizar.

Quando chegavam em casa, apenas sua mãe parecia interessada no que aprendera. Caso contrário, religião nunca era discutida em sua casa.

Como tinha pulado um ano de estudos, faltava-lhe apenas um ano do ensino fundamental para começar o ensino médio. Enquanto seus colegas de sala começavam a esticar e ganhar corpo, Jordan continuava pequeno e magricela para a idade. Ter um ano a menos fez com que sua estatura fosse ainda mais perceptível. A socialização adolescente acompanhada da ameaça sempre presente do constrangimento, até mesmo do ostracismo, começava a se estabelecer, despedaçando amizades de infância e formando alianças contra os ataques. O culto ao "bacana" estava chegando, mas Jordan não tinha amigos na área para comprovar que ele era gente boa, nem para facilitar sua apresentação na sociedade do primeiro ano do ensino médio. Ele teria que encontrar um nicho, um grupo social que o aprovasse, e agir rápido para sobreviver socialmente.

O ensino médio chegou sem alardes, e não demorou até que Jordan se visse passando o tempo explorando Fairview com seus novos amigos. Não era muito bom com esportes, então realmente não se encaixou naquele grupo. Não se interessava particularmente por arte, então esse grupo estava fora de questão também. Como era fisicamente pequeno, começou a compensar o fato encontrando modos de provar sua força. Foi atraído aos desajustados, os caras durões que costumavam falar alto e pegar pesado. Como essa turma não tinha atividades organizadas para ajudar a concentrar suas energias, costumavam perambular como uma matilha por Fairview depois das aulas, fazendo malandrices sempre que possível. Não perdiam tempo e faziam o pequeno Jordan aprender tudo.

Um passatempo favorito era pendurá-lo pelo colarinho no armário do corredor, chutando e xingando-o. Outro era agarrá-lo nas escadas e ficar empurrando-o para a frente e para trás, de um garoto para outro. Não demorou para descobrirem que Jordan era pequeno, mas era extremamente forte. Também aprenderam que, muito embora ele demorasse para entrar na conversa, tinha na manga uma coleção impressionante de opiniões sobre os hábitos sexuais de suas mães. Tinha sido bem preparado pelo conselho simplório, mas perspicaz, de seu pai sobre ter que enfrentar antagonistas, grandes ou pequenos: "Se algo está lhe incomodando, é importante não ficar remoendo e permitir que isso lhe amargue."[2]

Tal tratamento bruto era o tipo de diversão altiva e combativa que lhe angariou um lugar certo no grupo dos valentões, muito embora seus olhos ainda se enchessem de lágrimas ocasionalmente. A despeito das lágrimas, ficou à altura do desejado e corria alegremente com sua turma, como sendo apenas mais dos garotos desbocados em busca de qualquer coisa para passar o tempo em sua cidade na pradaria.

Jordan preocupava-se, muito mais que a maioria dos pré-adolescentes de Fairview, com o mundo além dos trotes de sua pequena cidade. O jornal *Fairview Post* era repleto de horrores e escândalos obscuros do mundo todo, porém não tinha o contexto suficiente sobre aqueles eventos para que lhe gerasse muito interesse. Quem, o que e onde simplesmente não faziam muito sentido para ele. Por sua vez, voltou-se aos livros.

Por preciosidade do destino, seus primeiros livros foram de ficção científica. Na época, estavam extremamente populares os livros de Isaac Asimov, admirador da série *O Senhor dos Anéis*, de Tolkien. Asimov criara Lucky Starr, o herói de uma série de livros infantojuvenis de ficção científica que participava de aventuras eletrizantes como as de *O Senhor dos Anéis*, porém, em vez de ter mitologia europeia, as histórias de Asimov baseavam-se em fatos científicos. Como Asimov disse na época:

> Quero ficção científica. Acredito que ela não será realmente isso se não tiver ciência. E acredito que quanto melhor e mais confiável for a ciência nela, de igual modo será a ficção científica.

Despertara-se a conexão entre a imaginação e o mundo real! Começou a pegar emprestado cinco ou seus livros por vez na biblioteca escolar, com a ajuda de sua ávida apoiadora, Sandy Notley. Os mundos completos e fascinantes de Asimov forneciam todo o contexto necessário, diferentemente das breves histórias no jornal, de modo que Jordan pudesse descobrir quem era bom, quem era mal e por quê. De repente, viu-se encantado pela ciência e por suas diversas conexões com os caminhos do coração humano.

Um ano antes que sua mente florescente mergulhasse nos mundos da ficção científica, a editora de Asimov também publicara *The Working Brain*,[3] um livro popular do pioneiro neuropsicólogo russo Alexander Luria. Muito provavelmente Jordan acabou passando por essa obra, ou lhe foi indicada, a partir das pilhas de livros voltados à ciência que pegava emprestado. As referências posteriores a Luria em suas palestras indicam a posição influente do trabalho do neuropsicólogo em algum momento de seus anos de formação. Sendo um jovem precoce, muito consciente de seu cérebro hiperativo, conseguiu compreender facilmente os três sistemas básicos do cérebro em funcionamento naquele pequeno livro: o atencional (ou sensorial), o mnésico (ou de memória) e o da manutenção energética. Provavelmente, Luria também foi o precursor da atração duradoura de Jordan pela literatura e pensamento russos.

Agora, com sua cabeça cheia de ficções científicas e fatos encantadores, sua retirada da frustrante teologia cristã acelerou-se drasticamente. No entanto, ainda havia a questão da tirania materna que controlava sua frequência na escola dominical. Não havia o que fazer, a não ser se render. Com resignação, vestiu a máscara de filho obediente e aprendeu a suportar o tédio.

Jordan começou a dominar seu próprio cérebro tumultuado, primeiramente desenvolvendo sua memória com uma prática denominada de o Palácio da Memória, encontrada em um dos primeiros e mais populares livros de Luria, *The Mind of a Mnemonist*.[4] Essa técnica, também chamada de Quarto Romano ou Método Loci (*lugares*, em latim), popularizou-se desde a antiga Grécia e usa locais físicos visualizados, como lojas ou uma rua, para coletar e lembrar de informações.

O livro foi escrito no formato de um romance policial sobre uma pessoa real, Solomon Shereshevsky, jornalista russo. Shereshevsky tinha uma inteligência média, mas seu talento para a memorização era incrível. Luria o entrevistou logo após aquele ter entrado em uma discussão em seu jornal. Durante uma reunião editorial, o jornalista foi incisivamente criticado por não fazer qualquer anotação. Ele deixou todos os colegas jornalistas e editores em choque quando recitou instantaneamente a reunião inteira, palavra por palavra! O repórter despretensioso também ficou chocado ao perceber que ninguém mais conseguia fazer o mesmo.

No desenrolar da história, pedem a Shereshevsky que memorize fórmulas matemáticas ainda mais complexas, matrizes enormes de gráficos com interseções e até poemas em língua estrangeira. E, impecavelmente, ele os memoriza todos, em questão de minutos.

Luria diagnosticou Shereshevsky com sinestesia, condição em que o estímulo de um de seus sentidos produzia uma reação nos outros. Caso ouvisse um tom musical, ele via uma cor; a textura de um objeto engatilhava um gosto, e assim por diante. Ao pensar em números, Shereshevsky disse o seguinte:

> Veja o número 1. É um homem musculoso e orgulhoso; o 2, é uma mulher alto-astral; o 3 é uma pessoa melancólica; o 6, um homem com seu pé inchado; o 7, um homem de bigode; o 8 é uma mulher robusta — um saco dentro de um saco. Quanto ao número 87, vejo uma mulher gorda e um homem enrolando seu bigode.

Agora isso era vida real parecendo ser ficção científica, algo irresistivelmente magnético ao jovem Jordan Peterson. E ele estava dentro; apaixonadamente comprometido 100% a explorar sua própria mente e a de outras pessoas. Talvez, naquele momento, o rumo de sua vida fora definido.

Jordan praticava diligentemente o Palácio da Memória, que viria a ser uma ferramenta fundamental para ajudá-lo a armazenar o volume crescente de informações e ideias que agora preenchiam cada canto de sua mente. Sempre levemente acelerada, sua mente agora estava a todo vapor. Ele praticava a técnica da memória sempre que tinha um tempo livre, quando não estava lendo seu livro extracurricular por dia, além das tarefas regulares da escola.

Em suas saídas frequentes com o pai para caçar e pescar, sua mente expandida conseguia agora fazer observações mais complexas sobre o mundo natural e como, pelo menos, um ser humano agia sobre ele. Seu pai, introvertido que era, demonstrava muitos fundamentos da sobrevivência na mata sem a necessidade de conversa. Uma postura quieta e observadora, não importasse a situação, era sua qualidade padrão. Completavam seu perfil de caçador altamente competente sua habilidade especializadíssima como armeiro e uma confiança profunda na intuição, um sexto sentido, a habilidade de pensar como a presa. Como ser humano, o respeito que seu pai tinha pela vida, todos os animais e plantas, preenchia o vazio espiritual que o cristianismo deixara na vida de Jordan.

Com tempo e silêncio de sobra para refletir sobre suas observações, talvez Jordan tenha notado as semelhanças entre seu pai e os heróis de seus mundos da ficção científica. Os planetas e os vilões eram sempre diferentes, mas os mocinhos sempre agiam da mesma maneira. Os vilões eram sempre caóticos e céticos. Os mocinhos, ordenados e idealistas. Ele começava a ganhar insights em primeira mão sobre a natureza humana e, a partir deles, sabedoria para possivelmente afetar a condição humana.

O ano de 1975 foi determinante. Jordan estava com 13 anos e já não aguentava mais as fábulas cristãs, recusando-se a frequentar mais um dia sequer a igreja e a escola dominical. Beverley reconheceu a futilidade de argumentar com seu obstinado filho, e o assunto deixou de ser debatido. Embora sua mãe continuasse a frequentar regularmente a igreja com seu irmão e sua irmã mais novos, os domingos de Jordan poderiam agora ser dedicados a atividades que incluíam sua nova e inspiradora atividade voluntária para o Partido Democrático Nacional [National Democratic Party], administrado por seus confiáveis mentores e vizinhos, Sandy e Grant Notley.

Outras atividades incluíam beber muito e fumar cigarros. Tais hábitos foram adquiridos de modo a manter seu lugar na matilha de lobos que eram seus amigos valentões — adolescentes que muitas vezes paravam de estudar para trabalhar nos campos de extração de petróleo. O primeiro embargo petrolífero do Oriente Médio em 1973 quadruplicara o preço da commodity, causando um boom no mercado, e oferecia salários inflacionados para novos funcionários nessa área. Milhares de canadenses com o porte físico adequado foram atraídos aos campos, e Jordan não demorou muito a seguir com eles, tornando-se um perfurador.

Por beber e fumar muito, e pela falta de exercícios regulares, a não ser esquiar por hobby ou lutar ocasionalmente com seus amigos, não demorou para que sua estatura pequena inflasse, ganhando sobrepeso e deixando seu corpo enfraquecido e nada saudável. Somente 12 anos depois, quando estava com 25, é que conseguiu abandonar os hábitos de sua adolescência, forçando-se a frequentar a academia, podendo então reconquistar sua saúde. Com uma autodisciplina impressionante, passou um ano inteiro levantando pesos que derreteram a gordura e lhe deram cerca de 14kg a mais de músculos.

Porém, na época em que tinha 13 anos, e durante os 5 anos seguintes, até 1978, enquanto sua saúde piorava, uma deterioração mental que não poderia ser facilmente revertida também começou a tomar lugar. Na época em que sua fervente dedicação adolescente à carreira política de Grant Notley transformava-se em uma desilusão completa, também percebendo que a filosofia socialista de Notley era simplesmente uma armadilha mental sanguinariamente ingênua, os danos psicológicos já tinham sido feitos em Jordan. Passou a perder cada vez mais confiança nos Notleys, no NDP, no marxismo em si e em seu próprio julgamento.

Durante os dois primeiros anos que cursara na faculdade em Grand Prairie, preparava-se para ser advogado, para corrigir heroicamente o que estava errado e punir os malvados no mundo. No entanto, o sonho virou pó quando ele tinha 18 anos. Parecia ser apenas mais um tonto em uma fila que se alongava 70 anos para trás — "um idiota útil", usando as palavras soviéticas socialistas e, certamente, sua própria mente. Assim, não teria como ser alguém que pudesse ajudar ao menos uma pessoa.

Contudo, embora cada vez mais enfraquecido pela insegurança consigo mesmo, ainda conseguia se sair bem nos estudos e em sua função no Conselho de Governadores de Grand Prairie. Sob a superfície, seu lado sombrio preenchia o vazio de sua alma criado pela rejeição de Deus, de qualquer deus. Coincidentemente, sua personalidade familiar e confortável começava a apodrecer.

Suas habilidades sociais também começaram a definhar, transformando em um silêncio sepulcral sua habitual hesitação para participar de uma conversa. Não tinha nada a oferecer, suas crenças tornaram-se insignificantes. Achava que as pessoas, obviamente incluindo a si mesmo, acreditariam em qualquer porcaria que fosse necessária para escalar as hierarquias do mundo, mesmo as hierarquias corruptas como o marxismo. Naquele momento, como viria a descobrir, sua vida começou a se emparelhar com a de Roquentin, o protagonista fictício da influente obra de Jean-Paul Sartre sobre o niilismo, o romance *A Náusea*, que lhe angariou o Prêmio Nobel.

A percepção nauseante de Roquentin, assim como a de Jordan, foi de que a vida e seu papel nela não tinham qualquer significado. Tal sentimento era comum quando o romance foi publicado em 1938, especialmente na Europa, uma vez que o mundo estava sendo levado para uma segunda guerra mundial apenas vinte anos após a primeira ter devastado a civilização moderna. Vários escritores, particularmente os franceses, como Sartre e Louis-Ferdinand Céline (citado na epígrafe de *A Náusea*), corretamente observaram que o próximo estágio depois da náusea era o desespero total, sendo que este levava diretamente a uma crença no nada, ou niilismo. O que Sartre e Céline não tinham como saber na época era que esse niilismo crescente, quando combinado com as formas diferentes de marxismo que ambos promoviam, em breve produziria um mal ainda inimaginável na Alemanha, e mais uma vez, após a guerra na Rússia. Em seu favor, apenas Sartre viu que o lampejo de reconhecimento que produzia tal náusea existencial era necessário para o desenvolvimento do indivíduo e que o levaria a uma "libertação, saindo do nojo rumo ao heroísmo".

A libertação de Jordan demoraria ainda 5 anos, até que enfrentasse a degradação completa do significado de sua vida e se demorasse no limite niilista da insanidade, aos 20 anos.

Aos 18, quando se evaporara a ideia de se tornar advogado, "para que pudesse aprender mais sobre a estrutura das crenças humanas",[5] transferiu-se para a Universidade de Alberta, a cerca de 480km de distância de sua cidade natal, Edmonton, concentrando-se em ciência política. Logicamente, tal fato pode ter se dado para que pudesse conseguir seu diploma universitário em uma instituição de mais prestígio. Também poderia ter sido para escapar dos agora repugnantes marxistas ou outros, como os advogados conservadores e os prósperos empresários no Conselho de Governadores, na frente dos quais talvez pudesse se sentir constrangido.

Após receber seu diploma em ciência política, tendo estudado um ano a mais, Peterson tirou um ano de folga e foi trabalhar como motorista para diversos grupos de serviços comunitários na Europa. Sobre essa época, ele disse:

> Todas minhas crenças — que emprestaram ordem ao caos da minha existência, pelo menos temporariamente — provaram ser ilusórias; não conseguia mais ver o sentido das coisas. Fiquei sem rumo; não sabia o que fazer ou o que pensar.[6]

Ele percebeu em primeira mão, em cada país no qual esteve, as consequências devastadoras da Segunda Guerra Mundial. Sua curiosidade infinita e leitura ávida levaram-no aos fundamentos do niilismo que destruíra uma geração e agora ameaçava o mundo inteiro de uma aniquilação nuclear. A ameaça nunca fora tão real e premente do que naquele instante. De acordo com o *New York Times,* acreditava-se que o Relógio do Juízo Final dos Cientistas Atômicos de Chicago marcava sete minutos para a meia-noite, ou seja, hora de entrar em pânico.

O medo já atingira um nível crítico há anos; quase 35, na verdade. Em 1982, o Relógio do Juízo Final estava marcando a mesma hora que em 1947, quando foi criado. Mesmo durante a Crise dos Mísseis de Cuba em 1962, desde o desenvolvimento da crise, passando por seu clímax e chegando à resolução, o relógio não se movera. E de fato, não era preciso; as pessoas estavam aterrorizadas, argumentativas, ou, como Jordan, retiravam-se em anonimato. Ninguém realmente estava verificando. Na verdade, a artista Martyl Langsdorf, que criara a capa do *Boletim dos Cientistas Atômicos*, disse que desenhou o Relógio do Juízo Final marcando sete para a meia-noite "porque caiu bem aos meus olhos".

Os Cientistas Atômicos de Chicago, que redefiniam o relógio quando achavam necessário, não eram de fato de Chicago, mas um grupo internacional de cientistas físicos, incluindo vários cidadãos soviéticos, que praticamente não tinham credenciais em assuntos internacionais, mas que tinham, sim, um escritório na Universidade de Chicago. Como uma representação da probabilidade de guerra nuclear, o Relógio do Juízo Final era completamente inútil. Porém, como uma possível ferramenta para aumentar a guerra psicológica desestabilizadora, era excepcionalmente eficaz.

Sob a ameaça comum da aniquilação, Jordan passou a estudar com urgência as origens psicológicas da Guerra Fria e do totalitarismo europeu do século XX, por meio das obras de Carl Jung, Friedrich Nietzsche, Alexander Soljenítsin e Fiódor Dostoiévski.

Não sendo uma das seleções mais alegres, só poderia ter criado um medo ainda mais profundo do niilismo e de seus efeitos. Contudo, ele era niilista. Identificara uma parte de sua aflição, mas não fazia ideia de como curá-la. E pela aparência das coisas e da situação de então, talvez tenha sentido que era tarde demais para fazer qualquer coisa a respeito.

Porém, outras leituras e o aprendizado que obteve conversando com as pessoas que transportava por toda a Europa revelaram que o niilismo não morrera na guerra contra tudo — ficara mais forte, criando uma nova ramificação, denominada *pós-modernismo*, entre os franceses na década de 1950. A maioria dos pós-modernistas acreditava que a verdade era sempre subjetiva e estava contingente ao contexto, em vez de ser absoluta e universal. Em geral, acreditavam que ela também é parcial, e nunca completa ou certa. Mesmo sem a verdade, acreditavam que poderiam desenvolver um mundo melhor e mais igualitário; um mundo global e compartilhado.

Todos trabalhariam juntos e teriam o suficiente, então não haveria motivos para brigas. O resultado natural seria a paz universal, causando o fim da guerra. No pior das hipóteses, não teria como ser pior do que viver em um constante pesadelo nuclear.

O pós-modernismo foi um sucesso no mundo artístico, que fez com que escritores, músicos e pintores afluíssem para sua promessa de paz e liberdade. Foi um sucesso entre os jovens, atraindo dezenas de milhares de alunos que compartilhavam de uma desconfiança crescente pela civilização ocidental e um gosto cada vez mais forte pelos ideais revolucionários. Foi um sucesso na academia, onde os administradores universitários estavam sempre ávidos por acomodar seus jovens clientes e também aqueles prospectos. A promessa utópica do marxismo, na essência do pós-modernismo, era a fúria.

O pós-modernismo tornara-se a língua franca dos bacanas, o código Morse dos descolados. Era a moda. E para os pós-modernos, a moda era indulgentemente austera. Tal qual seus criadores, os impertinentes *apparatchiks* marxistas de que Jordan desgostava desde sua adolescência, a arte do pós-modernismo estava infundida pelo sombrio, pelo desalmado e pelo banal. Ele ouviu isso claramente nas vozes dos escritores russos. Ideias tantalizadoras de suas raízes psicológicas eram encontradas nos escritos de Freud e Nietzsche.

Em especial Friedrich Nietzsche, que pessoalmente sofrera uma crise de significado semelhante à de Jordan, tornou-se um guia inicial importante. No auge do século XX, que fora manchado pelo sangue, Nietzsche previu corretamente a vinda de catástrofes da humanidade. Viu que a Europa tinha em grande parte abandonado ou "matado" seu Deus abraâmico tradicional que lhes dava sentido e valor há milhares de anos. Sua frase mais famosa, "Deus está morto",[7] refletia tal observação, e não sua crença pessoal, fato que é geralmente mal entendido. Ele acreditava que Deus estava sendo substituído pelo desespero advindo da crença de que nada é sagrado e, portanto, a vida em geral não tinha um propósito motivador. Essa foi outra observação transformadora para Jordan e que descrevia perfeitamente as fundações do desespero e do niilismo, incluindo os seus próprios. Posteriormente, escreveria:

> O que as pessoas valorizavam, economicamente, meramente refletia o que acreditavam ser importante. Isso significava que

a motivação real precisava estar no domínio do valor, da moralidade. Os cientistas políticos que estudei não viram isso, ou não consideraram isso importante.⁸

Nietzsche estava levando-o da política para a psicologia, como a melhor forma de encontrar as respostas para evitar uma vida sem significado que resultava em guerras inúteis, incluindo a iminente guerra nuclear, que prometia o autoextermínio global. Nietzsche resumiu isso quando escreveu:

> Um niilista é alguém que julga que o mundo real não deveria existir, e que o mundo como deveria ser não existe. De acordo com tal visão, nossa existência (ação, sofrimento, vontade e sentimento) não tem significado: este "em vão" é o páthos dos niilistas — uma inconsistência por parte deles.⁹

O remédio de Nietzsche certamente era inquietante para Jordan: o cristianismo. O filósofo escreveu que o cristianismo era um antídoto para o desespero e a náusea da insignificância, ou do budismo ocidental, como o denominou, a crença de que se separar da vontade e do desejo reduziria o sofrimento.

Para Jordan, isso significava ter que repensar tudo desde o início, as primeiras lições em sua infância. Mesmo assim, Nietzsche o encorajava, desafiando-o a considerar o Deus cristão como um salvador, aquele que traz ordem e paz. Tudo que Jordan ouvira repetidas vezes na escola dominical, mas dito com outras palavras.

Parecia que Nietzsche estava falando diretamente para Jordan, não deixando opções ao jovem peregrino de onde se esconder de sua própria crise interna. Um trecho mais completo da citação que inclui a famosa frase "Deus está morto" revela o verdadeiro sofrimento e inquietação por trás dela:

> Deus está morto. Deus permanece morto. E todos O matamos. Como poderemos nós, os piores dos assassinos, consolar-nos? Aquele mais sagrado e poderoso que o mundo jamais possuiu sangrou até a morte por meio de nossas facas. Quem limpará tal sangue de nossas mãos? Com qual água poderemos nos purificar?¹⁰

Nietzsche claramente temia as batalhas futuras pela alma humana. Seu medo se justificaria tendo em vista as hediondas e sangrentas guerras mundiais vindouras no século XX. Àquela altura, há sete anos Jordan estava totalmente engajado em sua própria batalha particular sobre a morte de Deus. Enfraquecia continuamente com cada nova revelação do mundo sem sentido, instável e malevolente ao seu redor. Sentia-se cortado da vida e perdia a esperança.

Em Portugal, percebendo o custo total da premonição de Nietzsche e vendo seus muitos resultados lúgubres por toda a Europa, voltou-se um pouco à tradição. Comprou uma autêntica capa de burel portuguesa e botas de couro para acompanhar. Deve ter sido uma extravagância, considerando seu parco salário de motorista, mas mesmo assim, agora tinha um modelito excelente para pastorear ovelhas no século XIX. Talvez fosse apenas uma profunda cegueira em relação à moda. Talvez fosse um sinal sutil de sua afeição por seus passageiros europeus ou respeito por sua história. No entanto, certamente não o ajudaria a se conectar com sua própria turma, os jovens que usavam roupas de poliéster grudadas no corpo e desciam até o chão ao som de músicas como *Nasty Girl* [Garota Safada], *Sexual Healing* [Cura Sexual] e *I'm So Excited* [Estou Muito Excitada]. Definitivamente, 1982 não era o momento para usar capas de burel tradicionais.

Claramente, durante sua primeira leitura de *O Arquipélago Gulag*, de Soljenítsin, ele viu os estágios finais de uma doença enlouquecedora da alma que desumanizara e assassinara 50 milhões de cidadãos russos. Aquela obra causou uma impressão chocante no jovem Jordan não apenas pela escala do mal, mas porque era uma verdade inegável. O autor realmente vivenciou, e sobreviveu, a história contada de sua própria jornada em meio ao pesadelo marxista dos gulags.

Jordan então se deparou com *Crime e Castigo*, de Fiódor Dostoiévski, o início da jornada de Soljenítsin e uma dissecação profunda da sociedade russa que levou aos gulags. Nesse livro, o niilista Rodion Raskólnikov, um ex-aluno empobrecido, assim como Jordan, encontra-se dominado pela confusão, paranoia e nojo por um assassinato que cometeu. Suas racionalizações niilistas para o crime desintegram-se na náusea familiar de Sartre ao confrontar o horror e as consequências no mundo real pelo que fez. Raskólnikov junta-se então às dezenas de milhões de outras vítimas russas dos precursores daquilo que viriam a ser os gulags. Com poucos ajustes de circunstância, Raskólnikov poderia ser Jordan Peterson.

Por fim, *Os Demônios*, obra de Dostoiévski, traçou a catástrofe do niilismo político e moral em todas as pessoas de uma cidade ficcional. A cidade desce ao caos à medida que sofre por meio de uma tentativa de revolução pelos niilistas. Tais personagens são retratados como cúmplices das forças "demoníacas" que vêm possuir a cidade, outra referência ao marxismo, nos moldes da teologia cristã.

Embora os escritores russos claramente indicassem que o cristianismo era a salvação mais provável à loucura moderna, Jordan não estava pronto a admitir isso, de jeito nenhum. O mundo de conto de fadas da Bíblia ainda parecia ridículo. Talvez convencesse os mais velhos ou aqueles traumatizados pela guerra, mas para ele não funcionava mesmo. Sua mente lógica não permitia. Muito embora não tivesse alternativa, não conseguia parar de buscar outra resposta.

Afundou-se ainda mais em isolamento. Havendo se separado dos amigos, da família e até mesmo dos novos amigos ao usar roupas antiquadas e feias, tudo o que podia pensar em fazer era avançar ainda mais nas questões sobre o mal, que ainda o assombravam. Ninguém o viria ajudar, guiar ou tranquilizar desta vez.

Ao compreender os escritores russos, ficava então óbvio que o problema não poderia ser externo, como a política ou a economia. Não tinha como ser uma situação inconstante de classe ou social. O problema do mal intrínseco existia em todos os níveis da humanidade. Era interno, os russos apontaram claramente isso. O problema estava em todos.

Logicamente, então, o problema também estava nele. Ele incorporou o problema; era, na verdade, *seu* problema. Isso era visivelmente verdadeiro, pois era ele que não sabia entender o mundo, que estava isolado da vida, que havia levado a si mesmo, de alguma forma, ao seu próprio inferno pessoal.

O inferno de Jordan aos 20 anos pode ter tido alguma semelhança com o *Inferno* de Dante. O verdadeiro pecador, alguém que negara Deus repetidamente, como Jordan o fizera, não estava queimando no fogo e no enxofre, que era apenas a preparação para a descida passando pelos primeiros oito círculos. No fundo, lá no nono círculo do inferno, o pecador era congelado até a cintura — isolado, imobilizado, em agonia e para sempre desprovido da amizade e do amor. Jordan sabia pouco sobre mitologia àquela altura. Era um cientista puro. Tudo que sabia com certeza era que ele e muitas pessoas que conhecera estavam isolados e, muitas, em agonia, e ainda estava mistificado para saber o porquê.

Posteriormente, disse a uma classe de alunos, com a emoção embargando a voz ao recordar esse período solitário de sua vida quando percebeu pela primeira vez os horrores inacreditáveis que as pessoas haviam cometido:

> Li muito a respeito das coisas terríveis que as pessoas fizeram umas às outras. Não dá nem para imaginar, é tão horrível... Há uma concepção de que o inferno é um poço sem fundo, e isso se dá porque, não importa quão malvado seja, algum filho da puta idiota como você descobriria maneiras de piorar ainda mais. Então você pensa, bem, o que fazer a respeito disso?
> Veja, você aceita. A vida é assim. É sofrimento. É o que os religiosos sempre disseram, que a vida é sofrimento. Você precisa procurar... aquela minúscula fagulha de cristal na escuridão quando as coisas vão mal. É preciso observar e entender onde as coisas bonitas estão e onde ainda há algo que as sustentam... seja agradecido pelo que tem, e isso o sustentará em momentos muito escuros, e talvez até com êxito, se tiver sorte.[11]

Porém, naquele momento de sua juventude, Jordan não compreendia o sofrimento da forma como o faria posteriormente. Ele não entendia a jornada do herói mitológico na qual se encontrava, de modo a obter tal sabedoria. Ele era Orfeu descendo ao inferno para resgatar sua esposa, o amor de sua vida; era Odisseu viajando pela terra dos mortos para aprender sobre seu futuro; era Jasão e os Argonautas em sua perigosa jornada para trazer de volta o velo de ouro do conhecimento.

Ele também não sabia que estava entrando na parte mais perigosa de sua jornada pessoal. Completara sua descida ao inferno e cruzara o Rio Estige para chegar à terra dos mortos. Cinquenta milhões de russos e setenta milhões de europeus e outros mortos na guerra agora falavam com ele a partir das páginas de Soljenítsin. Os fantasmas faziam seus negócios normais e rotineiros nas sombras das vilas por toda a Europa. Em dias úteis, passeavam nas praças ensolaradas com suas mães ainda vivas, que, internamente, nunca cessariam seu choro. Encaravam silenciosamente o jovem canadense dos cantos escuros de sua hospedaria. Quando Jordan encerrou seu ano na Europa e retornou ao Canadá, dava para dizer que ele estava realmente possuído por eles.

## CAPÍTULO TRÊS

# NA BARRIGA DA BESTA

> A ideia de que a passagem pelo umbral mágico para uma esfera de renascimento é simbolizada na imagem universal do útero, a barriga da baleia. O herói, em vez de conquistar ou conciliar o poder do umbral, é engolido no desconhecido e aparentemente morre.
> Os dragões precisam ser agora assassinados, e as barreiras surpreendentes, atravessadas — infinitas vezes. Nesse ínterim, haverá uma multidão de vitórias preliminares, de êxtases insustentáveis e de vislumbres momentâneos da terra maravilhosa.
>
> — JOSEPH CAMPBELL, *O HERÓI DE MIL FACES*

Clinicamente, Jordan Peterson poderia ter sido diagnosticado com neurastenia, mais comumente conhecida como colapso nervoso, quando entrou na Universidade de Alberta, em 1983, para estudar psicologia. Tal condição era às vezes atribuída ao estresse da civilização moderna, como a ameaça constante da aniquilação nuclear.

Carl Jung, criador da psicologia analítica, aparentemente sofreu da mesma condição em 1913, conforme a Primeira Guerra Mundial se aproximava. Naquela época, a condição era chamada de *histeria*. Ele sentia um horrível "confronto com o inconsciente". Tinha visões alucinantes e ouvia vozes. Sentia-se "ameaçado por uma psicose".[1]

Jung via fantasmas desde que era criança. Sua mãe também via espíritos que iam visitá-la à noite. Certa noite em especial, o jovem Carl viu uma figura fantasmagórica e brilhante vindo do quarto da mãe com a cabeça separada do corpo e flutuando à frente do corpo.[2]

Sigmund Freud, que também experimentara um período semelhante de histeria após a morte do pai, tornou-se colaborador e apoiador entusiasta à medida que Jung avançava como psiquiatra clínico e escritor.

Logo em seu primeiro ano, nas aulas de Introdução à Psicologia, Jordan leu *A Interpretação de Sonhos*, de Freud, e ficou aliviado, porque finalmente os sonhos eram levados a sério. Mas ele não acreditava que seus pesadelos eram realizações subconscientes de um desejo, ou que provinham de um desejo sexual reprimido. Assim como Jung, que viria a divergir de seu mentor nesse aspecto, Jordan sentia que seus sonhos estavam muito mais intimamente relacionados com uma experiência religiosa. Ele sabia que Jung trabalhara extensivamente nos conceitos de mito e religião, e muito embora seus professores geralmente vissem a interpretação de sonhos com ceticismo, ele não se dava a tal luxo. Provavelmente, sentia que perdia continuamente o controle de sua mente e que Jung talvez fosse o único que pudesse guiá-lo através de seu submundo de pesadelos.

Era um trabalho árduo. Os conceitos de Jung eram difíceis de compreender, até mesmo a linguagem que usava, ou talvez a tradução feita de seu dialeto nativo suíço-alemão tivesse termos e expressões que não eram claros. Precisavam de um contexto e conceitos relacionados para começarem a fazer sentido. Jordan continuou firme. Ele não tinha escolha, estava começando a sofrer alucinações de uma "voz" que o criticava constantemente.

Ocasionalmente, Jung oferecia um lampejo de esperança, como em sua observação:

> Deve ser admitido que os conteúdos arquétipos do inconsciente coletivo podem, muitas vezes, assumir formas grotescas e horríveis em sonhos e fantasias, sendo que nem mesmo o racionalista mais cético está imune aos devastadores pesadelos e aos medos assombrosos.[3]

A expressão "conteúdos arquétipos do coletivo inconsciente" era um daqueles enigmas que precisavam de mais investigação, mas claramente Jung estava na mesma sintonia que Jordan e, ao menos, indicava-lhe uma direção. Continuou vasculhando os escritos de Jung para obter mais pistas.

Descobriu que Jung era um aventureiro que explorava livremente os temas novos e obscuros de seu tempo. Estudava física, sociologia e vitalismo, a crença debatida entre biólogos da época de que "os organismos vivos são fundamentalmente diferentes das entidades não vivas porque contêm um elemento não físico ou são governados por princípios diferentes daqueles que governam as coisas inanimadas".[4]

Esse "elemento não físico" no qual Jung e diversos biólogos acreditavam e esperavam que pudesse ser cientificamente comprovado era comumente chamado de *alma*. Nunca conseguiram provar a existência de uma alma. Ele foi ainda mais longe e adentrou áreas não científicas, como a alquimia, a astrologia, as filosofias oriental e ocidental, a literatura e as artes. Para muitos, Jung era considerado um místico e de forma alguma um cientista. Apesar disso, ele seguiu em frente e estabeleceu vários conceitos revolucionários na psicologia, incluindo a sincronicidade, o fenômeno do arquétipo, o inconsciente coletivo e a persona.

Sobre seu primeiro encontro com os escritos de Jung, Jordan disse, na época em que retornou da Europa:

> Li algo de Carl Jung, naquela época, que me ajudou a entender o que estava experienciando. Foi Jung quem formulou o conceito de persona: a máscara que "simulava a individualidade". A adoção de tal máscara, de acordo com Jung, permitia que cada um de nós — e aqueles ao nosso redor — acreditasse que éramos autênticos.[5]

Jordan estava se referindo à seguinte citação de Jung:

> Quando analisamos a persona, arrancamos a máscara e descobrimos que o que parecia ser individual é, no fundo, coletivo; em outras palavras, a persona é apenas uma máscara da psiquê coletiva.
>
> Fundamentalmente, a persona não é nada real: é um comprometimento entre o indivíduo e a sociedade quanto ao que uma

pessoa deve aparentar ser... A persona é um semblante, uma realidade bidimensional, para dar-lhe um apelido.⁶

Jordan se deu conta de que não apenas estava isolado em seus próprios pensamentos obscuros, mas que tais pensamentos não eram sequer seus. Ele não era de fato um pastor de ovelhas português do século XIX, assim como também não era o valentão dos campos petrolíferos do norte. Eram apenas máscaras que colocara, como a máscara do filho obediente que o permitia ser um membro aceitável em sua família imediata ou em um grupo na escola. Na realidade, ele não era ninguém. A dor desse pensamento aprofundou ainda mais sua crise. Começou a ter pesadelos verdadeiramente aterrorizantes e macabros.

Duas ou três vezes por semana, acordava exausto de algum sonho muito vívido e horrível, fato que o levou a ficar com medo de dormir. Em geral, os sonhos tinham relação com seu medo primário da guerra nuclear. As minhocas da histeria tinham cavado tão profundamente em seu subconsciente, que estavam afetando sua saúde física também. Não tinha remédio nem armas para se defender à medida que sua alma aterrorizada começou a vomitar imagens.

> Estava sentado no subsolo escuro daquela casa, na sala de estar, assistindo TV com minha prima Diane, que realmente era — na vida real — a mulher mais bonita que já vira. Um repórter interrompeu o programa de repente. A imagem e o som da TV ficaram distorcidos e a estática preencheu a tela. Minha prima levantou-se e foi atrás do equipamento para verificar os cabos elétricos. Ela encostou neles e começou a convulsionar, espumando pela boca e endurecendo-se por causa da corrente intensa.
>
> Um lampejo brilhante de luz vindo de uma pequena janela inundou o porão. Corri para cima. Não havia nada mais no andar térreo da casa. Tinha sido total e completamente desprovido de tudo... Chamas vermelhas e laranjas encheram o céu, de horizonte a horizonte. Até onde minha visão alcançava não sobrara nada, a não ser ruínas esqueléticas escuras aqui e ali: não havia casas, árvores nem sinal de qualquer outro ser humano ou qualquer outro tipo de vida... Alguns cães

apareceram, vindo pelas escadas do porão... Estavam caminhando eretos nas duas patas traseiras... Carregavam pratos com pedaços de carne chamuscada... peguei um. No centro dele havia um pedaço redondo de carne com cerca de 10cm de diâmetro e 2,5cm de espessura, totalmente cozido, oleoso, um osso com tutano bem no centro. De onde viera?

Tive um pensamento terrível. Corri para o porão para ver minha prima. Os cães a haviam cortado e estavam oferecendo sua carne aos sobreviventes do desastre.[7]

Externamente, Jordan Peterson parecia ser um universitário amigável, bem ajustado e levemente excêntrico. Não havia sinais de seu turbilhão interno, a não ser por seu foco um tanto quanto obsessivo em livros de psicologia que falavam de sonhos. Conseguiu um emprego fora do *campus* em uma fábrica de compensados e outro na ferrovia Canadian Pacific, que exigiam sua concentração e esforço físico totais. Tinha poucas chances de ficar especulando sobre a guerra nuclear ou a aparente falta de preocupação pública com ela, a não ser que quisesse ser decepado por uma serra de aço ou esmagado sob uma locomotiva. Talvez esse esforço físico e o foco total nas tarefas à sua frente tenham sido o único descanso que sua frágil mente teve durante mais de um ano.

Como disse Stephen Dedalus, personagem e alter ego de James Joyce (sendo Dedalus o mitológico possuidor do conhecimento), no romance do autor, *Ulisses*, "A história é um pesadelo do qual estou tentando acordar".[8]

Jordan fez eco às palavras de Joyce quando mencionou esse momento de sua vida:

Para mim, história era um pesadelo. Acima de qualquer outra coisa, queria acordar naquele momento e fazer com que meus sonhos terríveis desaparecessem... fiquei muito deprimido e ansioso. Tinha alguns pensamentos vagamente suicidas, mas principalmente desejava que tudo desaparecesse. Queria deitar no meu sofá e afundar nele, literalmente, até que apenas meu nariz ficasse de fora — como o snorkel de um mergulhador, acima da superfície da água. Percebi que minha consciência das coisas era insuportável.

E depois, as coisas pioraram.

Sonhava que estava correndo no estacionamento de um shopping, tentando escapar de algo. Passava pelos carros, abria as portas, engatinhava pelos bancos da frente até a outra porta, abria-a e ia em direção ao próximo. As portas de um carro fecharam-se com tudo de repente. Estava no banco do passageiro. O carro começou a andar sozinho. Uma voz disse asperamente: "Não tem como escapar." Estava em uma jornada, indo a um lugar para onde não queria ir. Eu não era o motorista.

Jordan passou a sentir que havia dois planos de sua existência. Um era o mundo normal, iluminado pelos raios do Sol e com os eventos cotidianos, os quais compartilhava com os outros alunos novatos em suas aulas. Aqui, todos pareciam ter um autocontrole total. O segundo era seu mundo sombrio e particular de horrores secretos e emoções esmagadoramente intensas, onde não tinha controle nenhum. Esse segundo plano parecia estar atrás do primeiro, aquele que todos aceitavam como verdadeiramente real; onde todos seguiam suas vidas certos de que eram pessoas reais em um mundo real. Mas ele sabia que não poderia ser o único que vivia em dois mundos. Era impossível.

E se todos fossem apenas uma persona bidimensional, uma imagem chamada *aluno* ou *professor*, para que pudessem se encaixar em sua invenção mútua denominada *universidade*, seria isso mais real do que as imagens que faziam o coração de Jordan disparar e parecer que sua cabeça estava sendo partida ao meio? Seria o fato de que conseguiam ignorar despreocupadamente a iminente guerra nuclear mais real ou mais lógica do que o fato de que ele não conseguia fazer o mesmo?

Ele começava a caminhar sobre uma camada de gelo fino e rachado, que na época era chamada de esquizofrenia. Quanto mais continuava a vagar pelo submundo dos mortos, mais o mundo dos viventes desaparecia a distância.

Meu interesse pela Guerra Fria transformara-se em uma verdadeira obsessão. Pensava sobre a preparação suicida e assassina daquela guerra a cada minuto de todos os dias, do instante em que acordava até ir dormir.

Conforme o ano acadêmico passava e à medida que Jordan ficava mais engajado com alunos e professores durante as discussões e os debates, atividades as quais sempre apreciara, começou a sentir-se esquisito. Era sua voz ou alguma coisa nas palavras que usava que começou a irritá-lo. Pouco tempo depois, não conseguia mais suportar ouvir a si mesmo falando. A alucinação era que aquela voz crítica dentro de sua cabeça subitamente falava e o interrompia, às vezes no meio de uma frase, com alguns comentários entediantes e complacentes: *Você não acredita nisso* ou *Isso não é verdade*.

A voz interrompia praticamente cada frase que ele falava, até que foi forçado a desistir totalmente das conversas. Tal situação o sacudiu para fora de sua histeria e confusão sobre o mundo no qual estava vivendo. Ela o forçou a se concentrar em seu novo inimigo e, caso fosse sobreviver, a se preparar para entrar em guerra com ele.

A voz era um desafio do submundo, como a música das Sirenes que exortavam Jasão e seus Argonautas em direção às rochas submersas e à morte. Se Jordan falhasse e não conseguisse derrotar aquela voz de alguma forma, poderia perder a batalha contra a loucura e permanecer mudo para sempre — uma esquizofrenia solitária perseguida por vozes em sua cabeça.

A voz parecia ser um ataque direto à sua persona de cara durão que tinha lutado heroicamente para conseguir seu lugar de aceitação no ensino médio usando a língua afiada, sua principal arma. Decidiu que não entregaria sua única arma confiável e persona, real ou não, que a empunharia para algum bully condescendente vindo sabe-se lá de onde. Da mesma forma que nas histórias antigas, um anjo, um espírito guia, chegou com uma estratégia para derrotar a voz.

Sem qualquer compreensão das forças primitivas em ação, Jordan foi repentinamente guiado pela força criativa representada por Atena, a deusa da guerra, da sabedoria e protetora dos mortais, como Jasão e seus Argonautas. No mundo moderno, Atena era chamada de aspecto feminino de Jordan. Ao permanecer com seu personagem feminino, Atena distrairia e debilitaria — em vez de subjugar — o inimigo dele. Ela envolveria a voz masculina e crítica com as nuvens da verdade absoluta, confundindo-a e negando-lhe qualquer chance de falar. Gradualmente com o desuso, a voz perderia poder, enfraqueceria e morreria. A posição de Jordan na batalha era permanecer firme com a verdade. Ele fez um juramento para si mesmo, pensou, para que, daquele momento em diante, nunca, jamais se afastasse dela, nem por um momento sequer. Ele deveria escrutinar cada palavra que pretendesse dizer, e caso se desviasse da verdade, mesmo que um meio passo rumo ao exagero, deveria parar e lutar para retornar. Em tal batalha, não haveria clemência. Alguém acabaria morto.

Posteriormente, Jordan escreveu:

> Isso significava que realmente tinha que escutar o que estava dizendo, que passei a falar muito menos e que pararia com frequência, no meio de uma frase, sentindo-me desconcertado e reformularia meus pensamentos. Não demorou para perceber que me sentia muito menos agitado e mais confiante quando apenas dizia as coisas contra as quais a "voz" não se opusesse. Isso foi um alívio definitivo... Não obstante, levei um bom tempo para me reconciliar com a ideia de que quase todos os meus pensamentos não eram reais ou verdadeiros — ou, pelo menos, que não eram meus.[9]

Tal hábito duramente conquistado de dizer a verdade concedeu-lhe a primeira vitória contra o caos e a loucura iminente. Foi então estabelecido como o alicerce de sua vida. Em suas futuras aulas e palestras ao vivo, persistia a prática de parar no meio de uma frase, pensar silenciosamente no que pretendia dizer e geralmente reformular a ideia naquele momento. Para seus alunos e, posteriormente, para suas plateias públicas, isso demonstrava sua autenticidade e emocionante espontaneidade. Em seu segundo livro, *12 Regras para a Vida: Um Antídoto para o Caos*, dedicou um capítulo inteiro a esse princípio, com o título "Diga a verdade. Ou, pelo menos, não minta". É a oitava das doze regras fundamentais em sua lista para vivermos uma vida mais significativa e menos angustiante.

Ele escreveu mais sobre essa experiência naquele livro:

> Comecei a praticar dizer a verdade — ou, pelo menos, não mentir. Aprendi logo em seguida que essa habilidade era

muito útil quando não sabia o que fazer. O que fazer quando não sabemos o que fazer? Diga a verdade.[10]

A veracidade comprovaria seu valor absolutamente essencial repetidas vezes em anos vindouros durante sua prática clínica.

Em 1983, enquanto sua batalha pela verdade ainda assolava seu interior, encontrou-se na parte mais profunda da barriga da besta. Estava circundado por dezenas de estupradores, assassinos e ladrões condenados por roubo à mão armada, todos esquizofrênicos e profundamente deprimidos, na sala de pesagem da Edmonton Institution, prisão federal de segurança máxima localizada nos subúrbios da região nordeste da cidade. Era sua primeira atividade de campo como aluno de psicologia.

Fora acompanhando um professor adjunto um tanto quanto excêntrico que, quando não estava substituindo os professores titulares na universidade, supostamente deveria oferecer atendimento psicológico completo aos criminosos mais violentos do Canadá.

Jordan e o professor devem ter deixado uma bela e distinta impressão nos condenados, visto que aparentemente Jordan também estava vestido de forma excêntrica, de certa maneira, pois mais uma vez usava sua capa portuguesa e as botas de couro compridas. O professor desapareceu inconvenientemente sem avisar nada a Jordan, deixando o jovem visitante, que vestia uma capa, cercado por homens grandes e de aparência sinistra. Um detento musculoso tinha uma cicatriz horrível, que se estendia da clavícula até o torso, provavelmente causada por um machado ou uma faca de açougueiro. Como a maioria dos presos, usava um uniforme fino e rasgado, então a capa portuguesa tornou-se imediatamente um item de grande interesse. Diversos homens ofereceram-se imediatamente para trocar suas roupas pela capa de Jordan e/ou por suas botas.

Com seu típico humor seco, Jordan recordou-se posteriormente: "Não me parecia ser um bom negócio, mas não sabia ao certo como recusar."

Um homem baixinho, magricela e barbado, um demônio, chegou no momento em que as negociações ficaram menos amigáveis. O homenzinho disse que o professor o havia enviado. Dando graças, Jordan escapou daquele bazar não planejado, acompanhando-o até o pátio da prisão. O homem falava inocentemente sobre coisas do cotidiano em um sussurro baixo usado pelos detentos de longa data enquanto Jordan continuava a espiar sobre seu ombro, procurando ver se ninguém mais os seguia lá da sala de pesagem. Mais tarde do que se esperava, o professor distraído apareceu e chamou Jordan para um escritório particular. O homenzinho desapareceu tão silenciosamente quanto aparecera.

No escritório, o instável guardião de Jordan mencionou que aquele homenzinho fora condenado por duplo homicídio: assassinara dois policiais. De acordo com sua confissão detalhada no tribunal, havia vigiado-os calmamente, talvez conversando amenidades, como fizera com Jordan, enquanto os policiais cavavam suas próprias covas. Um deles suplicou por sua vida. Tinha dois filhos pequenos e implorou ao agradável homenzinho que o poupasse em consideração a eles. O homem, empunhando sua pistola, sugeriu que o policial continuasse cavando. Quando as covas pareciam estar fundas o suficiente, o agradável homenzinho atirou diversas vezes no jovem pai e em seu parceiro para garantir que ambos estivessem mortos. Passou então à tarefa relativamente fácil de cobri-los com a terra solta de suas covas rasas.

Jordan controlava seu pânico conforme as imagens do desalmado assassino se projetavam em sua cabeça. Parecia que um bando de harpias — metade abutres, metade lindas mulheres, criaturas da mitologia — aparecera de repente e batia suas asas esqueléticas ao seu redor. O pânico subiu e desceu como a maré, na medida em que via seu amigável e pequeno protetor transformar-se em um imponente mostro lançando fogo e morte sobre homens aterrorizados.

Como era possível? Como aquele mesmo homem amigável e inofensivo que acabara de salvá-lo de uma multidão de detentos perigosos também poderia ser um assassino impiedoso? Qual era a sistemática daquilo? Era a mesma e velha pergunta sobre o mal. Mas em vez de ler a respeito ou ficar enojado com seus efeitos quarenta anos após o fato, acabara de ser salvo por ele, conversara com e ele e estava deveras agradecido porque o salvara.

O pé do Príncipe, que, calçado em sua pantufa, batia impacientemente, parou por um momento e descansou quieto no escabelo. O Príncipe levantou-se de seu trono sombrio e cumprimentou Jordan. Por fim, tiveram uma oportunidade de se conhecer e conversar confortavelmente sobre as coisas do cotidiano. Pelo menos, agora se falavam educadamente.

Foi então que a compulsão começou. Talvez fosse um pequeno teste que o Príncipe fazia em relação à sua nova amizade. No hall de apresentações nos anfiteatros, onde os alunos novatos de psicologia sentavam-se em fileiras semicirculares acima e atrás um dos outros, Jordan sempre ficava atrás de algum colega de classe desinteressado que mal prestava atenção no professor. Ocasionalmente, no dia a dia de seus devaneios, o impulso de enfiar a ponta de sua caneta no pescoço do aluno à sua frente dava suas caras e depois desaparecia. Era perturbador, mas não terrivelmente alarmante, nada a ser discutido, de fato. Ele era uma boa pessoa, alguém atencioso. Nunca fora agressivo em sua vida. Mas a situação estava lhe dando nos nervos. Afinal, ainda lutava com a voz exigente que geralmente o fazia cuidar com as palavras entre seus amigos, e ainda era acordado violentamente diversas noites por semana por sonhos horrorosos e sangrentos de pessoas sendo tostadas vivas em um fogo nuclear.

Essa nova compulsão parecia ser uma pulga psicológica e facilmente pulava para longe. Mas como uma pulga de verdade, tinha muitas acompanhantes que mantinham a irritação. Sua compulsão para atacar um colega de classe inocente aumentava quase que imperceptivelmente dia após dia, como se alguém estivesse testando seus limites, sondando-o para encontrar um momento de fraqueza.

Cerca de um mês depois, as atividades do curso o levaram à prisão. Descobriu que dois presos haviam pegado um *passarinho*, um informante, e esmigalhado os ossos de uma de suas pernas com um tubo de chumbo. A brutalidade chocante era um pouco menos chocante àquela altura, e o psicólogo em ascensão acreditava que estava pronto para seu próprio experimento mental.

Ele imaginava então, com a mesma riqueza de detalhes de ação e emoção, esmigalhar os ossos de outro homem com um cano. A ação física ficava clara o suficiente, mas a sensação de ter as calças rasgadas sob uma mão e o chumbo frio na outra exigia concentração e tempo. Os gritos de dor teriam de ser abafados, então um cúmplice era necessário, alguém que fosse forte e também desalmado, que enfiaria um pedaço de trapo na boca da vítima, de preferência sujo e asqueroso. O cheiro repugnante de suor causado pelo terror e sangue fresco precisaria se tornar rotina, e até bem--vindo, à medida que se lançava à destruição da perna de um homem com uma justificada satisfação. Ele dedicou-se por dias ao cenário. Começando por odiar o passarinho nas profundezas de sua alma, mantendo uma máscara neutra ou mesmo amigável com ele até o ataque no momento certo e no local exato. Era uma tarefa de planejamento criminoso que levava tempo até ser visualizada precisamente. Depois, seria segurar o passarinho e quebrar o osso da canela, fácil de machucar e muito sensível à dor, com um golpe enfurecido. O segundo, terceiro e quarto golpes despedaçariam as partes maiores de osso, transformando-as em fragmentos minúsculos e afiados que rasgariam o músculo e as artérias. Talvez o passarinho sangrasse até a morte, morresse de choque ou engasgado em seu próprio vômito. Depois, é claro, viria a satisfação profunda de um trabalho bem feito e os elogios dos outros condenados, que respeitam alguém que esteja disposto a defender o código do silêncio usando a violência.

À medida que a concentração de Jordan recaía sobre tornar-se um sádico, a náusea sentida em relação aos colegas que acabavam sentando à sua frente ficava praticamente insuportável, conforme a empatia por eles retrocedia. Agora ele visualizava que apunhalar com a ponta de sua caneta o pescoço gordo e complacente era um crimezinho compreensível e perdoável que lhe daria um minúsculo gosto do mal de que necessitava para encerrar sua exaustiva teorização. Depois, poderia finalmente dormir a noite toda.

Conforme suas visualizações ficavam cada vez mais claras e com o aprofundamento de suas motivações, o tempo em tal estado alterado de mente passou de horas para dias, e depois para semanas.

E por fim, eureca! Seu ataque sangrento de vingança contra algum colega de classe com a mente repugnantemente fraca não seria nem mesmo um desafio! Percebeu, com uma injeção de reconhecimento, que aquilo seria fácil e muito gratificante. Chegando ao âmago da questão, sabia que não era diferente do homenzinho amigo que assassinara dois policiais a sangue frio. Conseguiria lidar com isso facilmente.

Porém, ainda persistia o problema da voz. Ela começava a gritar novamente: *Isso não está certo. Não é verdade. Blá-blá-blá.* Desgraçada irritante, sempre calando-o, arruinando seus planos. Quem era essa merdinha da porra, afinal?

Independentemente se foi sorte, graça ou força de caráter que impediu sua mão cruel de realmente apunhalar, tinha provavelmente salvado sua vida. Durante as horas seguintes, Jordan sentiu a compulsão de atacar seus prezados colegas apagar-se gradualmente. Parecia que uma infecção fora puncionada e começava a esvaziar.

Em vez de ficar olhando para baixo em uma conversa com sua parte mais escura, percebeu-se ficar um pouco mais ereto com seu olhar novamente ao mundo à sua frente. Sem o falatório interno sobre as formas e os custos de fazer o mal, sua voz redentora silenciou-se gradualmente. A batalha terminara, mas suas consequências não. Ele estava em seu limite e transtornado. Clinicamente, talvez fosse uma condição que fora recentemente denominada *transtorno de estresse pós-traumático*, mas que até alguns meses antes era chamada de *fadiga de combat*e.

Ao pensar sobre esse momento, já como psicólogo clínico experiente, escreveu:

> O desejo comportamental manifestara-se em conhecimento explícito, fora traduzido de emoção e imagem para a percepção completa, e não tinha mais "razão" para existir. O "impulso" tinha ocorrido tão somente por causa da pergunta que eu buscava responder: "Como podem as pessoas fazer coisas horríveis umas às outras?" Quer dizer, os outros, é claro — pessoas más —, mas, todavia, tinha feito a pergunta. Não havia motivos para presumir que receberia uma resposta previsível ou pessoalmente sem sentido.[11]

Mitologicamente, ele passara em outro teste, mais perigoso e difícil, em sua jornada pelo submundo, assim como Jasão e os Argonautas passaram pelas rochas que se fechavam violentamente, tendo apenas a ponta da popa do barco esmagada na passagem — uma cicatriz pequena, mas permanente, e um lembrete do preço do fracasso.

Espiritualmente, pode-se dizer que experimentara o mal e quase o engolira. Pessoalmente, agora tinha uma resposta concreta às suas infinitas perguntas sobre o mal. Tinha a cicatriz interna para provar que essa resposta em particular nunca seria encontrada em livros ou aulas. Precisava ser conquistada pessoalmente.

Porém, o Príncipe aparentemente não aceitou muito bem a rejeição de Jordan. Fora paciente com o jovem que era tão brilhante e parecia tão animado. Mas agora, bem, o Príncipe estava muito decepcionado.

A festa regada a bebidas na faculdade estava bombando, e Jordan bebia muito, como de costume. Gritava mais alto que a música, falando sobre Deus, guerra, amor e outras coisas sobre as quais não sabia muito, mas com maior confiança. À certa altura, percebeu que estava constrangendo a si mesmo. Ninguém o ouvia. Todos estavam bêbados e na expectativa de transar com alguém que estivesse, esperançosamente, ainda mais bêbado.

Cambaleou até sua casa com nojo e raiva de si mesmo. Que idiota tinha sido! Após tudo que vira e percebera, ninguém ainda se importava muito.

*Burro da porra!* Mesmo que agora pudesse contar histórias em primeira mão sobre o encontro face a face com o diabo, todos estavam cagando para isso. *Bando de imbecis inúteis!*

Entrou tropeçando em seu quarto no dormitório, puxou um quadro e agarrou algumas tintas. *Bocudo!* Esboçou uma figura trêmula e rudimentar do Cristo crucificado, "feroz e demoníaco — com uma naja envolta em sua cintura desnuda, como um cinto". Posteriormente, escreveu:

> O desenho me perturbou — pareceu-me, a despeito de meu agnosticismo, sacrílego. Não sabia o que significava, no entanto, ou por que o pintara. De onde poderia ter vindo aquilo?[12]

O Príncipe talvez tenha sorrido com tal pensamento. Mostrara seu ponto de vista e deixara seu contato. Durante a noite, o Príncipe abandonara seu prospecto bêbado para que sofresse com seu vômito bem merecido e sua ressaca arrasadora.

No dia seguinte, Jordan não estava apenas de ressaca, mas mistificado. Que diabos era aquele quadro? Há anos ele não pensava sobre Cristo na cruz. Então, no que exatamente *estava* pensando? Escondeu-o sob uma pilha de roupas velhas dentro de um armário e depois sentou-se no chão por um momento, as pernas cruzadas.

Ficara muito claro naquele momento, apesar de suas proclamações ébrias na noite anterior, que realmente não entendia muito sobre si mesmo nem sobre qualquer outra pessoa.

Tudo em que acreditara algum dia sobre a natureza da sociedade e sobre mim mesmo provara-se falso, o mundo estava aparentemente insano, e algo estranho e assustador estava acontecendo dentro de minha cabeça.[13]

## CAPÍTULO QUATRO

# O RETORNO DO HERÓI

A rejeição do desconhecido é equivalente à "identificação com o diabo", a contraparte mitológica e um adversário eterno do herói explorador e criador de mundos. Tal rejeição e identificação é uma consequência do orgulho luciferiano, que afirma: meu conhecimento abrange tudo que preciso saber. Esse orgulho é uma presunção totalitária da onisciência — é a adoção do lugar de Deus por meio da "razão" —, é algo que inevitavelmente gera um estado de ser pessoal e social indistinguível do inferno.

— JORDAN PETERSON, *MAPAS DO SIGNIFICADO: A ARQUITETURA DA CRENÇA*

Aos 21, ainda atormentado por incertezas, Jordan retornou à casa de sua família, em Fairview, para passar as férias de verão. Decidira continuar seus estudos em psicologia no início do ano letivo seguinte na Universidade McGill, em Montreal, e agora esperava a resposta de sua inscrição.

Enquanto isso, descansava ao lado de sua família e de seus amigos de infância. Uma de suas amigas mais antigas, que também fora seu primeiro crush, chamava-se Tammy Roberts e ainda morava em frente à casa de seus pais. Eles brincavam e se aventuravam em jogos pesados ao ar livre como meninos e, com a mesma facilidade, também sussurravam segredos travessos e riam como meninas. Cada um seguiu seu caminho durante os anos tumultuosos da adolescência, mas agora, jovens adultos, pareciam ter a mesma atração crescente.

Tammy tinha um caráter afetuoso e despretensioso, muito diferente de algumas das garotas frívolas da república estudantil que Jordan conhecera na Universidade de Alberta. Ela assemelhava-se mais ao tipo de mulher pioneira das planícies do norte, que falava de forma simples e direta, porém com um senso de humor cruel. Em especial, ela adorava destruir as chances que ele tinha de vencer ao jogarem cróquete, lançando a bolinha muito distante no gramado, com uma tacada poderosa, seguida por uma provocação implacável. Ele dava risada da alegria diabólica que ela demonstrava ao derrotá-lo tão facilmente.

À medida que os vaga-lumes apareciam ao anoitecer, ela ficava quietinha prestando atenção enquanto ele relembrava, sem muita expressão, os eventos e as provas internas terríveis pelos quais passara. Ela ouvia-o falar sobre sua batalha interminável com o bem e o mal, um tema conhecido desde a infância. Jordan era agora uma versão levemente mais quieta de quando mais jovem — intenso, transbordando ideias, tímido e educado, como muitos cowboys das pradarias, com um sorriso fácil sempre que ela queria distraí-lo.

Ela relembrava-o de uma época quando tinham 11 ou 12 anos. Ele havia acabado de ganhar seus óculos de grau tartaruga e estava bem orgulhoso ao exibi-los, desfilando na rua para que todos pudessem admirar os óculos e ele, também. Tammy saiu de sua casa, e enquanto ela inspecionava de perto o novo acessório de moda, ele perguntou orgulhosamente: "O que achou?"

Ela deu um passo para trás para ver seu rosto como um todo, pensou por um momento e respondeu: "Acho que você está muito engraçado usando eles." Ela apontou para ele e voltou correndo para dentro de sua casa.

Agora, na suave noite do campo, dez anos depois, Tammy finalmente admitiu que estava com inveja, pois também queria ter óculos. Ela o provocou, em vez de deixá-lo ainda mais orgulhoso. Um meio-sorriso torto se esboçou no rosto de Jordan, e seus sentimentos sombrios desapareceram.

Na McGill, começou seu treinamento formal para tornar-se psicólogo clínico. Embora Freud e Jung tivessem validado seus sintomas e teorizado soluções para sua náusea pós-moderna, e Soljenítsin e Dostoiévski tivessem oferecido suas soluções pessoais com o cristianismo, ele ainda tinha dúvidas, como relembra: "Depois disso, não conseguia distinguir entre os elementos básicos da crença no cristianismo e o *wishful thinking* [pensamento ilusório]."[1]

Era 1984, o ano da sociedade distópica imaginada por Orwell. Ironicamente, o socialismo totalitário estava ganhando espaço por meio da cultura ocidental e, especialmente, nos *campi* das universidades dos EUA e do Canadá. Yuri Bezmenov, agente sênior da KGB, explicou a respeito da guerra psicológica promovida pela Rússia, ou as "medidas ativas", que supostamente eram uma grande parte do motivo dessa atividade.

> Leva-se de quinze a vinte anos para desmoralizar uma nação. O motivo de tantos anos assim [é] porque essa é a quantidade mínima de tempo que [é necessária] para educar uma geração de alunos no país de seu inimigo, expostos à ideologia do inimigo.
>
> Em outras palavras, a ideologia do marxismo-leninismo está sendo bombardeada nos miolos moles de pelo menos três gerações de alunos norte-americanos, sem serem desafiados ou contrapostos pelos valores básicos do norte-americanismo, do patriotismo norte-americano. O resultado você pode ver [na] maioria das pessoas que se formou [nos] anos 1960, nos evadidos ou nos intelectuais meia-boca que agora ocupam posições de poder no governo, nos cargos públicos, nas empresas, na mídia de massa e no sistema educacional. Estamos presos a eles, não podemos nos livrar deles, eles estão contaminados, programados para pensar e reagir a determinados estímulos de maneiras específicas. Não é possível mudar a ideia deles, mesmo que os exponha a informações autênticas, mesmo se provar que branco é branco e preto é preto, não é possível mudar a percepção básica e a lógica do comportamento.[2]

Apesar de, àquela altura, Jordan não sentir nada além do desprezo pelos alunos socialistas de "miolo mole" e pelos apparatchiks do Partido Democrático Nacional, o movimento estava crescendo bem ao seu redor. Aparentemente, como disse Bezmenov, "eles [os alunos de miolo mole] estão contaminados, programados para pensar e reagir a determinados estímulos de maneiras específicas".

Isso era aparentemente correto, uma vez que, apesar da crença que tinham no socialismo, esse sistema estava ruindo perante seus olhos. Até mesmo o Partido Comunista Chinês repudiara recentemente seu fundador, Mao Tse-tung, e sua Revolução Cultural. Em 1966, eles denominaram a Revolução Cultural de "uma grande revolução que toca as almas das pessoas, constituindo um estágio mais profundo e extensivo no desenvolvimento da revolução socialista em nosso país". Agora, dezoito anos depois, eles estavam dizendo: "A Revolução Cultural foi responsável pela queda mais grave e as maiores perdas sofridas pelo Partido, pelo país e pelas pessoas desde a fundação da República Popular."³

Contudo, estrelas vermelhas de cinco pontas nas roupas e punhos vermelhos de solidariedade nos cartazes estavam aparecendo em todos os *campi* universitários durante os eventos comumente sombrios que promoviam a solidariedade para com os oprimidos. A KGB e os comunistas reformados chineses talvez estivessem fazendo um progresso constante no Ocidente.

Satisfeito por ignorar aqueles marxistas no *campus*, os "idiotas úteis", Jordan retornou aos seus estudos, impulsionado pelo flerte com Tammy e aliviado de sua compulsão para atacar seus colegas de sala. Porém, os sonhos sangrentos ainda perseguiam suas noites, e um medo da guerra nuclear profundamente arraigado escurecia seus dias.

Seus estudos em psicologia avançada na McGill rapidamente o levaram a outra ilha solitária de almas perdidas, como aqueles prisioneiros da Prisão de Edmonton. O Instituto Universidade de Saúde Mental Douglas, que fora inicialmente um hospital-escola afiliado à universidade e asilava centenas de pessoas que sofriam de todos os tipos de doenças mentais debilitantes, agora abrigava apenas os doentes mentais mais severos. No final da década de 1960, o advento dos medicamentos antipsicóticos e as ordens do governo "libertaram" a maioria dos pacientes do Instituto Douglas, que passaram então a levar uma vida perigosa e inclemente nas ruas.

> Os remanescentes eram pessoas estranhas e com alto grau de danos psicológicos. Elas se aglomeravam ao redor das máquinas que vendiam comida e ficavam espalhados ao longo dos túneis do hospital. Pareciam uma fotografia de Diane Arbus ou um quadro de Hieronymus Bosch.⁴

Certa vez, quando Jordan e uma colega de classe estavam parados esperando o diretor carrancudo de treinamento clínico do Instituto passar as tarefas, uma senhora mais velha e frágil aproximou-se e perguntou à colega, com a voz de uma criança amigável e inocente: "Por que vocês estão parados aqui? O que estão fazendo? Posso participar?"

A colega, cautelosa, pediu ajuda a Jordan: "O que devo dizer a ela?" Ambos os alunos não sabiam o que dizer perante alguém tão confiante e obviamente carente de amigos. Eles não queriam dizer algo errado e machucar ainda mais aquela pobre senhora.

Eram novatos, de modo algum preparados para enfrentar um paciente real em necessidade. Mas ela estava pedindo informações e perguntando se poderiam ser amigos. Uma mentirinha inofensiva seria adequada? Será que isso acalmaria e afastaria a senhora, ou talvez ela perceberia e seria atraída de volta a seu eterno pesadelo?

Jordan pensou que poderia inventar uma mentira inofensiva razoável, *Podemos levar apenas oito pessoas em nosso grupo,* que evitaria magoar os sentimentos dela. Mas talvez ele ouvira o eco distante da voz que o salvara da loucura apenas alguns meses antes. Ele disse à mulher que eram novos alunos em treinamento para se tornarem psicólogos. E, dessa forma, ela não poderia se juntar a eles.

Sua resposta machucou. A senhora ficou nitidamente abatida e magoada por alguma ferida antiga e particular. O momento ficou pesadamente suspenso no ar entre eles. Então, em um momento de graça, ela compreendeu, aceitou a verdade, e tudo ficou certo de repente. A voz na cabeça de Jordan permanecera silente. Em sua primeira sessão não oficial de terapia, um pesadelo fora temporariamente controlado pela verdade sem adornos. Tal verdade tornou-se o item número um em seu caderno mental de psicólogo clínico.

Dizer a verdade tornou-se não apenas um princípio pessoal fundamental, mas, como o bisturi de um cirurgião, a verdade viria a ser seu melhor instrumento clínico para cortar as defesas naturais das pessoas e revelar os problemas de uma psiquê machucada. Isso seria especialmente verdadeiro ao lidar com os futuros clientes paranoicos e perigosos que eram "hiperalertas e hiperfocados. Eles atendiam a sugestões não verbais com uma presteza nunca manifestada durante as interações humanas habituais".[5]

Em outras palavras, eles conseguiam farejar uma mentira e tendiam a punir severamente qualquer figura de autoridade que mentisse para eles. A verdade se tornaria seu escudo e sua espada.

Tendo apenas a verdade como arma contra diversos demônios do século XX, ele conseguiu um empate na luta e angariou um encontro com a Rainha Deusa do Mundo. No mundo da luz do dia, ela chamava-se Tammy Roberts. Agora ele teria que conquistar seu amor para sobreviver ao inferno, e algum dia, se fosse valente e forte o suficiente, lutaria para conquistar novamente seu lugar na luz do dia e a presentearia com o velo de ouro da sabedoria e da proteção.

Porém, enquanto ainda estava em seu inferno particular, uma legião de dúvidas, como se fossem pequenos diabos cruéis, descia sobre ele incitando, confundindo e rindo dele, conforme tentava conquistar seu lugar no mundo novamente. Mas não havia como lutar contra elas, pois eram rápidas e pequenas demais. Voavam para dentro de sua orelha, sussurrando insultos e tolices. Ficavam momentos em sua mente papeando e rindo, distraindo-o, atraindo sua raiva, então desaparecendo, deixando apenas seu eco de dúvidas.

Ele as desafiava e amaldiçoava. Começou a duvidar de si mesmo por ter dúvidas. Embebedou-se para afogá-las, mas era inútil. Não tinha armas contra elas e podia apenas correr. Mitologicamente, pode-se dizer que ele estava tentando cruzar novamente o Rio Estige, saindo do inferno e voltando ao mundo da luz do dia dos viventes. Porém, ele fazia a travessia em derrota e rendição. Como na visão do inferno de Dante, talvez batalhasse com água até a cintura, conforme o rio começava a congelar. A menos que pudesse encontrar um aliado ou de alguma forma invocar o poder dos deuses, ficaria preso para sempre no gelo daquele nono nível do inferno.

Clinicamente, ser perseguido e lutar contra uma corrente ou em meio à lama era geralmente a imagem infernal que um paciente com depressão clínica tinha. Voltando gerações até seu avô, a depressão era uma constante na linhagem dos Peterson. Agravada pela falta de luz solar durante os longos e vazios invernos na ponta subártica das pradarias norte-americanas, o avô de Jordan sofrera severamente de depressão. Outrora um ferreiro cheio de energia e forte, após a morte de seu próprio pai, o avô de Jordan nunca mais caminhou além de meio quarteirão. Com apenas 45 anos na época, o avô de Jordan passou o resto de sua vida praticamente congelado no gelo, deitado no sofá de sua sala de estar escurecida, fumando. Esse colapso súbito causou pesadelos no pai de Jordan, que futuramente deixaria sua própria carreira bem-sucedida como professor e administrador escolar por causa da depressão. O jovem Jordan tampouco seria poupado. Talvez a depressão estivesse por trás de sua eterna obsessão pelos vilões, opressores políticos e, depois, pelos demônios comuns da doença mental. Nem a filha de Jordan seria poupada.

No mundo da luz do dia, ele parecia ser seu eu normal, focado e diligente. Talvez um pouquinho mais decidido em seus estudos, mais temperamental nos bares locais, mas, no todo, bem normal. Por dentro, no entanto, estava alvoroçado. Caso não resolvesse suas dúvidas persistentes, tudo que aprendera, que construíra e tudo que era, poderia de repente desvanecer-se em uma cratera de dúvida e depressão. Ainda não encontrara um fundamento sobre o qual construir. A voz da verdade dentro de si parecia sólida, mas como poderia ter certeza de que permaneceria sempre assim? Precisava encontrar a fonte fundamental por trás daquela voz. Precisava encontrar a verdade objetiva, não sua verdade, *a* verdade, o fundamento e a única esperança pelo paraíso.

Encontrou seu aliado salvador em um livro antigo, outrora condenado pela Igreja Católica como sendo de magia negra. Na Holanda, 343 anos antes, talvez também motivado pela depressão após a morte de sua filha de 5 anos, o filósofo francês René Descartes ousou escrever *Meditações sobre Filosofia Primeira*. Na obra, Jordan descobriu as palavras mágicas que poderiam dissipar a dúvida ao desafiar sistematicamente tudo que lhe fora ensinado e, portanto, tudo em que acreditava. Era heresia pura, e exatamente a arma da qual precisava. Poderia espalhar os demônios da dúvida e cavar até encontrar o fundamento e a certeza sobre os quais construiria sua torre para sair do inferno.

Descartes argumentava que todos os seres humanos nascem com uma centelha de conhecimento dado por Deus, que não pode ser aprendido. Simplesmente existia, sempre existira, portanto, sempre existiria, não importa se os seres humanos chegariam ou não a compreender. Era algo alheio à humanidade, longe do alcance do mundo em que viviam. Era, de fato, o próprio Deus, a Palavra que fora dita sobre as águas no princípio e que criara o mundo.

Tal centelha era conhecida de todas as civilizações da humanidade e fundamental para a compreensão de si mesmas. Culturas diferentes tiveram mitologias distintas sobre isso, mas todas fazem referência à existência de um deus, ou deuses, assim como a mitologia e a psicologia descreveram fenômenos idênticos por meio de termos diferentes ao longo do tempo. Não obstante, o livro começa com um método para testar severamente todas essas crenças, e com uma advertência para descartar qualquer uma que não fosse certeza absoluta. O autor passou a reduzir até mesmo a atividade da crença humana à sua essência. Em *Meditações*, escreveu *"Cogito ergo sum"*, em latim, pois a intenção era que fosse lido pelas classes instruídas da Europa, e cuja tradução é "Penso, logo existo", sugerindo que os humanos não são essencialmente um corpo físico vivendo em um mundo físico, mas cuja existência é essencialmente em um mundo efêmero com Deus. Descartes revela seu pensamento sobre as dúvidas nas primeiras linhas da obra *Meditações*, que pode ter chamado a atenção de Jordan:

> Transcorreram-se diversos anos desde que conscientemente percebi que aceitara, mesmo desde minha juventude, muitas opiniões falsas como sendo verdadeiras, e que, consequentemente, o que depois construí sobre tais princípios era altamente duvidoso; e a partir daquela época, fiquei convencido da necessidade de me comprometer, de uma vez por todas, a livrar-me de todas as opiniões que adotara, e de começar novamente e de forma diferente o trabalho de construção a partir da base.

Descartes era um católico devoto, provavelmente ainda mais após a morte cruel de sua filhinha, portanto, Deus provavelmente estava fixado em sua mente. Jordan era um católico relapso, repleto de dúvidas e ressentimentos sobre o estado da humanidade, e, portanto, não estava pronto para aceitar nem mesmo a existência de Deus. O método do filósofo, a Dúvida Hiperbólica (Extrema), consiste de um processo com quatro passos:

- **Aceitar apenas as informações que você sabe que são verdadeiras (ou seja, além de toda e qualquer dúvida possível).**
- **Dividir as verdades em unidades menores.**
- **Resolver os problemas simples primeiro.**
- **Fazer listas completas de problemas adicionais.**

Fica rapidamente óbvio que tal atividade incorre em uma quantidade enorme de trabalho mental que apenas uma pessoa consumida pela dúvida ou impelida por perguntas não respondidas poderia querer realizar. É um exercício mental exaustivo que pretende desenvolver um sistema de crenças confiável a partir da base, exatamente o que Jordan procurava. Podemos ouvir ecos dessa abordagem disciplinada e meticulosa da verdade na certeza de Jordan quanto a suas crenças:

> O sofrimento é real, e infligi-lo engenhosamente no outro, apenas pelo próprio sofrimento, é errado. Isso se tornou a pedra fundamental da minha crença. Ao buscar nos recantos mais baixos já alcançados pelo pensamento e ação humanos, ao entender minha própria capacidade de agir como um guarda da prisão nazista, um administrador do arquipélago gulag ou um torturador de crianças em algum porão, compreendi o que significa "levar os pecados do mundo em si mesmo".[6]

Em sua referência à ideia distintamente cristã de "levar os pecados do mundo sobre si mesmo", parece certo que Jordan ao menos reconheceu um pouco do calor da crença fundamental de Descartes em Deus. Porém, ele nunca teve a certeza de Descartes, pelo menos até redigir este livro. O máximo aonde chegou foi aceitar o valor da crença em Deus. Anos depois, ao responder à pergunta frequentemente repetida, "Você acredita em Deus?", ele conseguiu responder: "Realmente, não sei dizer... mas ajo como se existisse um Deus."

Em 1985, pelo menos com certeza a respeito de algumas de suas crenças e talvez inspirado por Descartes, começou a escrever seu primeiro livro, *Gods of War* [Deuses da Guerra, em tradução livre], uma filosofia da religião e da crença. Na obra, explorou a *possessão ideológica*, denominando-a uma patologia que substitui a individualidade de uma pessoa por sua crença em uma ideologia como o nazismo, o comunismo ou a democracia ocidental. O uso que fez da palavra *possessão* certamente evocou a crença cristã, ainda poderosa, da possessão demoníaca. Confirmando o domínio duradouro que a possessão demoníaca tem na imaginação pública, o filme *O Exorcista* fora lançado uma década antes, com um enorme sucesso tanto comercial quanto das críticas, o que continuou durante décadas posteriores, após tornar-se um dos filmes mais lucrativos de todos os tempos, sendo registrado na Biblioteca do Congresso dos EUA como "cultural, histórica ou esteticamente significativo".

A possessão demoníaca ainda era uma corrente poderosa no mar dos assuntos humanos. Em *Gods of War*, Jordan argumentou que, quando a razão individual é sublimada em qualquer outra ideologia, ela emerge em impulsos genocidas tão profundos, tão demoníacos, que até uma guerra nuclear global e aniquiladora parece razoável. Com isso, ele deferiu o primeiro golpe contra sua própria e contínua possessão demoníaca pelo espectro da guerra nuclear. Agora, estava na ofensiva, armado com a verdade e umas poucas crenças inabaláveis. Estava construindo sua torre, que o levaria para fora do inferno.

Contudo, o Príncipe não estava nada feliz. Ele ainda possuía a noite e preenchia os sonhos de Jordan com terrores ainda mais sangrentos. Atingiu o calcanhar de Aquiles de Jordan, a depressão, enviando o jovem aluno da especialização ladeira abaixo, para a lama congelante e paralisante do isolamento social, como acontecera com seu pai e seu avô anteriormente. Dias e semanas se passaram com Jordan mourejando a lama mental congelada, sem poder descansar à noite e como um sonâmbulo durante o dia. Apenas sua energia pessoal extraordinária e um comprometimento obstinado para lutar contra a depressão permitiram que continuasse seus estudos e escrevesse *Gods of War* durante a noite. Durante os treze anos seguintes, trabalharia na escrita de seu livro, dizendo: "Estou escrevendo meu livro como uma tentativa de explicar a significância psicológica da história — para explicar o significado da história."[7]

Na Universidade McGill, Jordan começou seus estudos avançados em psicologia ao examinar o abuso de substâncias, de agressão induzida pelo álcool, vícios e modificação de comportamento. Estudou basicamente sob a orientação do professor Robert O. Pihl, dos EUA, aclamado por seu trabalho transformador sobre crianças com transtornos de aprendizagem. Ao usar análises do cabelo das crianças, o professor descobriu altos níveis de chumbo e cádmio naquelas que tinham problemas de aprendizagem. Isso influenciou o Congresso dos EUA a banir o chumbo em todas as tintas a partir da década de 1970. Posteriormente, ele descobriu níveis semelhantes de toxinas no cabelo de criminosos violentos.

Seu trabalho com toxinas ambientais e criminosos violentos o levou a estudar mais profundamente a agressão humana a partir de outras toxinas, incluindo o álcool. Quando Jordan chegou na McGill, Pihl publicara recentemente *"Effects of Alcohol and Behavior Contingencies on*

*Human Aggression*"[8] [Efeitos do Álcool e Contingências Comportamentais na Agressão Humana, em tradução livre] e era codiretor do Grupo de Estudos sobre o Álcool no Instituto Douglas.

O estudo de Pihl sobre agressão estava intimamente relacionado aos interesses de Jordan quanto ao conflito social e às psicopatologias. Os dois começaram um relacionamento de oito anos que continuou pelo mestrado de Jordan, passando por seu doutorado em psicologia clínica até a conclusão de seu pós-doutorado no Instituto Douglas, em junho de 1993.

Jordan viria a testemunhar um bom bocado de agressão humana durante os anos que passou no Instituto Douglas, incluindo diversos encontros potencialmente perigosos com pacientes que também tinham pesadelos violentos e sangrentos e portavam uma séria depressão. Ele usou o relato de Leo Tolstoy sobre a depressão em sua obra *Mapas do Significado* para descrever a condição que ele e seus pacientes continuavam a sofrer:

> A coisa chegou a tal ponto, que eu, um homem saudável e afortunado, sentia que não conseguia mais viver: um poder irresistível me compelia a acabar com minha vida de alguma maneira. Não posso dizer que *desejava* me matar. O poder que me atraía para longe da vida era mais forte, mais completo e mais difundido do que qualquer mero desejo. Era uma força semelhante à antiga luta para viver, só que na direção contrária. Todas as minhas forças me levavam para longe da vida. O pensamento de autodestruição agora me aparecia de forma tão natural como aqueles para melhorar minha vida anteriormente.[9]

A depressão permanente de Jordan era tão dolorosa, que mesmo anos depois, ao relembrar o custo que ela lhe acarretou e a sua família, surgiam lágrimas instantâneas em seus olhos. Quando aconselhou uma seguidora online sobre o suicídio cometido pela filha dela causado pela depressão, caiu em lágrimas, mas conseguiu recuperar sua compostura e continuar seus conselhos para ela:

> **SEGUIDORA**: Nossa filha deu cabo de sua vida aos 24 anos por causa da depressão. Se alguém está determinado a tirar sua vida, como é possível fazer com que mude de ideia?

**JORDAN:** Puxa, isso é... sinto muitíssimo por ela. É algo terrível. Veja, eu tinha uma amiga... [*ele começa a chorar*]... sinto muito. Houve muitos casos de depressão em nossa família, então é uma questão muito pessoal para mim.[10]

Em sua pesquisa anterior sobre depressão, como uma possível precursora ao alcoolismo e à agressão, ele e o professor Pihl colocaram o foco primeiramente em um novo antidepressivo como sendo possivelmente a forma mais rápida de lidar com a depressão que incorresse em risco de vida.

A fluoxetina, um inibidor seletivo de recaptação da serotonina, ou ISRS, fora desenvolvida na década de 1970 e era o antidepressivo mais recente sendo usado em estudos clínicos. Mas primeiro, precisavam testar a terapia cognitiva, que consistia basicamente de seus próprios conselhos terapêuticos, para resgatar os pacientes que estavam à beira da autodestruição, um caminho que o próprio Jordan estava trilhando. O primeiro passo era conquistar a confiança absoluta do paciente. Jordan descreve esse processo em um vídeo do YouTube:

> Uma das coisas que faço com meus clientes o tempo todo, especialmente se estão em sérios problemas, é dizer: "Veja, não sei exatamente o que vai ajudá-lo". Mas não lanço arbitrariamente quaisquer possibilidades, porque talvez não me possa dar ao luxo.[11]

Ele dá um exemplo em seu livro *12 Regras para a Vida*:

> Tive um cliente paranoico e perigoso. É desafiador trabalhar com pessoas assim. Elas acreditam que estão sendo perseguidas por forças conspiratórias misteriosas, trabalhando malevolamente por trás dos bastidores... Elas erram na interpretação (isso é a paranoia), mas ainda assim são excepcionais em sua habilidade de detectar motivos ambíguos, julgamento e falsidade.
>
> Você precisa ouvir muito atentamente e dizer a verdade se quiser fazer com que um paranoico se abra com você.
>
> Eu escutava atentamente e falava a verdade para o meu cliente. De vez em quando, ele descrevia fantasias de gelar o

sangue sobre esfolar as pessoas por vingança. Eu observava a minha reação... eu dizia a ele o que estava observando. Não estava tentando controlar ou direcionar os pensamentos e ações dele (nem os meus). Estava apenas tentando mostrar, da forma mais transparente possível, como aquilo que ele fazia estava afetando pelo menos uma pessoa diretamente — a mim... Eu dizia quando ele me deixava assustado (o que era frequente), que suas palavras e seu comportamento estavam equivocados e que ele iria se meter em um grande problema.

Mesmo assim, ele conversava comigo porque eu o ouvia e lhe respondia honestamente, mesmo que minhas respostas não fossem encorajadoras. Ele confiava em mim, apesar (ou, mais precisamente, por causa) das minhas objeções... Ele era paranoico, e não idiota... Não haveria chances de o entender sem essa confiança.[12]

Após conquistar a confiança dos pacientes, ele desenvolveu uma lista padrão de perguntas com base em seus estudos com Pihl e, também, presumivelmente a partir de sua própria experiência. Para ajudar a analisar os diversos motivos possíveis para a depressão, ele sondava o grau de organização na vida da pessoa, uma vez que muitos que sofrem de depressão estão apenas sobrecarregados pela desordem em sua vida. Ele pergunta: "Você tem um trabalho?" Em suas palavras, a explicação sobre a importância de tal pergunta:

> Se você não tem trabalho, estará realmente enfrentando um problema em nossa sociedade... Às vezes vemos pessoas deprimidas, sem trabalho, sem amigos ou relacionamentos íntimos, com um problema adicional de saúde, além de problemas com álcool e drogas. Minha experiência diz que, caso tenha três desses problemas, será praticamente impossível ajudá-lo. Você estará atolado tão profundamente no caos, que não conseguirá sair, pois faz progresso em uma frente e um dos outros problemas o puxa de volta para baixo.[13]

Então, ele cava um pouco mais fundo: "Vamos descobrir quais são seus objetivos; você deve ter algum." E explica uma solução possível:

> Talvez digam, bem, estou tão deprimido que não tenho nenhum objetivo. Então digo: "Bem, escolha o objetivo menos desagradável e represente-o um pouco para ver o que acontece."[14]

Nesse método, ele está gentilmente empurrando seus pacientes depressivos de volta aos trilhos em direção a uma vida significativa. Mas àquela altura de seus estudos, ele ainda não tinha encontrado a importância principal do sentido em uma vida humana. Seu manuscrito em andamento ainda tinha o título de *Gods of War*, porém ainda não era o livro *Mapas do Significado*. Ele explica, já mais velho, o que viria a descobrir pouco tempo depois sobre o significado e o sofrimento humano:

> Quando comecei a estudar aquelas histórias mitológicas e entendi o fato de que a vida pode ser significativa o suficiente para justificar seu sofrimento, pensei, Deus, que ideia boa!, porque ela não é exatamente otimista.
>
> Sabemos que algumas pessoas nos dirão que podemos ser felizes. Tipo, essas pessoas são idiotas. Estou lhe dizendo, são idiotas! Aparecerão coisas que nos devastarão tanto, que não dá para acreditar, e nesses casos ninguém fica feliz... Bem, o que fazer nessas situações? Por que viver?... Se está feliz, você é um danado de felizardo e deve aproveitar, deve mesmo, porque é a graça de Deus.[15]

# CAPÍTULO CINCO

# SELVAGERIA

**Riqueza era sinônimo de opressão, e a propriedade privada, de roubo. Era hora de alguma igualdade. Mais de 30 mil kulaks foram mortos na hora. Muitos mais encontraram seu destino nas mãos de seus vizinhos invejosos, rancorosos e improdutivos, que usaram os altos ideais da coletivização comunista para mascarar seu propósito homicida.**

— JORDAN PETERSON, *12 REGRAS PARA A VIDA:*
*UM ANTÍDOTO PARA O CAOS*

Em 1962, o ano em que Jordan nasceu, os Estados Unidos e a União Soviética estavam presos em um fracasso de moralidade ameaçador chamado de Guerra Fria, sugerindo que ambos nunca conseguiriam viver juntos no mesmo planeta. A melhor solução moral que os norte-americanos conseguiram propor era estabelecer uma política de guerra denominada MAD (*mutually assured destruction* — destruição mútua assegurada), com a promessa de que ambos poderiam morrer no mesmo planeta. Em reação a isso, o Relógio do Juízo Final ficou congelado nos sete minutos para o Armagedom, assim como o restante da humanidade. Pelos onze anos seguintes, o mundo ficou no limite, não por causa dos cuidados ou de uma reconsideração racional, mas porque ninguém conseguia sequer imaginar uma resolução moral compartilhada.

Em 1983, apenas um mês antes de Jordan entrar na Universidade McGill, o presidente dos EUA, Ronald Reagan, reconheceu que a União

Soviética estava entrando em colapso econômico, a mesma coisa que ocorrera com a China comunista. Ele lançou os dados daquele primeiro jogo mundial valendo tudo ou nada pela existência e anunciou a Iniciativa Estratégica de Defesa, um programa de pesquisas para a defesa contra mísseis balísticos perante o que ele considerava ser o Império do Mal. Foi um golpe de misericórdia projetado para causar a falência e destruição da União Soviética. O golpe foi bem-sucedido ao destruir a "ofensiva de paz" de sua contraparte soviética, Yuri Andropov, levando-o a dizer:

> Chegou a hora de [Washington] parar de ficar inventando uma opção atrás de outra em busca da melhor forma de desatar a guerra nuclear, com a esperança de vencê-la. Fazer isso não é apenas irresponsável. É loucura.[1]

Com as psicoses apocalípticas sendo então praticamente universais, a população aterrorizada foi levada ainda mais profundamente ao pânico. Jordan, na época com 21 anos, continuou a lutar de alguma forma, contendo suficientemente seu medo, de modo que conseguiu se concentrar em seus estudos com o professor Pihl. Em meio àquela nova premonição demoníaca de fogo e enxofre, ele assumiu a incrível responsabilidade de administrar terapias psicológicas para cerca de 20 pacientes com danos mentais severos por semana no Instituto Douglas e sob a supervisão de Pihl. Pôde então distrair-se com frequência de seus terrores e talvez até tenha sentido as primeiras ondinhas de alívio ao encontrar um significado mais profundo para sua vida ajudando outras pessoas com uma necessidade tão extrema.

Até então, Jordan encontrara um alívio temporário da ansiedade com sua prática de levantamento de pesos. Ele percebeu, com a intensificação de seus estudos, que a disciplina parcialmente solitária também o ajudava a espairecer, ao mesmo tempo que ficava cheio de energia e se acalmava. Aos 13, começou a levantar pesos, sendo um fracote proverbial pesando cerca de 50kg com o bônus extra de ser flácido e fumante inveterado. Dominou imediatamente o supino de 25kg. Apesar da humilhação causada pela oferta de ajuda dos outros praticantes que faziam sequências de levantamento de 15kg com um braço, Jordan perseverou. Chegando aos 22, tinha perdido a flacidez e ganhado cerca de 15kg de músculos. A atividade de musculação fazia com que agora comesse quatro ou cinco vezes por dia, o que consumia grande parte de sua bolsa da pós-graduação. A atividade também o fazia ficar horas longe dos estudos, e isso ele realmente não tinha como bancar. Então, parou a musculação e continuou com o levantamento de livros. Sua ansiedade foi ainda mais aliviada por meio de sua pesquisa com Pihl sobre agressão sob efeito do álcool. Percebeu que seu relaxo costumeiro em permitir-se beber a ponto de ficar cambaleante e resmungando coisas sem sentido não ajudava em nada, então começou a reduzir o consumo alcoólico também.

Àquela altura, exatamente como dissera o desertor agente da KGB Yuri Bezmenov, os vinte anos completos de guerra psicológica necessários para desmoralizar uma sociedade estavam começando a dar o fruto proibido do ressentimento contra o Ocidente, e a academia dera uma grande mordida. Dentro das universidades de todo o Reino Unido, Canadá e Estados Unidos, os professores que inconscientemente haviam sido ativistas soviéticos quando eram alunos, vinte anos antes, durante a década de 1960, estavam desmoralizando ativamente os valores ocidentais para a geração de Jordan. Colegas desses professores proletários haviam alcançado posições proeminentes na mídia, na política e no jornalismo. De repente, eram a geração "eu" dançando ao ritmo infernal dos anos 1980. Estavam por toda a parte, e o Ocidente nunca se veria livre deles, conforme Bezmenov predissera.

Enquanto Jordan se encontrava atarefado construindo sua torre para sair do inferno, um dos alicerces ocidentais do capitalismo estava levando uma surra. Tornara-se um pouco mais que o "hedonismo compulsório do crescimento econômico irresponsável e não planejado",[2] de acordo com Michael Harrington.

Em 1982, Harrington, o belo advogado formado em Yale, com traços físicos que lembravam Kennedy, criou o Democratic Socialists of America [Socialistas Democratas dos Estados Unidos] a partir de uma fusão do Novo Movimento Norte-americano [New American Movement — NAM], uma coalizão de intelectuais dos movimentos da Nova Esquerda da década de 1960, e de antigos membros, como Max Shachtman, dos partidos socialistas e comunistas da Antiga Esquerda. Shachtman era um marxista norte-americano, associado de Leon Trotsky e mentor de assistentes seniores do presidente da AFL–CIO [Federação Norte-americana do Trabalho e Congresso de Organizações Industriais], George Meany. Ele convenceu Harrington a cooperar com os trabalhadores do sindicato de Meany para se infiltrarem no Partido Democrata e levar os democratas para a esquerda. Essa estratégia é conhecida como *realinhamento*.

Harrington obteve tanto sucesso no realinhamento do Partido Democrata para a esquerda, que o senador democrata Ted Kennedy disse em uma festa em honra a Harrington: "Vejo Michael Harrington como se estivesse dando o Sermão do Monte para os Estados Unidos" e "Entre os veteranos da Guerra contra a Pobreza, não houve outro aliado mais leal nas horas mais escuras da noite".[3]

Harrington resumiu sua contribuição para os Estados Unidos em uma entrevista cuja citação apareceu em seu obituário no *New York Times*:

> Veja por este ângulo. Marx era um democrata com "d" minúsculo. Os Socialistas Democratas vislumbram uma ordem social humana com base no controle popular dos recursos e da produção, do planejamento econômico, da distribuição igualitária, do feminismo e da igualdade racial. Compartilho um programa imediato com os liberais neste país porque o melhor liberalismo leva ao socialismo. Sou um radical, mas, digo aos meus alunos no Queens, tento não ser extremista. Quero estar na esquerda do possível.[4]

Se uma das luzes guia de Jordan, Alexander Soljenítsin, testemunha ocular dos horrores do marxismo, que na época estava vivendo em Vermont, tivesse ciência da entrevista de Harrington que estava ocorrendo a poucas centenas de quilômetros ao sul no estado de Nova York, talvez ficasse um tanto irritado com ela. Porém, caso ele lesse a crítica do livro mais popular de Harrington, *A Outra América: Pobreza nos Estados Unidos*, publicado pelo Instituto Woodrow Wilson, que resumia a visão de Harrington sobre a sociedade norte-americana dizendo "Os valores e a responsabilidade moral que outrora uniam as pessoas abriram espaço para códigos relativistas, todos encorajando um individualismo doentio",[5] talvez tivesse entrado em pânico. Ficava, portanto, óbvio que o marxismo havia infiltrado totalmente o Ocidente, reivindicando um partido emergente da minoria no Canadá, a *alma mater* de Jordan, o Partido Democrático Nacional, e um dos dois maiores partidos políticos nos EUA e na Inglaterra. Ousadamente, declarou sua condenação coletivista do "individualismo doentio".

Jordan Peterson não fazia ideia do que estava por vir. Na McGill, assim como em centenas de outras universidades, os neomarxistas disseminaram-se nos departamentos de ciências humanas e sociais. Estavam determinados a lutar contra os opressores — opressores das mulheres, dos mulatos e pretos, pobres, trabalhadores, indígenas e homossexuais. Ao fragmentar ainda mais e codificar tais fragmentos da sociedade, a acadêmica feminista Kimberlé Crenshaw desenvolveu a teoria social da interseccionalidade, que identificava os principais estratos sociais, incluindo classe, raça, orientação sexual, idade, religião, credo, deficiências e gênero, como sendo identidades oprimidas sobrepostas. Nos anos seguintes, o gênero seria dividido ainda mais em 52 subidentidades separadas, cada uma demandando um pronome único e novo. Foi então que Jordan, na época um desconhecido professor universitário, retornaria totalmente de seu inferno particular para liderar a batalha em defesa da civilização ocidental. Isso estava por vir, e *elas* também.

Mas, até então, ainda um humilde aluno de psicologia que cada vez mais usava arquétipos religiosos e mitológicos, Jordan viu-se de repente enfrentando tais identidades como a hidra de muitas cabeças dos julgamentos de Hércules no submundo. Ele reconheceu imediatamente as pressões familiares do ressentimento nos argumentos de alunos e nas aulas dos professores, e talvez tenha reconhecido tal ressentimento emergente como a "sombra" de Jung, o lado humano escuro da consciência que dá liberdade total a todos os males.

Os protestos no *campus* pelos direitos civis, humanos, dos gays, dos trabalhadores e das mulheres ficaram mais frequentes e acalorados. Aqueles novos marxistas armavam-se com o livrinho vermelho de Mao; erguiam os punhos fechados de solidariedade e juravam obediência por meio de slogans como "Um mundo, um povo!", à medida que sua crença em um mundo justo e perfeito ficava mais agressiva e determinada. Eles rejeitavam os revolucionários pacíficos e altamente eficazes como Dr. Martin Luther King Jr. e Mahatma Gandhi, e abraçavam os heróis implacáveis da violenta revolução marxista, como Huey P. Newton, ex-líder dos Panteras Negras, bem como Fidel Castro e Ernesto "Che" Guevara, da Revolução Cubana.

Guevara em especial, cuja bela imagem com cabelos compridos tornou-se um ícone universal e totem da moda para os revolucionários marxistas, exercia grande influência nos novos marxistas. Eles o chamavam pelo nome familiar "Che". Era profundamente temido em Cuba por condenar intelectuais em simulações de julgamento e assassiná-los com o esquadrão de fuzilamento no mesmo dia. Contudo, mesmo com seu poder de vida e morte sobre todos os cubanos, ficou profundamente ressentido após os soviéticos recuarem da guerra nuclear contra os EUA durante a Crise dos Mísseis de Cuba. Disse que a causa da liberação socialista da "agressão imperialista" global teria justificado "milhões de vítimas na guerra atômica".[6]

A cada dia que passava, parecia que os novos marxistas adotavam uma postura levemente mais militante, mais malévola. Jordan Peterson tinha conhecido esse tipo de pessoas apenas nos livros. Não fazia ideia de que em breve seriam seus antagonistas na vida real.

Tammy ia bem nos estudos, também em psicologia, na antiga escola de Jordan, a Universidade de Alberta em Edmonton. A cidade ficava a mais de 32 mil km a oeste de Montreal, então seu namoro caminhava a passos lentos, progredindo devagar e basicamente por telefone.

As viagens nos feriados eram raras para Jordan, devido aos custos e pelas exigências praticamente insuportáveis de sua pesquisa, dos estudos no doutorado e da prática clínica. Mas havia comprometimento no namoro. Como ele confessou posteriormente, todo feliz: "Acredito que me apaixonei por ela à primeira vista, embora não acho que o sentimento tivesse sido mútuo, e na época eu tinha uns 7 anos, acho."[7]

Ele lembrou-se também que, aos 12 anos:

> Estava sentado com ela em uma poltrona grande em nossa sala de estar, ela estava bem ao meu lado, e eu estava danado de feliz... E depois ela saiu, e eu disse ao meu pai que me casaria com ela. Lembro que ele contou essa história no nosso casamento, foi bem lindo.[8]

E aos 13 ou 14:

> Também entregava [o jornal] na casa dela, e um dia ela estava lá com outra amiga, que também era bonita, e eu gostava muito dela, elas estavam sentadas conversando... como eram feministas, falando de forma geral... nenhuma delas adotaria o sobrenome do marido quando casassem. E Tammy disse à sua amiga: "Bem, isso quer mesmo dizer que vou ter que encontrar algum fracote e me casar com ele." Daí ela se virou,

olhou para mim, esboçou um sorriso maldoso e disse: "Ei, Jordan, você quer se casar?" Claro que eu tinha escutado toda a conversa, e, sabe como é, ela sabia que eu gostava dela, obviamente, e assim aquele foi um encontrinho legal e cômico. Ela tem um senso de humor bem cruel.[9]

O conforto do namoro era restaurador e sempre bem-vindo na vida de Jordan. À medida que ficava mais próximo de Tammy, ganhava estabilidade e obtinha forças com ela, sua mitológica e pessoal Rainha Deusa do Mundo, seus desafios mudavam, adequando-se a suas circunstâncias.

Sua pesquisa sobre alcoolismo sob orientação de Pihl entre 1985 e 1989 colocou-o face a face com dezenas de monstros "Jekyll e Hyde" do mundo da luz do dia. Mesmo em casa, após o trabalho, as almas perdidas do alcoolismo esperavam por ele, incluindo um "anjo do inferno".

Jordan morava em um bairro pobre de Montreal, aparentemente tendo dinheiro suficiente apenas para comprar roupas e comida. Seu locador, ex-presidente encrenqueiro do clube de motociclistas Hell's Angels [Anjos do Inferno], forte e envelhecido, era seu vizinho. Denis era um canadense francês e cumprira pena na prisão quando jovem, mas depois casara-se e ajeitara-se à medida que envelhecia. Ao longo de muitos anos de vida matrimonial, havia moderado seu consumo de álcool ao ponto de o fato não ser mais um problema. Ele tinha uma pequena loja de eletrônicos em seu apartamento e cuidava dos reparos e da manutenção de seu velho prédio, de modo que seus locatários ficavam satisfeitos, em sua maioria. Isso provia uma renda estável e suficiente para ele e sua esposa. Contudo, os problemas ficavam aparentes nos diversos ferimentos causados pela automutilação nos braços e nas mãos dela. Se você acredita em tais coisas, os demônios de Denis que haviam criado um rei dos encrenqueiros, um anjo do caos, visitavam o agora domesticado Denis, em sua nova vida organizada e complacente. Vinham com a intenção de exigir retribuição por sua traição.

Sua esposa cometeu suicídio, e Denis de repente ficou sem seu reino e sem qualquer propósito. Agora, era apenas um locador velho e grisalho — abandonado e desolado. O dinheiro que lhe restara era agora gasto com o álcool anestesiante. Em poucos dias, estava novamente bebendo uma caixa inteira de cerveja, ou até mais, por dia.

Na hora do diabo, três da manhã, houve um estrondo no corredor no lado de fora da porta de Jordan por causa da batalha de enfrentamento. Os xingamentos de Denis, seus gritos e rugidos de dor ecoaram por todo o prédio. Novamente, caso você acredite nessas coisas, os demônios haviam cercado o velho rei, podre de bêbado. Ele uivou para seu cãozinho, seu único amigo remanescente, depois gargalhou com seus atormentadores pela pura alegria de causar encrencas novamente. Talvez mataria o cachorro, só por precaução. Sibilou entre os dentes, ficou incoerente e, por fim, desmaiou em humilhação.

Às vezes, pela manhã, após uma grande batalha, ele cumprimentava Jordan agradavelmente no corredor quando os dois começavam o dia, como se nada tivesse acontecido. Ele se esforçava para conquistar a amizade de seu jovem locatário, convidando-o para uma noite em suas velhas assombrações. Jordan aceitou, em solidariedade, e talvez acreditando que pudesse oferecer ao homem um pouco de alívio usando sua nova bagagem de conhecimento clínico sobre alcoolismo.

A noite chegou, e ambos subiram na Honda de 1.200 cilindradas de Denis, com a "aceleração de um avião a jato". Saíram pela noite, Jordan segurando firme sua preciosa vida, com apenas o minúsculo capacete da esposa de Denis equilibrado inutilmente em sua cabeça como proteção.

No boteco, com os diabinhos costumeiros e os demônios menores relaxando junto às almas enfraquecidas, Denis estava sentado, impotente, regozijando-se silenciosamente em suas atrocidades juvenis à medida que a cerveja soltava suas inibições. Jordan bebia com seu locador de luto por amizade e compaixão, até que, tão natural e inocente como caminhar, o velho magicamente se transformou novamente no rei do Hell's Angels. Transformando Jordan em seu único assunto, agora a ser protegido, atacava qualquer incauto que dissesse algo desagradável. Sem dúvidas, um pequeno demônio diligente do submundo estava sentado ao lado do ouvido do velho rei, interpretando para ele comentários aparentemente inocentes. Não demorou e os gritos dos feridos irromperam em um coro gratificante enquanto revestia-se no sangue deles mais uma vez, triunfante.

Com ajuda, Jordan arrastou seu enlutado locador para fora do bar, e, de alguma maneira, Denis conseguiu pilotar sua moto nas ruas cheias de gelo de Montreal de volta para casa, sem matar os dois. Dali em diante,

Jordan passou a recusar os convites, porém continuou ajudando Denis em seu sofrimento ao continuar sendo seu amigo.

De volta sob o teto relativamente seguro e organizado da universidade, Jordan continuou sua orientação com o Dr. Pihl. O resumo do primeiro artigo que escreveram juntos é o seguinte:

> O inebriamento alcoólico agudo causa mudanças no funcionamento cognitivo de indivíduos normais. Tais mudanças parecem ser semelhantes, à primeira vista, àquelas demonstradas por indivíduos que sofrem danos no lóbulo pré-frontal já quando adultos. Para testar a validade dessa observação e controlar os efeitos de confusão causados pela expectativa, 72 homens receberam uma bateria de testes neuropsicológicos dentro do contexto de uma estrutura equilibrada de placebo. Cada homem recebeu uma das três doses de álcool, muito diferentes. A análise dos resultados da bateria dos testes cognitivos demonstrou que uma dose alta de álcool afeta prejudicialmente diversas funções associadas aos lóbulos pré-frontal e temporal, incluindo o planejamento, a fluência verbal, a memória e o controle motor complexo. A expectativa não parece desempenhar um papel importante na determinação de tal efeito. As implicações desse padrão de debilitação são analisados e discutidos.[10]

Após receber seu diploma de psicologia pela Universidade de Alberta, Tammy começou a trabalhar como massagista terapêutica em Ontário, demonstrando sua natureza cuidadora e sensível, em vez de buscar a vida repleta de pressões na prática clínica, na pesquisa avançada e nos graus avançados, como Jordan. Terapeuta cheia de empatia, ela permanecia fundamentada em atos simples, como a audição e o toque físico. Ela e Jordan tinham esses traços de terapeutas empáticos, firmando seus laços pessoais, com Tammy no mundo físico e Jordan no mundo da mente.

Felizmente, a depressão e a ansiedade debilitantes que haviam tingido uma grande parte da vida de Jordan, e o levado a caminhar ainda mais profundamente nos cantos sombrios da mente humana em busca da raiz de suas causas, exerciam pouca influência em Tammy. Ela conseguia manter um contrapeso estabilizador sobre o qual Jordan passara a se apoiar, tanto como uma de suas amigas mais antigas quanto, agora, como sua namorada. O relacionamento a distância em pouco tempo transformou-se em um caso de amor, a despeito do horário de Jordan, o que levou Tammy a se mudar para Ontário e diminuir a distância entre eles, de mais de 32 mil km para cerca de 800km.

Em 1989, Jordan e Tammy casaram-se em Fairview, na igreja frequentada pela família Peterson, a Igreja Unida de São Paulo. Na cerimônia, Wally, o pai de Jordan, recontou sobre o ocorrido quinze anos antes em uma tarde, na sala de estar da casa da família, quando ele deparou-se com Tammy e Jordan sentados em uma poltrona, colados um ao outro. A sala de estar estava vazia. Um grande sofá, uma área aberta com tapete e outras poltronas estavam disponíveis, mas lá estavam eles, apertados, quase se abraçando. Wally percebeu a conexão confortável que tinham sem comentar nada, porém ficou um momento com eles até que Tammy levantou-se e voltou para sua casa, talvez sentindo a intrusão de um adulto em um momento de intimidade. Wally voltou-se ao filho, na época com 12 anos, e perguntou: "Você meio que gosta dessa menina, né?" Jordan mirou seu pai com a seriedade habitual e respondeu: "Vou me casar com ela."

Agora, tendo garantido o amor de sua vida, o que é uma conquista vital na jornada de qualquer herói mitológico, Jordan ganhou a visão dela, clara e fundamentada, para todas as coisas em sua mente cheia, porém perdeu qualquer refúgio que pudesse ter permitido para as velhas fraquezas. Não precisava mais depender de suas próprias reações emocionais distorcidas para ter uma percepção clara sobre as coisas, mas a visão moral de Tammy, como um raio X, não permitia concessões.

De certo modo, ele havia finalmente encaixado a última pedra na fundação de sua torre que o levaria para fora do inferno. Tinha uma parceira para a jornada adiante, e Tammy encontrara o foco de sua vida de cuidados. O casal passou a viver no pequeno apartamento de Jordan em Montreal, próximo a Denis, com quem Tammy passou a desenvolver um relacionamento e exercer sua natureza protetiva. O jovem casal começou a trabalhar imediatamente, construindo a torre sobre a fundação que Jordan lançara. O primeiro desafio de Tammy como rainha daquele pequeno reino veio com uma batida gentil na porta do apartamento tarde da noite, após o mundo ordeiro da luz do dia ter ido dormir.

Denis, portando ferimentos recentes de batalha, estava cambaleante na porta, oferecendo sua tostadeira em troca de dinheiro. Até aquele momento, Jordan vinha ajudando-o, acreditava, ao comprar os vários aparelhos dele. Esse era um ponto cego em Jordan que Tammy reconheceu imediatamente. Obviamente, o homem havia gastado todo o seu dinheiro com bebidas e estava vendendo seus eletrodomésticos para conseguir continuar bebendo. Ela exigiu que Jordan enfrentasse Denis, embriagado e perigoso como estava, e se mantivesse firme na atitude correta. Jordan aceitou diligentemente o comando e ficou ali na porta, encarando Denis após as 2h da manhã, tentando encontrar as palavras certas para evitar qualquer reação violenta.

> Eu falei que ele havia comentado que estava tentando parar de beber. Disse que não seria bom para ele se lhe desse mais dinheiro. Também disse que Tammy, a quem ele respeitava, ficava nervosa quando ele aparecia tão bêbado e tão tarde tentando me vender coisas.
>
> Ele me encarou seriamente sem falar nada por uns quinze segundos.
>
> Esse foi um tempo bastante longo. Ele estava buscando, eu sabia, qualquer microexpressão que revelasse sarcasmo, falsidade, desprezo ou autocongratulação... Denis se virou e foi embora. Além disso, ele se lembrou dessa conversa, apesar do seu estado de embriaguez de nível profissional. Ele nunca mais tentou me vender nada. Nosso relacionamento, que era relativamente bom, considerando as diferenças culturais entre nós, tornou-se ainda mais sólido.[11]

O primeiro decreto de Tammy como rainha comprovou a sabedoria e a coragem de sua visão. Jordan, humilhado perante ela, comprometeu-se de novo a dizer a verdade, banindo até mesmo as mentirinhas inofensivas para evitar o desconforto. Começaram então, com seriedade, a construir os lados da torre com verdade e coragem, conforme os muros do antigo inimigo de Jordan, o socialismo totalitário, começavam a cair.

Seguindo a liderança da China, o experimento marxista na Rússia estava chegando ao fim. Em 1988, poucos meses antes de Jordan e Tammy se casarem, o chefe de estado da Rússia, Mikhail Gorbachev, começou a abrir pequenos buracos no sigilo do estado stalinista com sua política de *glasnost*, ou abertura. O muro de isolamento da Rússia não demorou a cair, e a liberdade de expressão inundou o país pela primeira vez em décadas.

No dia 19 de julho, o músico norte-americano Bruce Springsteen corajosamente fez um show na Berlim Oriental, controlada pelos soviéticos, onde falou para uma multidão de 300 mil pessoas, pesando cuidadosamente suas palavras em alemão para não provocar uma reação da polícia secreta ainda ativa na região, os temidos Stasi: "Não estou aqui em favor ou contra qualquer governo. Vim tocar rock and roll para vocês na esperança de que um dia todas as barreiras sejam derrubadas."

A esperança de Springsteen, cuidadosamente elaborada, era a prece do mundo livre, com mais de 50 anos. Tornou-se realidade em novembro de 1989, quando as primeiras seções do Muro de Berlim, oficialmente conhecido como Muro de Proteção Antifascista entre a Alemanha livre e aquela escravizada pelos marxistas, foram derrubadas.

Foi um momento eufórico para os Peterson, e o fim da loucura por gerações ao redor do mundo causada pelo espectro da guerra nuclear. A utopia ateia de Karl Marx morreu três dias antes do Natal com a assinatura do Protocolo de Alma-Ata, e foi enterrada no dia seguinte, às 19h32 do dia 26 dezembro de 1991, quando a bandeira de Stalin, com a foice e o martelo comunistas que se erguerum sobre o assassinato de dezenas de milhões de pessoas, foi baixada pela última vez. Nove dias depois, no dia 4 de janeiro de 1992, nasceu a primeira filha do casal. Deram a ela o nome Mikhaila, em honra à líder russa que começara a tirar seu país do infernal marxismo, dando um exemplo para que o restante do mundo seguisse.

# CAPÍTULO SEIS

# TENTAÇÃO

> O diabo o levou a um lugar alto e mostrou-lhe num relance todos os reinos do mundo. E lhe disse: "Eu lhe darei toda a autoridade sobre eles e todo o seu esplendor, porque me foram dados e posso dá-los a quem eu quiser. Então, se você me adorar, tudo será seu."
>
> — LUCAS 4:1-13, NVI

Era 1992. Jordan estava com 29 anos, tornara-se pai de primeira viagem em sua juventude, com a saúde em cima, financeiramente estável e apaixonado pelo amor de sua vida. Sua reputação crescia na medida em que os artigos de pesquisa escritos com Pihl e outros eram recebidos e vastamente citados. O percurso de sua carreira parecia determinado, e Tammy era uma mãe e esposa adorável e afetuosa. Os demônios dele quase sempre não faziam nada além de sussurrar.

Jordan conseguia imaginar seu futuro, exposto perante ele como se tivesse sido levado a um lugar alto e estivesse vendo todo um vale que continha tudo que o mundo podia oferecer. Uma promessa parecia estar implícita naquela visão. Ele poderia ter tudo aquilo, tudo que jamais quis. Tudo que precisava fazer era deixar-se levar ao confortável aprisco da academia e acomodar-se para uma jornada longa e silenciosa rumo à estabilidade. *Apenas fique quieto, acredite na visão, adore-a.* O resto cuidaria de si mesmo. Era muito tentador, muito mesmo.

Inicialmente, foi apenas um tremor. Quase imperceptível. O mundo estava em paz. Os mísseis do Armagedom haviam sido colocados de lado e enferrujavam em seus silos; os exércitos do renegado tirano Saddam Hussein foram facilmente destruídos após invadirem o Kuwait; e a República Popular da China assinara o Tratado de Não Proliferação de Armas Nucleares. Os EUA, o Canadá e uma coalizão de mais de quarenta nações que haviam acabado de resgatar o Kuwait do ditador Hussein agora permaneciam unidos, montados sobre o mundo como um colosso de paz e prosperidade.

Mas o colapso recente e repentino do inimigo mortal do Ocidente, a União Soviética, foi como uma rachadura instantânea nas placas tectônicas sob os pés de todos. Apenas uma oscilaçãozinha. Nada com que se preocupar. As ondas do colapso do comunismo foram perdidas no alívio geral da paz mundial, com exceção de certos círculos.

Certamente tornou-se uma catástrofe na Rússia. O presidente Yeltsin permaneceu sobre as cinzas do comunismo, desesperado por um plano para restaurar sua nação em pânico. Agarrou-se à *terapia de choque* do economista estadunidense Jeffrey Sachs para dar início a uma economia de livre mercado. Os preços de praticamente todos os produtos de consumo poderiam subir aos níveis do mercado, mas não haveria aumento imediato nos salários e poucas regulações sobre o capital e investimentos, se é que haveria alguma. Era o Oeste selvagem dos mercados livres; uma cirurgia radical, sem anestesia.

Porém, em vez de isso ser visto como uma catástrofe entre os comunistas globais, como David Horowitz aponta em seu livro *The Black Book of the American Left* [O Livro Negro da Esquerda Americana, em tradução livre]:

> Em artigos, manifestos e textos acadêmicos, os esquerdistas do mundo todo afirmavam que as economias marxistas que eles haviam apoiado e defendido não representavam o "socialismo real" e não eram "o que eles intencionavam defender".[1]

Na Europa, Jutta Ditfurth, membro do Partido Verde da Alemanha, deixou claro que não havia nada a aprender com os eventos recentes:

Simplesmente não há necessidade de reexaminar a validade do socialismo como um modelo. Não foi o socialismo que fora derrotado na Europa Oriental e na União Soviética, pois esses sistemas nunca foram socialistas.[2]

O aclamado historiador britânico Eric Hobsbawm permaneceu inabalável. Ele refletiu sobre a inspiração que definiu o curso de sua vida e ainda estava disponível para todos os verdadeiros crentes no naufrágio do experimento marxista:

> Os meses em Berlim tornaram-me um comunista permanente ou, pelo menos, um homem cuja vida perderia sua natureza e significância sem o projeto político com o qual se comprometeu enquanto estudante, muito embora tal projeto tenha comprovadamente falhado, e, como agora sei, tal falha era prevista. O sonho da Revolução de Outubro ainda persiste em algum lugar dentro de mim.[3]

Nos Estados Unidos, Samuel Bowles, professor de economia da Universidade de Massachusetts Amherst, admitiu corajosamente, em meio a toda a negação, que era necessário haver certo "repensar sobre as economias socialistas, mas pouco sobre as economias capitalistas".[4] Assim como George Orwell, que aviltou os rebanhos dos socialistas britânicos ressentidos em seu livro *O Caminho para Wigan Pier*, talvez Jordan também tenha reconhecido que os socialistas não amavam realmente o socialismo, eles apenas odiavam o capitalismo. A verdadeira motivação deles não era ajudar os pobres, mas destruir os ricos.

E, assim, a derrota abjeta e universal do marxismo não seria um problema para os novos, ou neomarxistas. É claro, para quase todos os demais, incluindo Jordan, o marxismo como um sistema de crença e o socialismo como um sistema econômico eram comprovadamente um absurdo. Contudo, Hobsbawm, já na casa dos 80 anos e velho demais para mudar, deu seu melhor para reacender o fogo da justiça social e econômica:

> O capitalismo e os ricos pararam de sentir medo, por ora. Por que os ricos, especialmente em países como o nosso, onde agora gloriam-se na injustiça e na desigualdade, deveriam preocupar-se com qualquer um, além de si mesmos? Quais

penalidades políticas precisam temer se permitem a previdência social erodir e a proteção aos necessitados atrofiar-se? Tal é o efeito principal do desaparecimento de uma região socialista, até mesmo muito ruim, do globo.[5]

A prova de Hobsbawm era que a Rússia estava se adaptando muito mal à terapia de choque importada dos EUA para sua economia. O presidente Boris Yeltsin viu-se presidindo com os ativos nacionais sendo completamente pilhados por investidores ricos que usavam táticas de gângsteres para ganhar controle de setores inteiros, como o da produção de gás e petróleo. Outra vez, foi o capitalismo, e não a imprudência de Yeltsin, o culpado por tal pirataria da riqueza russa. Isso abasteceu ainda mais o grande ressentimento pelo Ocidente, especialmente pelos EUA.

No entanto, a fratura da antiga ordem mundial não se curara. Estava apenas começando. Uma segunda rachadura formou-se bem na fundação da vida humana social, enviando uma onda de choque saindo da academia e indo para todas as partes do mundo. Isso assinalou o início do feminismo radical, ou da terceira onda, abastecido novamente pela marca do marxismo revolucionário: ressentimento disfarçado de compaixão pelos oprimidos. Além do que qualquer outra coisa, tal movimento envolveria Jordan em um choque de culturas nas décadas por vir.

A feminista radical Gerda Lerner, outrora comunista na década de 1930 e pioneira do novo movimento, era professora de história na Universidade de Wisconsin quando escreveu uma das obras que definiu o movimento, *A Criação do Patriarcado*. Como observado por Horowitz em seu livro *The Black Book of the American Left, Volume II*, a recente queda da União Soviética incitou-a a refletir sobre seu passado:

> Tenho lutado para levar uma vida consciente e avaliada, e para praticar o que prego. Não obstante, agora parece que falhei de diversas maneiras, pois caí, sem criticar, em mentiras que deveria ter conseguido penetrar e perceber como tais.[6]

Mas, assim como Hobsbawm, tal percepção não fez nada para dissuadi-la de promover a marca de todos os revolucionários marxistas: a emoção violenta.

Como todos os seguidores fiéis, minha crença aconteceu como aconteceu porque eu precisava acreditar em uma visão utópica do futuro, na possibilidade da perfeição humana... E ainda preciso dessa crença, mesmo que a visão particular que abracei tenha virado cinzas.[7]

Àquela altura, outra fratura dividiu repentinamente a sociedade ocidental, especialmente a América do Norte, que em breve também atormentaria Jordan. O fato saiu da toca no bairro Crown Heights, em Brooklyn, Nova York, no dia 26 de agosto de 1991, quando "o incidente antissemítico mais sério da história norte-americana"[8] matou 2 pessoas e levou ao hospital 152 policiais e 38 civis. Cento e vinte e dois negros e 7 brancos foram presos.

O ressentimento inflamara-se no bairro misto que abrigava negros e judeus há anos, até eclodir em uma corrida furiosa de ódio. A condição das habitações para os negros subsidiadas pelo governo tornara-se intolerável e opressiva quando comparada com as casas próprias organizadas e os negócios prósperos de seus vizinhos, os judeus ortodoxos. Foi como um caldeirão de ressentimento que derramou a violência quando um condutor judeu acidentalmente atingiu e matou uma criança da Guiana e machucou uma segunda no bairro. Isso desencadeou três dias de protestos.

No discurso fúnebre da criança, o reverendo Al Sharpton inflamou ainda mais o ressentimento dos negros quando se referiu aos vizinhos judeus como "negociantes de diamantes" e, depois, como tipicamente acontece, disfarçou tal ressentimento atrás de uma cortina de compaixão pelos negros do bairro ao fazer referência ao serviço judaico de ambulância que tentara salvar a vida das crianças, dizendo: "É um acidente permitir um apartheid no serviço de ambulâncias no meio de Crown Heights."[9]

Não muito distante de seu palanque, foi colocada uma faixa que confirmava que Sharpton alcançara seu objetivo de liderar o movimento contra a opressão negra. Ela dizia: HITLER NÃO TERMINOU O TRABALHO.[10]

Essa terceira rachadura na civilização explodiu rapidamente em toda a academia. A revista *Race Traitor* foi fundada apenas alguns meses depois, por alunos e ex-alunos de Harvard, sob o lema descaradamente racista: "Traição aos brancos é lealdade à humanidade." Mesmo décadas depois, como testemunho da destruição duradoura da revista, uma pessoa escreveu uma avaliação na Amazon: "A revista *Race Traitor* começou em 1992 com uma nobre ambição: 'Servir como um centro intelectual àqueles em busca de abolir a raça branca'."[11]

E, assim, a roda sangrenta da revolução girou novamente, impulsionada pelos recursos inexauríveis do ressentimento humano. Os líderes da nova classe média dos oprimidos novamente exigiram igualdade, liberdade e fraternidade, como o fizeram seus antecessores em Paris, São Petersburgo e Pequim. Precipitaram-se em uma onda rumo às promessas compassivas do marxismo por uma sociedade justa e igualitária. Jordan Peterson sabia que as promessas de Karl Marx eram mentiras óbvias e assassinas, mas a nova onda vinha diretamente em sua direção também. Caso falasse contra ela, seu futuro, o de sua família e tudo que conquistara poderiam ser facilmente varridos para longe.

Como aluno de pós-doutorado no Hospital Douglas da Universidade McGill, com filha pequena, vinte pacientes clínicos por semana, prestes a ser um pesquisador avaliado por pares e com três horas diárias dedicadas para escrever *Gods of War*, Jordan não tinha muito tempo livre. Sua vida era necessariamente bem ordenada. Praticamente cada minuto e cada dólar eram destinados a um ou outro bom propósito. Porém, encontrava, sim, o caos diariamente na vida de seus pacientes clínicos e até mesmo em sua depressão profundamente arraigada, mas isso era controlável por ora. Pelo menos até que o caos batesse novamente à porta da frente de seu apartamento. Dessa vez, não era Denis, mas Chris, o colega do ensino médio em Montreal, que vinha lá de Fairview para fazer uma visita.

> Ele (Chris) era um cara inteligente. Ele lia muito. Gostava do tipo de ficção científica que eu também adorava (Bradbury, Heinlein, Clarke). Ele era engenhoso. Tinha interesse em kits eletrônicos, engrenagens e motores. Era um engenheiro nato. Porém, tudo isso era ofuscado por alguma coisa que tinha dado errado em sua família. Não sei o que era. Suas irmãs

eram inteligentes, seu pai tinha uma voz suave e sua mãe era gentil. As meninas pareciam estar bem. Mas Chris tinha sido negligenciado de alguma forma significativa. Apesar de sua inteligência e curiosidade, ele era irritadiço, ressentido e sem esperança.[12]

Jordan recepcionou seu velho amigo no apartamento. Ficou logo aparente que as coisas não melhoraram muito para Chris nos 12 anos desde o ensino médio, e que ele não viajara mais de 32 mil km desde Fairview apenas para fazer uma visita amigável, mas vinha em busca de ajuda. Jordan ofereceu um ouvido amigo e horas de seu tempo precioso para o velho camarada. Talvez agora que estavam mais velhos e Jordan tinha certa experiência prática tratando psiquês devastadas, alguns dos problemas de Chris pudessem ser tratados também. Ele certamente não estava buscando mais trabalho, mas como terapeuta comprometido, Jordan naturalmente queria ajudar, sobretudo um velho amigo. Tammy também fora amiga de Chris no ensino médio, então o perturbado jovem ganhou uma recepção calorosa, ao estilo de cidade pequena, no minúsculo lar dos Peterson.

Os dias se passaram, e, geralmente após Tammy e Mikhaila — agora com 1 ano — terem ido dormir, as conversas entre os dois velhos amigos esticavam-se até altas horas. Havia a esperança de que um novo começo em Montreal levasse Chris para longe da vida sem objetivos e à deriva na qual caíra. A visita alongou-se, virando semanas.

Porém, mesmo após todas as conversas, risadas, jantares e recordações dos velhos tempos e das aventuras juntos, lá estava ele. No fundo do poço da vida caótica e libertina de Chris, o ressentimento girava como um buraco negro consumindo tudo. Todo o tempo precioso de Jordan, toda a bondade de Tammy, o amor demonstrado para com Chris e até mesmo qualquer respeito e amor piedosos que demonstrava por si mesmo não eram suficientes para superar a gravidade psicológica.

> Chris começou odiando os homens, mas acabou odiando as mulheres também. Ele as queria, mas havia renunciado aos estudos, à carreira e ao desejo. Ele fumava excessivamente e estava desempregado. Previsivelmente, portanto, não despertava o interesse das mulheres. Isso o deixou amargo. Tentei convencê-lo de que o caminho que havia escolhido só o levaria

ainda mais para a ruína. Ele precisava desenvolver um pouco de humildade. Precisava ter uma vida.¹³

Contudo, a única vida que Chris via era um poço de crueldade e barbárie, algo a ser desprezado e evitado. Era, novamente, a náusea de Sartre, o niilismo de Nietzsche e o mundo de opressão de Marx. Era a visão pós-moderna desconstrutivista de um mundo esvaziado de sentido e sem a possibilidade de redenção espiritual, como proposto pelos filósofos Jacques Derrida e Michel Foucault. Era totalmente o contrário da cosmovisão emergente de Jordan. Era a aproximação da cruz para a crucifixão de Chris.

O buraco negro escancarado do caos em que Jordan se permitiu entrar em sua casa por meio da amizade começou a abalar a vida ordenada e amável que construíra com tanto sacrifício e esforço. Jordan gostava de Chris e conhecia-o tão bem quanto qualquer um de seus outros velhos amigos. Tinham os interesses tão próximos quanto quase todos fora de sua família imediata. Contudo, Chris já era um caso perdido.

> Certa noite, era a vez de Chris fazer o jantar. Quando minha mulher chegou em casa, o apartamento estava repleto de fumaça. Hambúrgueres torravam na frigideira. Chris estava de quatro no chão tentando reparar alguma coisa que havia se soltado das bases do fogão. Minha mulher conhecia os truques de Chris. Ela sabia que ele estava queimando o jantar de propósito. Ele detestava ter que o preparar. Ele se ofendia com o papel feminino (mesmo os afazeres domésticos tendo sido divididos de maneira justa, e ele sabendo disso muito bem). Ele estava consertando o fogão para oferecer uma desculpa plausível, e até louvável, para ter queimado a comida. Quando ela o acusou de queimar o jantar de propósito, ele bancou a vítima, mas ficou profunda e perigosamente furioso.
>
> Parte dele, e não a parte boa, estava convencida de que ele era mais esperto que todo mundo. Foi um golpe em seu orgulho que ela tivesse descoberto seus truques.¹⁴

Tammy estava cansada de Chris, mas Jordan continuava a esperar pelo melhor, talvez permitindo-se ser bajulado pela consideração de Chris ou, pior, permitindo-se a arrogância de acreditar que poderia resolver os problemas de seu amigo. Em qualquer caso, as demandas da vida familiar e da carreira dos Peterson permitiam que Chris não percebesse os alarmes normais, possibilitando a estada do visitante em seu lar. Tal fato era a condição perfeita para diminuir a ambição já debilitada de Chris para que passasse pela vida de forma intacta; ninguém o desafiava nem o observava perto demais. E, assim, a partir do caos do potencial humano, Chris escolheu continuar sua descida ao inferno enquanto os Peterson continuavam, distraidamente, a viver uma vida quase perfeita.

No Natal daquele ano, 1994, o irmão de Jordan, Joel, e sua esposa chegaram para passar o feriado. Embora Chris conhecesse o casal, a chegada deles significava novos olhos em sua situação, novos escrutínios, mais humilhação. Eram intrusos no espaço dele.

Decidiram dar um passeio a pé pelo antigo e charmoso centro de Montreal. A alegria natalina despontava em todos os lugares, e as músicas tradicionais, as paisagens e os doces avivavam os espíritos de todos, com exceção de Chris. Ele arrastava-se penosamente, praticamente calado, revestido de roupas pretas e fúnebres da cabeça aos pés. De volta ao apartamento, as luzes e o calor do Natal pareciam vazar para fora do apartamento por cada fresta, conforme instaurava-se uma calmaria mortal. O jantar festivo terminara, as conversas minguaram e todos disseram boa noite, indo para suas camas, todos confortáveis, bem alimentados e pensando em felizes Natais anteriores. Porém, ninguém dormiria naquela noite. Algo muito semelhante a um assassinato estava em progresso.

> Algo não estava certo. Às 4h da manhã, estava farto. Levantei da cama. Bati suavemente à porta do quarto de Chris e entrei sem esperar uma resposta. Ele estava acordado na cama olhando para o teto, como eu sabia que estaria. Sentei ao seu lado. Eu o conhecia muito bem. Conversei e o acalmei de sua fúria assassina. Então, voltei para minha cama e dormi. Na manhã seguinte, meu irmão me chamou em um canto. Ele queria conversar comigo. Sentamos. Ele disse: "Que diabos aconteceu ontem à noite? Não consegui pregar os olhos. Alguma coisa estava errada?" Contei ao meu irmão que Chris não estava muito bem. Não lhe disse que ele tinha sorte de ainda estar vivo — na verdade, todos nós. O espírito de Caim

visitara nossa casa, mas saímos ilesos. Talvez eu tenha captado alguma mudança no odor daquela noite, como se a morte pairasse no ar.[15]

Jordan não estava falando metaforicamente. Ele estava ciente do cheiro de Chris há certo tempo e percebera-o bem.

> Chris tinha um cheiro muito ocre. Ele tomava banho com frequência, mas as toalhas e os lençóis se impregnavam com aquele odor. Era impossível removê-lo. Era o produto de uma psiquê e de um corpo que não funcionavam harmoniosamente. Uma assistente social que eu conhecia, que também conhecia Chris, contou-me que o odor lhe era familiar. Todos no seu trabalho o conheciam, embora não tratassem do assunto abertamente. Eles o chamavam de cheiro da pessoa imprestável.[16]

Alguns meses depois, após Chris ter ido embora, uma carta dele chegou. Jordan a guardou e a reproduziu na íntegra anos depois no livro *Mapas do Significado*. Na carta, podemos perceber a mente promissora de um jovem do fim do século XX em meio à destruição causada pela sabedoria recebida daquela época. Chris nunca mais se recuperaria de sua *possessão ideológica*, como Jordan viria a denominar o caso. Chris escreveu:

> Espero que tenha paciência enquanto desabafo com você, porque preciso desesperadamente confessar meus pecados para alguém...
>
> Imagine, se puder, um homem adulto que abriga em seu coração o ressentimento mais perverso para com seu semelhante, seu próximo, que não tem outra culpa além de incorporar uma consciência superior do que significa ser um homem. Quando penso em todos os pensamentos sombrios e mordazes que dirigi àqueles que não conseguia olhar nos olhos, é praticamente insuportável.[17]

Pode ser de valia observar a seguir o ressentimento assassino semelhante encontrado no diário do assassino em massa Eric Harris, de Columbine.

Parece que a desintegração social pós-moderna estava afetando os homens brancos em particular. Harris escreveu:

> Um dos grandes problemas de merda são as pessoas me dizendo que porra devo fazer, pensar, dizer, como devo agir e todas as outras coisas. Farei o que você diz SE tiver vontade. Mas as pessoas (ISTO É, os pais, policiais, Deus, professores) me dizerem o que fazer apenas me faz não querer fazer aquilo, porra! É por isso que a porra do meu nome é REB!!!, ninguém vale porra nenhuma até eu dizer que vale, sinto que sou DEUS e queria mesmo ser, fazendo com que todos estivessem OFICIALMENTE abaixo de mim.[18]

Chris continuou, detalhando as placas encontradas na estrada rumo ao inferno, que eram muito familiares para Jordan.

> Eu igualava a independência e o sucesso com o egocentrismo e o egoísmo, e minha esperança mais querida, minha mais alta ambição, era testemunhar e participar da destruição de tudo que as pessoas bem-sucedidas e independentes tinham construído para si. Considerava isso como um dever. Na verdade, havia um elemento decididamente fanático em meu impulso para limpar o mundo do que, na minha percepção, era egoísmo... Isso me faz pensar se tenho mesmo um amigo neste mundo. Mas, é claro, tive amigos antes. Qualquer um com um desprezo próprio suficiente que pudesse perdoar o meu.
>
> Estava sentado e pensando sobre qual rumo minha vida deveria estar seguindo... a tal ponto que era inaceitável considerar qualquer carreira mesmo, pois apenas estar vivo seria uma contribuição para a destruição do planeta... então, a pessoa fica face a face com a necessidade de aceitar a fé de que as coisas vão melhorar com um pouco de sorte e perseverança. E por ser um rato moderno, íntegro e com uma mente racional iluminada, não tenho uso para a fé e outras conversas religiosas vazias e besteiras. A fé é obviamente irracional, e não deixarei que qualquer irracionalidade influencie meu comportamento.[19]

Chris encerrou agradecendo a orientação de Jordan e o custo de tê-la ignorado:

> Suas ideias estão começando a fazer sentido para mim agora, pelo menos é o que acho. A fé em Deus significa fé naquilo que desperta o interesse de alguém, e que leva a pessoa para longe da esfera parental rumo ao mundão. Negar tais interesses é negar a Deus, cair do céu de cara no inferno, onde as paixões da pessoa queimam eternamente em frustração.[20]

Durante os anos subsequentes, a despeito de ter vislumbrado o caminho de Jordan para sua redenção, Chris continuou pulando de um serviço braçal para outro, nunca encontrando alívio ou um significado envolvente que pudesse sustentá-lo através das catástrofes previsíveis na vida de todo mundo. Mesmo assim, Jordan nunca abandonou o amigo durante anos.

Um dia antes de seu aniversário de 40 anos, Chris ligou para ele, e os dois conversaram animados sobre a possível publicação dos escritos de Chris em um jornal local. As coisas pareciam bem. Talvez as paixões da juventude tivessem se apagado e agora fosse possível progredir.

No dia seguinte, em seu aniversário de 40 anos, Chris pegou sua caminhonete caindo aos pedaços, foi até o limite de uma pradaria fora de Fairview, colocou a ponta de uma mangueira no cano de descarga e a outra ponta dentro da janela do motorista, com o motor ligado, entrou, fechou a porta e acendeu um cigarro enquanto esperou o fim chegar.

Fazia oito anos desde que Jordan começara a escrever seu livro *Gods of War*, sua tentativa de "explicar o significado da história". Ele comprometera-se a escrever três horas por dia, sete dias por semana; um comprometimento enorme que ele protegia ferozmente mesmo quando casado, com uma carreira exigente e duas crianças — Mikhaila e seu filho Julian. Logo depois de começar a obra, ele parou de beber; só uma cervejinha em ocasiões sociais, sacrificando a maior parte de sua vida social. Seu foco total era integrar seu trabalho clínico, sua pesquisa, vorazes leituras e experiências de vida em uma história concisa sobre como o mal continuava a prosperar no mundo moderno. Agora, o original estava praticamente pronto, e ele encontrou uma direção para a conclusão. Seu capítulo final, "Os Irmãos

Hostis", parecia dar uma atenção total ao custo individual e social de um universo pós-moderno, sem deus e perceptivelmente hostil. É bem provável que sua experiência de quase morte quando jovem e, mais recentemente, o suicídio de Chris, sob as garras do ressentimento niilista, possam ter moldado seus pensamentos.

Na abertura de seu último capítulo, Jordan escreveu:

> Um desses "irmãos hostis" ou "eternos filhos de Deus" é o herói mitológico. Ele enfrenta o desconhecido com a presunção de sua benevolência — com a atitude (sem provas) de que o confronto com o desconhecido trará renovação e redenção. Ele entra, voluntariamente, na "união criativa com a Grande Mãe", constrói ou regenera a sociedade e traz a paz para um mundo em conflito. O outro "filho de Deus" é o eterno adversário. Esse "espírito de racionalidade desenfreada", aterrorizado por sua apreensão limitada das condições da existência, diminui a partir do contato com tudo aquilo que não compreende. Tal diminuição enfraquece sua personalidade, não mais nutrida pela "água da vida", tornando-o rígido e autoritário, na medida em que se agarra desesperadamente ao familiar, "racional" e estável. Cada retração enganosa aumenta seu medo; cada nova "lei protetiva" aumenta sua frustração, seu tédio e desprezo pela vida. Sua fraqueza, combinada com seu sofrimento neurótico, engendra o ressentimento e o ódio pela própria existência.[21]

Ao reconhecer o potencial inexaurível para o mal no mundo, Jordan começou a temer por seus próprios filhos, ainda muito pequenos. Com o nascimento de Julian, ele segurou em suas mãos a representação viva mais minúscula da fragilidade humana. Praticamente qualquer coisa, a mais leve brisa nociva, a picada de um inseto inofensivo ou diversas outras razões desconhecidas poderiam terminar a vida do infante em um instante, levando junto uma parte dele, de Tammy e da irmã mais velha, Mikhaila. Não estariam todas as outras pessoas no mundo, de sua própria maneira, assim vulneráveis também? Talvez fosse sua depressão sempre presente falando, uma reação pós-parto à incrível responsabilidade agora acrescida à sua carga, mas não estava errado. Talvez estivesse hipersensível porque também tinha percebido que havia algo errado com Mikhaila.

Tammy observou que algo estava estranho com a forma de Mikhaila caminhar. Ela atribuiu aquilo às vezes em que a menina era carregada nos ombros de Jordan, e que aparentemente causavam dores nela quando descia. Ele parou de carregá-la daquele modo, mesmo que ambos gostassem muito. Era só o início de uma batalha longa e prolongada contra a atrite reumatoide juvenil, que afligiria Mikhaila por muitos anos.

Posteriormente, ele registraria esse momento em *12 Regras para a Vida:*

> Que tipo de Deus faria um mundo em que coisas assim acontecem, ainda mais com uma garotinha inocente e feliz? É uma questão de importância absolutamente fundamental, tanto para os crentes quanto para os não crentes.[22]

E se tal fosse o estado real do mundo, pensava ele, como poderia um ser humano normal, até mesmo um fanático político, promover voluntariamente ainda mais tragédia e maldade do que já existia? Já não tinham todas as lendas, os contos de fada e as histórias religiosas alertado-lhes há milênios de que seriam pegos em sua própria rede de mal? Será que sequer sabiam o que era o mal, ou será que ele tinha morrido cem anos antes e sido esquecido, junto com Deus?

Em todo seu trabalho e pelos anos de contemplação profunda sobre isso, parecia que havia poucos até mesmo falando sobre tais coisas além da indignação imediata. Novos níveis odiosos de malevolência brotavam com cada tiroteio em massa, cada protesto violento e cada nova e odiosa demonização de um grupo social ou político. Era primavera no inferno.

Independentemente do que estivesse agora operando na mente ocidental após o colapso da antiga ordem mundial, havia algo mais profundo do que a consciência da superfície. Era mais profundo que a biologia, porque ultrapassava até mesmo o instinto para sobreviver. Estava bem no âmago de seu ser.

Será que os filhos em tenra idade dos Peterson chegariam a sobreviver? E qual seria a parte dele em tudo aquilo? Será que ficaria seguro atrás das paredes cobertas de heras da academia? Diria ele sim à vida confortável que lhe fora prometida, juntando-se à longa fila cinzenta de professores efetivados? Ou será que lançaria todos que amava de volta às profundezas com ele para outra rodada com o Príncipe das Trevas?

## CAPÍTULO SETE
# UM CÔMODO NINHO DE VÍBORAS

> O diabo é o espírito que fundamenta o desenvolvimento do totalitarismo; o espírito que é caracterizado pela crença ideológica rígida (pela "predominância da mente racional"), por usar a mentira como modelo de adaptação (ao recusar-se admitir a existência do erro ou reconhecer a necessidade de desvio) e pelo desenvolvimento inevitável do ódio contra si mesmo e contra o mundo.
>
> — JORDAN PETERSON, *MAPAS DO SIGNIFICADO: A ARQUITETURA DA CRENÇA*

O ano de 1993 marcou o término do trabalho de pós-graduação de Jordan no Hospital Douglas da Universidade McGill, o período em que ele mais produziu publicações acadêmicas, incluindo nove artigos, como *Social Variability, Alcohol Consumption, and the Inherited Predisposition to Alcoholism* [Variação Social, Consumo de Álcool e a Predisposição Herdada ao Alcoolismo, em tradução livre deste e dos próximos títulos] com seu mentor de longa data, o Dr. Robert Pihl, e outros, publicados naquele mesmo ano. Posteriormente, Jordan contribuiria com mais de 140 artigos em sua carreira, muitos nos primeiros anos, com ênfase no uso de álcool e drogas, seguindo para seus interesses nos arquétipos junguianos e na mitologia no trabalho, como em *Neuropsychology and Mythology of Motivation for Group Aggression* [Neuropsicologia e Mitologia da Motivação para Agressão em Grupo], em 1999, sua integração da psicologia e das tradições religiosas ocidentais em *A Psycho-ontological Analysis of Genesis 2–6* [Uma Análise Psico-ontológica de Gênesis 2–6], em 2006, e passando à integração política e prática de seu trabalho com *Spiritual Liberals and Religious Conservatives* [Liberais Espirituais e Conservadores Religiosos], em 2013.

Sendo a linguagem da ciência necessariamente precisa, sem emoções e taxativa, Jordan sofreu danos em seu estilo de escrita, o que percebeu quando tentava deixar suas ideias mais palatáveis para os leitores em geral no livro *Gods of War*. Por exemplo, o resumo típico (editado por questão de brevidade) do artigo *Variação Social, Consumo de Álcool e a Predisposição Herdada ao Alcoolismo* diz o seguinte:

> Este estudo examina as diferenças psicológicas e demográficas entre (outras) mulheres alcoólatras que usam e não usam drogas, e dois grupos de controle opostos em uma amostra feminina baseada nessa população.

O primeiro capítulo de *Gods of War*, um livro que, nas palavras do próprio Jordan, é "bem denso", começa assim:

> O mundo pode ser construído validamente como um fórum pela ação ou como um lugar das coisas. A maneira anterior de interpretação — mais primordial e menos claramente compreendida — encontra sua expressão na arte, nas humanidades, no ritual, no drama, na literatura e na mitologia. O mundo como um fórum pela ação é um lugar de valor, um lugar onde todas as coisas têm significado. Tal significado, que é moldado como uma consequência da interação social, é a implicação pela ação ou, em um nível mais alto de simplificação de análise, pela configuração do esquema interpretativo que produz ou guia a ação.[1]

Não é bem um Shakespeare, mas é um belo começo para seus alunos de Introdução à Personalidade, na Universidade de Harvard, onde fora recentemente aceito como professor assistente. *Gods of War* foi o primeiro livro didático deles.

Em julho de 1994, os Peterson mudaram-se do apartamento apertado na periferia de Montreal para uma casa geminada de dois andares em uma rua calma e bem arborizada na cidade de Amherst, Massachusetts. Com Mikhaila, de 2 anos, e o recém-nascido Julian, Tammy viu-se totalmente ocupada ajustando-se à vida suburbana dos EUA e apoiando Jordan, que tinha subido vários degraus na escada acadêmica, de aluno de pós-graduação da McGill para professor assistente na prestigiada Harvard. Ela encontrou ainda mais restrições, precisando ficar em casa, pois não recebera um visto de trabalho nos EUA, como Jordan. Por ora, estava engajada de forma completa e feliz com os cuidados de sua família e, em pouco tempo, seu magnetismo faria com que famílias da vizinhança levassem seus filhos para que cuidasse deles também.

Em Harvard, Jordan conseguiu rapidamente reputação como um professor engajador e entusiasmado. Seus alunos consideravam seu estilo abrangente e dinâmico de debates como sendo mais uma apresentação improvisada do que uma aula mecânica, participando em grande escala. O aluno Hassan Lopez disse no jornal da vida acadêmica em Harvard, *The Crimson*: "Qualquer um que esteja assistindo as suas aulas consegue reconhecer imediatamente que ele está ensinando além do nível de qualquer outra pessoa."[2] O curso inicial de Introdução à Personalidade, ministrado por Jordan, era único de inúmeras maneiras. Primeiro, ele usava como base para suas aulas seu livro *Gods of War*, ainda não publicado, em vez de um livro didático introdutório padrão sobre a psicologia básica. Os alunos viram-se instantaneamente libertos de um livro didático sem inspiração, caro e pesado, sendo então presenteados com uma obra de arte pessoal em progresso. Jordan resumiu seu livro naquela época dizendo: "Ele descreve o que acredito que o mito significa e o que penso sobre como nosso cérebro funciona."[3]

Seus alunos também estavam entre os primeiros a aproveitar as conveniências da era digital quando Jordan transferiu seu manuscrito frágil e espiralado para uma versão digital nos novos servidores de internet de Harvard. Ele também esteve entre os primeiros a gravar consistentemente suas aulas em vídeo para acessar e avaliar mais tarde. Tais recursos digitais foram os primeiros sinais do que viria a ser o ensino a distância e a presença online de Jordan.

Os alunos reconheceram imediatamente que eram coviajantes em uma jornada pela psicologia e corriam para as aulas dele. O livro didático on-line de Jordan, inovador, gratuito e compartilhável, também motivava o entusiasmo de seus alunos e estabeleceu uma tendência que se expandiria anos depois com um aluno de graduação de psicologia e ciência da computação, lá mesmo em Harvard, chamado Mark Zuckerberg, que lançaria o site www.thefacebook.com em Harvard para ajudar os alunos a compartilhar detalhes pessoais, como em qual período estavam, amigos em comum e números de telefone.

Segundo, os alunos estavam obtendo resultados curados em primeira mão de pesquisas psicológicas sobre temas com abrangência equivalente aos interesses de Jordan pela psicologia, literatura, arte, política e potencial humano, junto das implicações práticas de cada uma dessas áreas.

A aluna Alisa N. Kendrick disse sobre Jordan:

> [Seu] vasto repertório de conhecimento permite que ele crie lindas teorias que juntam ideias da mitologia, da religião, da filosofia e da psicologia. Parece que ele está muito mais por dentro e na vanguarda dos rumos da psicologia.[4]

A aluna Naomi Reid disse:

> A maneira como ele sintetiza as informações, ele não fala apenas sobre as teorias, mas sobre algumas de suas próprias ideias e sobre fontes diferentes de informações.[5]

E terceiro, a empolgação de todo aquele tumulto intelectual provocou uma explosão de ideias dos próprios alunos para a pesquisa que Jordan encorajava, não importava o quão incomuns fossem os temas, como estudos sobre body piercing e a patologia suicida do cantor Kurt Cobain, da banda de rock Nirvana. Eles incluíam estudos sobre sensibilidade à dor, solidão e agressão entre os adolescentes.

O aluno Hassan Lopez comentou sobre a reputação de Jordan, cada vez mais consolidada, de excêntrico: "Se você tiver um projeto estranho, [o departamento de psicologia] o enviará imediatamente para [Peterson] porque sabe que ele vai aceitar." Lopez falou ainda sobre a influência de

Jordan fora do departamento de psicologia: "Até mesmo os alunos de filosofia vão atrás dele para obter conselhos."[6]

A abordagem usada por Jordan atraiu para si a atenção de alunos entusiastas e agradava a administração, porém seu desdém pelos políticos esquerdistas radicais era malvisto entre alguns administradores, ex-alunos e colegas professores. Harvard permanecera em grande parte dormente após a explosão vulcânica dos anos 1960 e a ressurgência da década de 1980. O professor Richard Lewontin, proeminente biólogo molecular e autoproclamado marxista, falou sobre o papel de Harvard na luta constante pela justiça social:

> O que o marxismo tem a oferecer à universidade burguesa? Preferivelmente, nada. Quer dizer, o marxismo não pode fazer nada pela universidade; a pergunta mesmo é: o que os marxistas fazem *para* e *na* universidade?[7]

Relata-se que naquela época havia aproximadamente 12 neomarxistas só no departamento de direito, a Harvard Law School. Considerando os mais de 2 mil professores da universidade na época, uma estimativa conservadora daqueles que pensavam como Lewontin em outros departamentos poderia chegar facilmente às centenas. Entre os relativamente poucos que podem ter seguido a linha de pensamento de Jordan estava o professor Harvey Mansfield. Ele era professor na Harvard havia sete anos quando os comunistas do movimento "Alunos por uma Sociedade Democrática" atacaram e invadiram os escritórios principais da administração da universidade em abril de 1969. Duzentos e cinquenta alunos abarrotaram as salas do presidente e dos professores cuspindo slogans revolucionários e uma violência ameaçadora. Eles jogaram "os lacaios do establishment para fora do prédio, vasculharam seus arquivos e anunciaram à humanidade o alvorecer de uma revolução".[8] Obviamente, a polícia foi chamada e arrastou os revolucionários mimados para fora, trazendo em efeito o crepúsculo da nova e valente revolução após algumas horas.

Quando Jordan começou a dar aulas em Harvard, Mansfield já estava lá havia trinta anos e não demoraria para receber o Prêmio Nacional de Humanidades por suas décadas de trabalho como filósofo político. Naquela época, ele aparentemente desenvolvera uma visão obtusa sobre os radicais dos anos 1960 que outrora tomaram Harvard e haviam retornado para lá e para muitas outras academias como professores. Sobre eles e sua filosofia política, ele disse que não eram "tão ultrajantes nem tão violentos no início. O veneno começou a fazer efeito em nossa alma, com os efeitos ficando cada vez menos visíveis para nós à medida que eles ficavam mais habituais".⁹

Infelizmente para Jordan e para as boas-vindas ao seu novo lar nos EUA, tais influências "venenosas" não ficavam restritas a Harvard. No Instituto de Tecnologia de Massachusetts, o MIT, ali perto, o professor de linguística Noam Chomsky, também um acadêmico reconhecido na Sociedade de Professores de Harvard, dissera sobre a luta dos EUA com a União Soviética do pós-guerra:

> Os Estados Unidos estavam continuando de onde os nazistas haviam parado, e *engajaram*... um "exército secreto" sob os auspícios dos EUA-Nazistas que procuravam disponibilizar agentes e equipamentos militares para os exércitos que haviam sido estabelecidos por Hitler e ainda operavam dentro da União Soviética e da Europa Oriental ao longo da década de 1950.¹⁰

Aquilo poderia ser totalmente ignorado como sendo uma obscura teoria de conspiração por um amargurado radical dos anos 1960, mas Chomsky era professor de Harvard, uma indicação vitalícia que reconhecia o extraordinário potencial acadêmico. Nunca repreendido ou censurado por seus estimados colegas professores mais antigos de Harvard, parecia que Chomsky falava em grande parte representando os sentimentos do establishment da instituição, até mesmo quando seu veneno contra os EUA tornou-se incomumente venenoso. De acordo com ele, durante a Guerra Fria, os Estados Unidos também devastaram as revoltas comunistas na América Latina com "os métodos dos esquadrões de extermínio de Heinrich Himmler", acrescentando: "uma correlação próxima [existe] no mundo todo entre a tortura e o auxílio dos EUA."

Com relação à Guerra do Vietnã, "o principal objetivo político dos EUA foi maximizar a repressão e o sofrimento nos países que foram devastados por nossa violência. O grau de crueldade é bem perturbador".¹¹

E como consequência, "juridicamente falando, há um caso muito sólido para o impeachment de todos os presidentes dos Estados Unidos desde a Segunda Guerra Mundial. Foram todos absolutos criminosos de guerra ou estiveram envolvidos em sérios crimes de guerra".[12]

Então, havia o querido e conselheiro Howard Zinn, que se descrevia como "um pouco anarquista, um pouco socialista. Talvez um socialista democrata", logo do outro lado do Rio Charles, na Universidade de Boston, que doutrinava seus alunos da seguinte maneira:

> Acredito que seja muito importante trazer de volta a ideia do socialismo na discussão nacional para onde ela estava... antes da União Soviética lhe dar um nome ruim... O socialismo basicamente dizia: Ei, vamos ter uma sociedade mais gentil e bondosa; vamos compartilhar as coisas; vamos ter um sistema econômico que produza as coisas não porque sejam lucrativas para alguma corporação, mas porque as pessoas precisam delas. As pessoas não deveriam fugir da palavra socialismo, porque temos que ir além do capitalismo.[13]

Apesar das tempestades ao redor, Jordan içou as velas novamente em sua busca pelo bem e mal. Porém, despercebido no escuro porão de seu navio, havia um ninho de víboras.

Como apresentação de seu curso de Introdução à Personalidade, o prefácio de Jordan em *Gods of War* revelava sua própria tormenta e o flerte com a loucura na época em que era um jovem aluno universitário. Ele descrevia uma época quando tinha aproximadamente a mesma idade dos alunos que agora pretendia ensinar, sentado nos mesmos tipos de fileiras que seus alunos agora se sentavam, e fazendo um curso semelhante de Introdução à Psicologia.

> Algumas das aulas que fazia na época eram ministradas em grandes teatros específicos para as aulas, onde os alunos sentavam-se em fileiras descendentes, fileira após fileira. Em uma daquelas aulas — Introdução à Psicologia Clínica, muito adequado, não? —, passei por uma compulsão recorrente. Tomava assento atrás de um indivíduo despercebido e ouvia o professor falar. Certa altura durante a aula, sentia infalivelmente um impulso para penetrar a ponta da minha caneta no pescoço da pessoa à minha frente. O impulso não

era irresistível, por sorte, mas era forte o bastante para me perturbar.¹⁴

Embora tivesse sido escrito de forma natural, tal confissão pessoal era, sem dúvidas, perturbadora para diversos de seus novos alunos também. E isso era apenas a parte inicial de sua introdução. Com sua inquietante honestidade emocional, vinha sua honestidade intelectual ainda mais brutal falando sobre política, o socialismo em especial.

> Orwell descreveu a grande falha do socialismo, e a razão por seu frequente fracasso em atrair e manter o poder democrático (pelo menos na Grã-Bretanha). Orwell disse, basicamente, que não era que os socialistas "realmente não gostavam dos pobres. Eles meramente odiavam os ricos". Compreendi totalmente sua ideia no mesmo instante. A ideologia socialista servia para esconder o ressentimento e o ódio, alimentados pelo fracasso. Muitos dos ativistas do partido que tinha conhecido estavam usando os ideais da justiça social para racionalizar sua busca por vingança pessoal.¹⁵

E ali estava — em preto e branco — uma declaração de guerra contra o socialismo e os socialistas nas palavras do próprio Jordan. O assunto se espalhou entre os neomarxistas de Harvard, incluindo o professor de economia Stephen Marglin, o professor de direito Duncan Kennedy e teóricos críticos da raça como Noel Ignatiev, editor de *Race Traitor* [*O Traidor da Raça*, em tradução livre] — Peterson era o inimigo.

Conforme o curso progredia e ele ficava mais à vontade para ilustrar os conceitos de seu livro com suas experiências pessoais, Jordan conduzia as leituras indicadas de seu livro trazendo memórias de sua infância, uma citação de Jung, um fragmento de Dostoiévski ou Orwell, ou um estudo que tinha descoberto sobre biomecânica; mas às vezes ele parava no meio de uma frase. Um momento pessoal antigo ou um relato que lera de Soljenítsin sobre os gulags lentamente o dominava. Não havia pressa ou tentativas para reprimir as emoções fervilhantes. Seus olhos enchiam-se de lágrimas, como acontecera em toda sua vida desde cedo na infância, e à medida que conseguia, lutava com uma voz embargada e ondulante para transmitir as profundezas de algumas depravações humanas que vira em sua mente. O horror e a dor da existência humana eram inevitáveis para qualquer um que assistisse as aulas de Jordan. Era uma grande proeza emocional. Sua popularidade entre os alunos disparava, mesmo quando crescia a campanha secreta contra ele levada pelos radicais professores, alunos e administradores.

Em casa, Tammy ajustava-se à vida doméstica da qual um dia tirara sarro quando jovem. Sem poder trabalhar legalmente, descobriu que era feliz por cuidar dos filhos de mães da vizinhança que trabalhavam fora. A casa dos Peterson era repleta de crianças da pré-escola com quem Mikhaila podia brincar e que o pequeno Julian podia observar em admiração. Aparentemente, Tammy gostava da atividade, sentindo uma empatia natural pelos desafios infantis. Jordan estava bastante em casa quando as crianças estavam lá e gostava das brincadeiras delas, o que era uma pausa no foco intenso necessário para suas aulas e projetos de pesquisa.

Tammy e Jordan puderam ver e sentir a paisagem emocional entre e ao redor de si desde a infância. Parecia certamente uma parte da dinâmica que quase instantaneamente os atraiu quando criança, e provavelmente instigou as escolhas de Tammy como adulta para tornar-se terapeuta, mãe, cuidadora de crianças e, futuramente, mãe adotiva serial.

Para os Peterson, uma casa cheia de crianças, suas e dos outros, era aprazível. Jordan poderia facilmente passar horas desenhando monstros para elas e deixar que testassem sua força contra ele nas bagunças de brincadeira. Porém, uma empatia aguçada e diversos anos aprimorando sua sensibilidade à crueldade humana também o permitiam detectar até mesmo a menor evidência de problemas no comportamento infantil.

Jordan chegou em casa certo dia e encontrou um garoto de 4 anos em pé e sozinho na varanda cercada, cabisbaixo, sem participar da algazarra que os outros pré-escolares faziam ao redor de Tammy na sala de estar. Ele não reconheceu o garoto, mas disse olá. O menino não respondeu. Perguntou se o garoto queria entrar e brincar com os outros, mas novamente, sem resposta. Percebendo que algo significativo estava acontecendo, Jordan abaixou-se para estar no mesmo nível dos olhos do garoto e tentou quebrar a postura defensiva que demonstrava, que parecia muito mais típico de um nenê de 1 ano do que de um garoto de 4 anos. Sorriu e gentilmente convidou o garoto para entrar e brincar, cutucando a axila dele com seu dedo, fazendo cócegas. O menino se desvencilhou, fechando-se ainda mais. Jordan tentou ainda outras vezes. Nada; uma recusa total para engajar-se. Ele parou e compreendeu por que Tammy havia deixado o garoto sozinho na varanda.

Jordan entrou e perguntou à Tammy o que havia acontecido. Ela disse que a mãe do menino, aparentemente também psicóloga, deixara-o lá desesperada porque a babá regular dele tinha tido algum tipo de acidente e não poderia cuidar dele. A mulher dissera: "Provavelmente ele não vai comer o dia todo, mas não tem problema."

Quando Jordan recontava a história posteriormente em uma de suas aulas, a frase dita pela mãe tinha, sim, problema. Ele contava essa história como uma digressão longa e pessoal, aparentemente uma de várias que a precediam, em seu estilo cada vez mais de improviso. A aula foi gravada em um vídeo, sem data, com cerca de vinte minutos conforme ele fica ao lado de um projetor, tentando diversas vezes retornar ao assunto principal da aula. Ele se desvia da aula previamente preparada, de volta à história várias vezes à medida que fica cada vez mais preso emocionalmente a ela. O vídeo para ali, não tendo captado além dessa digressão. O assunto original da aula é apenas indicado por sua referência a uma imagem no projetor de "um dragão", a representação mitológica da destruição e do caos.[16]

Como Jordan disse a seus alunos, a afirmação da mãe sobre o filho não comer o dia todo não estava certa. Primeiro porque ela admitiu tão loquazmente sua inabilidade de cuidar adequadamente de seu filho; segundo, porque a criança ficaria agoniada e desordeira se não comesse; e terceiro, e o que mais preocupava Jordan, era porque o garoto obviamente tinha aprendido a ignorar os adultos. Como então enfatizou na aula, ignorar adultos não era uma boa estratégia psicológica.

> É importante que seu filho de 4 anos não tenha aprendido que não tem problema ignorar os adultos, que você *deveria* ignorar os adultos ou que você *pode* ignorá-los... Se eles não respeitarem os adultos, então, é claro, não terão qualquer respeito pelo que virão a ser... Por que diabos crescer? Você acaba como o Peter Pan porque é isso que o personagem representa, certo? Ele quer ficar na Terra do Nunca com as Crianças Perdidas, onde não há responsabilidades, pois, sabe como é, ele olha para o futuro e tudo que vê é o Capitão Gancho, que tem medo da morte.

A morte é o crocodilo, certo? Que está correndo atrás dele com o relógio em seu estômago, que é a mesma coisa que este dragão.[17]

Na cozinha dos Peterson, as crianças estavam sentadas ao redor da mesa para almoçar. Tammy fora até a varanda e trouxe de volta o garoto, que ainda se recusava a levantar a cabeça, olhá-la nos olhos ou responder a seus convites. Ela o levou pela mão à mesa e o acomodou ao seu lado, onde poderia cuidar totalmente dele. Conforme as outras crianças faziam suas bagunças costumeiras durante a refeição, Tammy usou o método comprovado do gentil cutucão para fazer cócegas na costela para conseguir a atenção do garoto.

Em sua sala de aula, Jordan divagava para longe do tema principal da aula, indo além da história do garoto de 4 anos para o que, em termos científicos, pode ser chamado de um nível mais baixo de análise. Ele analisou a técnica do cutucão que Tammy estava usando para alimentar as crianças.

Com cerca de 9 meses de idade, seu filho Julian também não comia e só brincava com os alimentos. Um grande sorriso e uma risadinha iluminavam o rosto de Jordan quando se lembrava dos truques que seu filho fazia para não comer. Isso incluía esfregar comida no cabelo de sua mãe.

Porém, sempre que uma colherada de comida lhe era apresentada, Julian fechava e apertava sua boca e seus olhos. Por fim, após repetidos e gentis cutucões nas costelas, Julian começou a abrir a boca, incomodado, *aaa!* Com um movimento rápido da colher preparada, a comida ia direto para a boca de Julian, e, se necessário, sua boca era mantida fechada até que a comida fosse engolida. A técnica levou muitas horas de tentativa e erro até ser descoberta, e uma paciência exaustiva para ser executada.

Nesse nível mais baixo de análise, o problema do garoto de 4 anos que não queria comer era revelado. A técnica do cutucão para alimentação exigia mais tempo e atenção do que a mãe do menino poderia dispor ou quisesse investir em seu filho. Aquilo também revelou que ele provavelmente tinha agido daquela maneira desde aproximadamente os 9 meses de idade. Fora negligenciado por quase três anos.

De volta ao primeiro nível de análise, Jordan passou a explicar que a técnica do cutucão para alimentação funcionava exatamente da mesma forma com o garoto de 4 de anos como com Julian, e acrescentou que cada vez que a temida colher entrava na boca do garoto de 4 anos, Tammy o recompensava com um carinho em sua cabeça, dizendo que era um bom menino.

Jordan pausou a história no ponto onde o garoto terminara a refeição completa com uma grande demonstração de elogio e carinho por parte de Tammy. A voz dele embargou com a emoção, e parecia que estava visualizando o rosto do garoto em sua frente.

> Meu Deus, vocês deveriam ter visto o que aconteceu com aquela criança. Cara, partiu meu coração... abriu bem os olhos, sorriu e, tipo, estava superanimado porque finalmente realizara aquela necessidade absolutamente básica que não tinha dominado há 4 anos! Finalmente conseguira![18]

Depois, outra pausa, pois suas emoções ficaram ainda mais fortes, sua voz sumia e forçava-se, na medida em que lutava para manter a compostura:

> Pense em todas as refeições em que ele foi ignorado ou não conseguiu fazer três vezes por dia durante, tipo, três anos! Nada além de fracasso e reações ruins. E sabem de uma coisa? Ele tinha internalizado tudo aquilo, achando que era uma criança má e, de repente, puf!, descobriu aquilo!... Ele simplesmente iluminou-se e toda aquela casca que tinha sobre si, que estava, tipo, usando para protegê-lo quando estava na varanda, aquilo tudo derreteu! Era horrível e maravilhoso ao mesmo tempo... E ele seguia minha esposa pela casa, depois daquilo, como um cachorrinho, tipo, ele não ficava mais de meio metro longe dela. Era inacreditável!... Então, fomos para o andar de baixo para assistirmos um filme com as crianças e ela sentou-se em uma cadeira de balanço, ele foi escalando e foi direto para o colo dela e a agarrou, assim como o macaco de Harlow agarrou, vocês sabem, a mãe macia, em vez da mãe de arame. Puf! Ele ficou assim [aninhado firmemente em seu peito], e isso durou, tipo, duas horas! Ele não largava dela![19]

O humor mudou, ficou sério, conforme Jordan contou sobre quando a mãe retornou para buscar o filho.

> Então a mãe chegou em nossa casa, desceu para onde estávamos e viu o que estava acontecendo, sabem como é, e o menino estava, tipo, agarrado à minha esposa, ela olhou aquilo e disse: "Ah, supermãe!"
>
> E sabem como é, ela pegou o filho e foi para casa... Meu Deus, se acham que não há um dragão naquela história, cara, você não está prestando atenção!... Porque o dragão naquela história era ela. E isso ela não queria admitir. E ela estava disposta, perfeitamente disposta a sacrificar seu filho por causa do [seu] fracasso em perceber que poderia ser um dragão, então aquilo significava que a *criança* era o problema. E isso é uma coisa infernal para se fazer com uma criança de 4 anos.[20]

Então, a predisposição final e raivosa:

> Assim, não foi agradável, realmente nada agradável. Na verdade, provavelmente causamos danos na criança ao fazer com que [o garoto] fizesse algo bom porque o abrimos à possibilidade de que poderia se comportar adequadamente e ser recompensado por isso, e porque lhe demos esperança. E assim, pode estar danado de certo que aquela esperança foi mandada embora no dia seguinte.[21]

Tal foi a ilustração irrepreensível de Jordan sobra a malevolência aleatória da existência, o mal sem sentido infligido até mesmo em crianças inocentes por pais com boas intenções. A única coisa que tornava a vida suportável, em seu ponto de vista, era a redução do sofrimento humano, mesmo que temporariamente. Esse era o significado da vida de Jordan. Era a única mensagem por trás de todos os seus esforços.

Os problemas estavam crescendo nos escritórios administrativos de Harvard. Os professores estavam finalmente rebelando-se contra décadas de uma tomada de poder imposta por administradores que oprimiam o corpo docente. O professor de economia da instituição, David S. Landes, disse:

Houve uma grande mudança na governança da universidade e no equilíbrio dos recursos. Uma mudança silenciosa ocorreu nos últimos 25 anos, resultando na proliferação da administração da universidade... Há duas partes da administração central que, ouvi dizer, ficariam muito chateadas se quisermos saber mais sobre como as coisas funcionam... A função [do conselho jurídico] mudou de conselho para governança. Aqueles que concediam conselhos passaram a conceder leis.[22]

A segunda parte da administração fora de controle era um departamento inchado de relações públicas, de acordo com Landes. "No passado, os oficiais de Harvard manifestavam-se quando eram solicitados", contou ele. "Agora, os mestres da enganação queriam inventar trabalho para si mesmos."[23]

Tal ambiente não era tranquilizador para o ainda não titular professor Peterson. A divisão entre a burocracia administrativa agressiva de Harvard e seus professores lembrava-o sobre a luta pelo poder, sobre a qual escrevera Soljenítsin, entre o politburo soviético e os intelectuais russos, especialmente desde que o novo politburo em vigor de Harvard parecia favorecer ou, pelo menos, tacitamente ignorar os socialistas desordeiros e barulhentos em seu *campus*. Para alguém com a sensibilidade de Jordan em relação à agressão neomarxista e propenso à raiva sempre que se deparava com ela, tal ameaça crescente deve ter sido mais do que apenas irritante. Ele vivera em meio à sua ressurgência desde os dias em que estava na McGill, mais de dez anos antes. Agora, ela literalmente o cercava, invadia sua sala de aula, ameaçando sua carreira e a estabilidade futura de sua família.

O professor Landes fazia referência, em parte, ao apoio ativo que Harvard estava dando à nova onda do "politicamente correto" que infestava os *campi* universitários desde o final da década de 1980. Um nível extremo fora alcançado durante os primeiros anos de Jordan em Harvard após as publicações de Roger Kimball, *Radicais na Universidade*, em 1990, e Dinesh D'Souza, *Illiberal Education* [Educação Iliberal, em tradução livre], em 1991. Tais livros condenavam a promoção "liberal" da autovitimização, do multiculturalismo, da ação afirmativa e das mudanças pós-modernas no currículo da universidade.

Novas evidências chocantes da usurpação socialista em Harvard tornaram-se públicas por meio das ideias de seu economista "estrela", Stephen Marglin em *Z Papers,* uma publicação anticapitalista. Em seu artigo *Why Is So Little Left of the Left*? [Por que Sobrou Tão Pouco da Esquerda, em tradução livre], ele difama abertamente o capitalismo e deixa a entender que uma ação radical urgente era necessária além da mera "libertação" dos trabalhadores oprimidos para revitalizar o socialismo.

> Os obstáculos para a libertação do local de trabalho não estão na dominância das classes cujo interesse é perpetuar um ambiente de trabalho autoritário, mas estão também na dominância do sistema de conhecimento que legitima a autoridade do chefe. Sob tal perspectiva, libertar o local de trabalho é dificilmente suficiente para destituir o capitalismo.[24]

G. Brent McGuire, aluno de graduação de Harvard, atacou de volta, desafiando a aproximação furtiva de ativistas como Marglin, que se cobriam de rótulos obscuros como *liberais* e *progressistas,* em vez de usar o termo correto, mas alarmante, *socialista.* Disse McGuire:

> As ideias socialistas são muito dominantes em Harvard, mas não são assim denominadas pelos socialistas. É um jogo de palavras, mas as ideias são tão socialistas como sempre foram. [Tais ideias] são muito perigosas porque Harvard é muito respeitada.[25]

Jordan estava agora no palco principal de um fogo cruzado filosófico. Como a hidra de muitas cabeças que ele usava para ilustrar a proliferação dos impulsos psicológicos quando são forçosamente reprimidos, a proliferação das identidades culturais tomou o lugar do dragão decapitado do marxismo na sociedade ocidental. O marxista reformado David Horowitz explica essas identidades sociais emergentes em Harvard e em todos os outros lugares:

> Como uma expressão do niilismo, a esquerda contemporânea define e organiza a si mesma como um movimento contra, e não a favor. Seus componentes podem alegar que estão criando futuros igualitários nos quais o racismo, o "sexismo"

e a dominância cultural já não existem e nos quais a "justiça social" prevalece... e possibilita que... anarquistas, ecorradicais, radicais feministas, revolucionários "queer", maoistas, stalinistas e "progressistas" vagamente definidos operem lado a lado... A continuidade entre as gerações da esquerda comunista e neocomunista é, de fato, ininterrupta. É o produto de uma cultura esquerdista que abraça abertamente os precursores intelectuais, as tradições políticas e as perspectivas anticapitalistas do passado comunista.[26]

De longe, as identidades sociais mais amargamente desagregadoras surgindo naquela época eram especialmente as estadunidenses dos pretos e dos brancos. Tal ferida social ainda estava aberta na mente da maioria dos norte-americanos e, assim, era facilmente explorável pelos neomarxistas, desesperados por uma nova guerra de classes. Eles atacaram o racismo histórico e assumidamente sistêmico dos EUA com um zelo revolucionário e rapidamente tomaram conta de Harvard. Jordan foi forçado a retirar-se de tal ataque específico. Sendo canadense, não tinha autoridade na guerra em andamento dos EUA consigo mesmos. Contudo, havia muitas outras frentes abrindo-se na campanha multidentada da esquerda. Quando a "branquitude" em si foi atacada, o que claramente foi uma jogada racista, o alarme interno de Jordan deve ter tocado e pode até ter atrapalhado seu sono. Esse era um assunto — identificar o opressor e as classes oprimidas — sobre o qual ele tinha uma autoridade significativa.

Noel Ignatiev, aluno de pós-graduação de Harvard, branco e marxista, mirou diretamente a branquitude em seu papel como cofundador e coeditor da revista *Race Traitor*, publicada um pouco antes da chegada de Jordan a Harvard. Ele respondeu a um leitor que fazia objeções contra o animus obviamente racial:

> Continuaremos depreciando os homens brancos mortos, e os vivos, e as mulheres também, até que a construção social conhecida como raça branca seja destruída. Não desconstruída, mas destruída.[27]

O uso feito por Ignatiev da palavra "desconstruída" fazia referência aos filósofos Jacques Derrida e Michel Foucault, dois dos arqui-inimigos intelectuais de Jordan, depois de Karl Marx, que naquele momento conduziam a Nova Onda Francesa do desconstrucionismo pós-moderno ao coração e à mente dos alunos e dos professores de Harvard. Jordan entrou novamente na luta, resumindo o pós-modernismo da seguinte maneira:

> Você pode pensar sobre isso como uma atitude de ceticismo, ironia e rejeição com relação às grandes narrativas, ideologias e universalismo, incluindo a ideia das noções objetivas da razão, que é uma das grandes, e da natureza humana, outra das grandes. O progresso social, a verdade absoluta e a realidade objetiva, todas essas coisas estão sendo questionadas.
>
> O Coringa principal no topo da hierarquia pós-moderna é Derrida. Foucault é geralmente mencionado da mesma forma como várias outras pessoas. Vejamos alguns outros atributos do pensamento pós-moderno; há um reconhecimento da existência da hierarquia, certamente. E há um eco de tal ideia, o reconhecimento da hierarquia, no termo patriarcado, pois, obviamente, o patriarcado é um reconhecimento da hierarquia. Pois bem, é um tipo de reconhecimento bem especial porque os pós-modernistas também tendem a definir a hierarquia como uma consequência de diferencial de poder. E assim, o mundo que vislumbram, até onde posso dizer, é algo como um pesadelo sociológico hobbesiano... cada pessoa de algum modo na garganta de todos as outras pessoas.[28]

Deve ter sido enlouquecedor para Jordan debater com os neomarxistas pós-modernos.

O raciocínio deles estava tão destorcido pelo desconstrucionismo de Derrida, seu linguajar consequentemente estava tão obscuro, seus estudos acadêmicos nos departamentos como Estudos das Mulheres eram tão atrozes, como visto no influente artigo de Peggy McIntosh na disciplina "Privilégios Brancos e Privilégios dos Homens", que pessoas como Jordan devem ter simplesmente lançado as mãos ao alto em frustração. Mas, em seu crédito, nunca desistiu. Constantemente rearmava-se com novas perspectivas e novas informações obtidas com outros, dentro e fora da academia.

Outra testemunha do charlatanismo dos Estudos das Mulheres era a professora Camille Paglia, notável escritora feminista na Universidade de Artes em Filadélfia. Jordan entrevistou-a sobre esse assunto em outubro de 2017.

> Aqueles modelos departamentais, tudo bem, para mim eram totalitários, para começar... separar a língua em feudos e criar o departamento de Estudos das Mulheres absolutamente do nada, tipo, em um estalar de dedos... O departamento de inglês levara um século para ser desenvolvido. De repente criar um departamento onde politizam os propósitos desde o início e por pessoas sem qualquer tipo de treinamento na área?... Os administradores queriam resolver um problema de relações públicas. Tinham uma situação com bem poucas mulheres professoras no país, em uma época quando o movimento feminino acabara de começar. O foco da tensão estava sobre eles. Precisavam de mulheres no corpo docente, e rápido. Então, puf!, "Haja os Estudos das Mulheres".[29]

Paglia falou mais sobre outras "fraudes" associadas ao pós-modernismo:

> Essa coisa de pós-modernismo, essa surra no texto, esse encorajamento de uma atitude superior e destrutiva com relação às obras de arte que estamos vivenciando, com uma caneta vermelha em mãos encontrando todas as evidências de sexismo, sim, de racismo, sim, de homofobia, sim. Não aguento mais essas pessoas... elas são uma fraude.[30]

Atestando a natureza fraudulenta do pós-modernismo, seu principal proponente intelectual, Jacques Derrida, recebia a mesma fama na França que uma estrela do cinema receberia nos EUA. E, apropriadamente, sua fama residia em uma performance pública como sua recusa para tentar explicar uma teoria fundadora do pós-modernismo, um "truque de mãos intelectual", de acordo com Jordan, chamado desconstrucionismo. Em vez de defender essa ideia, Derrida oferecia apenas respostas parciais sobre o que o desconstrucionismo *não era* ou em grande parte tagarelava de forma indecifrável, mantendo sua áurea de superioridade intelectual, "dando uma surra no texto", como insistia Paglia.

Um entrevistador perguntou a Derrida: "Você é bastante conhecido nos EUA pelo desconstrucionismo. Poderia falar um pouco sobre a origem dessa ideia?"

O filósofo respondeu:

> Antes de responder sua pergunta, quero fazer uma observação preliminar a respeito da natureza completamente artificial dessa situação... quero destacar, e não eliminar, as condições técnicas ao nosso redor, fingindo uma "naturalidade" que não existe.
>
> De certa forma, já comecei a responder sua pergunta sobre a desconstrução porque um dos grandes gestos da desconstrução é não naturalizar o que não é natural — não presumir que o que foi condicionado pela história, pelas instituições ou pela sociedade seja natural. A própria condição da desconstrução pode estar em andamento no trabalho dentro do sistema a ser desconstruído. Pode já estar localizada lá, já funcionando, não no centro, mas em um centro excêntrico, em um canto cuja excentricidade garante a concentração sólida do sistema participante na construção daquilo, ao mesmo tempo em que ameaça desconstruir.
>
> A pessoa pode sentir-se inclinada a chegar a tal conclusão; a desconstrução não é uma operação que sobrevém posteriormente de fora em um belo dia. Ela está sempre já em funcionamento no trabalho, uma vez que a força disruptiva da desconstrução está sempre contida na própria arquitetura do trabalho. Tudo o que [alguém] finalmente teria que fazer de modo a desconstruir, considerando que isso [esteja] sempre pronto, é fazer um trabalho em prol da memória, uma vez que não quero nem aceitar nem rejeitar uma conclusão formulada precisamente em tais termos. Vamos deixar a pergunta no ar por ora.[31]

Tirando os líderes pós-modernos obscurantistas, Jordan ficava especialmente furioso pela falta de estudos acadêmicos que acompanhavam o establishment dos programas universitários pós-modernos, como os Estudos das Mulheres e outros derivados, como Estudos de

Gênero, Estudos LGBTQ e a Teoria Crítica da Raça. Todos eles pareciam surgir de um ensaio escrito em 1988 por Peggy McIntosh, aluna de pós-graduação e associada sênior no Wellesley Centers for Women, com o título *White Privilege and Male Privilege: A Personal Account of Coming to See Correspondences Through Work in Women's Studies* [Privilégio dos Brancos e Privilégio dos Homens: Um Relato Pessoal de Passar a Ver Correspondências Através do Trabalho com Estudos das Mulheres, em tradução livre].³² Um relato pessoal? Um trabalho profundamente pesquisado de estudos impecáveis sem revisão feita por pares? Não.

A reação de Jordan a tal documento fundacional do movimento feminista pós-moderno revela sua frustração com a inteligência desconstruída de seus novos colegas na academia.

> O artigo original sobre o privilégio dos brancos não teria conseguido uma nota de aprovação para a parte da hipótese de uma tese avançada de graduação. Nem de longe. Não há nenhum tipo de metodologia. Recebeu o título *Privilégio dos Brancos e Privilégio dos Homens: Um Relato Pessoal de Passar a Ver Correspondências Através do Trabalho com Estudos das Mulheres.*
>
> Bem, para começar, um relato pessoal é, tipo, sinto muito, não dá. Ela [a autora] diz que são exemplos pessoais de seu privilégio não conquistado ou de privilégios não conquistados que ela viu, uma vez que viveu nas décadas de 1970 e 1980. Tal é a ideia de uma pessoa que escreveu um artigo que não tem absolutamente nenhum tipo de suporte empírico, que é um conjunto de hipóteses que nunca foi sujeito a qualquer análise estatística.³³

Contudo, os pós-modernistas e suas multidões a favor do politicamente correto marcharam adiante, até que estivessem literalmente cruzando as portas da sala de aula de Jordan. Em uma discussão acalorada, testemunhada pelo graduando Gregg Hurwitz, outro aluno desafiou as teorias do desenvolvimento psicológico da humanidade, conforme postuladas no livro de Erich Neumann, *A Grande Mãe,* um texto clássico no cânone de psicologia que estava sendo analisado na aula de Jordan. O desafio aparentemente seguiu um argumento desconstrucionista de que as ideias da "mãe" e das deusas do passado eram simplesmente construções sociais do patriarcado masculino. Ao argumento, Jordan replicou com algo assim: "Se puder postular uma estrutura teórica alternativa melhor, fique à vontade. Mas destroçar o progresso científico sem oferecer uma solução não nos levará a lugar nenhum."[34]

Parece que Jordan talvez estivesse reagindo ao calor político crescente no *campus* de Harvard. O professor de história da instituição, Stephen Thernstrom, já fora deposto por sua visão similar e politicamente incorreta da história dos EUA.

> Fui levado a julgamento por um jornal. A polícia do pensamento do politicamente correto [eram os] editores de *The Crimson*. Durante o macarthismo, não vi nenhum caso de um professor ser intimado perante uma comissão por causa do que disse em sala. As pessoas se metiam em problemas por causa de seu envolvimento político na vida particular... Não afetava o cotidiano da universidade.[35]

Em reação à crescente mentalidade de manifestação, Thernstrom e alguns outros professores de Harvard formaram a Associação Nacional de Acadêmicos em 1987, que era "dedicada a preservar o currículo tradicional ocidental".

Dentro dos documentos de fundação da associação, eles comentaram os programas pós-modernos que estavam sendo rapidamente adotados na academia:

> Uma análise de muitos estudos de mulheres, cursos e programas das minorias revela poucos estudos de outras culturas, mas mantém que muito frequentemente tais áreas são inseridas no currículo por motivos políticos, e não acadêmicos.[36]

As linhas da vindoura Guerra Cultural foram traçadas. Mas parecia mais um protesto cultural, uma vez que não havia uma estratégia clara envolvida no lado dos pós-modernos, mas apenas uma ideia — a velha piada sem graça marxista de opressores e oprimidos — desempoeirada para uma nova geração. Porém, desta vez, em vez de trabalhadores abusados, eram as mulheres, todas elas, que eram e sempre foram oprimidas, é do que tinha certeza Peggy McIntosh, pesquisadora sênior associada, certeza essa tão profunda quanto uma pesquisadora sênior associada poderia ter.

Então, em 1989, ano seguinte àquele em que McIntosh teve seu momento eureca, a professora da UCLA Kimberlé Crenshaw descobriu que não apenas as mulheres, mas também os negros eram, e sempre foram, oprimidos. Crenshaw descobriu a interseccionalidade em seu artigo acadêmico *Demarginalizing the Intersection of Race and Sex: A Black Feminist Critique of Antidiscrimination Doctrine, Feminist Theory and Antiracist Politics* [Desmarginalizando a Interseção entre Raça e Sexo: Crítica de uma Feminista Negra sobre a Doutrina da Antidiscriminação, da Teoria Feminista e das Políticas Antirracistas, em tradução livre],[37] afirmando que as mulheres negras, como parte de dois grupos distintos oprimidos — negros e mulheres —, eram duplamente oprimidas.

Unificando todas as novas teorias radicais que estavam perante Jordan e outros tradicionalistas como ele, no ano seguinte, a professora Judith Butler, da Universidade da Califórnia, em Berkeley, publicou seu livro *Problemas de Gênero: Feminismo e Subversão da Identidade*. Ele tornou-se o documento fundacional da área em ascensão na academia chamada Teoria Queer.

A tese de Butler aprofundava as pressuposições infundadas do artigo de Peggy McIntosh, *White Privilege and Male Privilege*, sobre o desconstrucionismo sem sentido de Derrida e sobre a interseccionalidade de Crenshaw, sugerindo, contra os interesses das feministas tradicionais, que o termo *mulher* era agora apenas uma subcategoria como classe, etnia e tendência sexual. Ela escreveu:

> Além disso, não fica mais claro que a teoria feminista deveria tentar resolver as questões de identidade primária de modo a continuar com a tarefa política. Pelo contrário, deveríamos perguntar: quais possibilidades políticas são as consequências de uma crítica radical das categorias de identidade?[38]

Portanto, a identidade única e antiquada da "mulher" estava fora, e as identidades intersecionais múltiplas estavam em vigor. Butler, autodenominada lésbica, passou então a garantir que a conexão entre sexo e gênero estivesse totalmente desconstruída, afirmando que era uma falsa distinção, sob a mesma teoria da interseccionalidade.

Se alguém "é" mulher, certamente não define tudo que a pessoa é; o termo falha por não ser completo... porque o gênero faz interseção com as modalidades raciais, de classe, étnicas, sexuais e regionais... Consequentemente, fica impossível separar o "gênero" das interseções culturais e políticas nas quais ele invariavelmente foi produzido e mantido.[39]

Enquanto os motivos subjacentes a essa terceira onda de feminismo eram claramente políticos e levados adiante pelos mesmos tipinhos marxistas "impertinentes e ressentidos" que Jordan identificara no NDP em sua adolescência, a ameaça que tal reavivamento generalizado apresentava era real e tão claramente motivada pelo ressentimento quanto qualquer outro movimento totalitário do passado. Ele afirmou sua preocupação com o desapego acadêmico em seu manuscrito, agora quase terminado, de *Gods of War:*

> A degeneração no caos — a decadência — pode ser considerada a constante ameaça da inovação levada adiante na ausência da compreensão e do respeito pela tradição. Tal decadência é precisamente tão perigosa à estabilidade e à adaptabilidade da comunidade e do indivíduo, e é tão puramente motivada pelos desejos e pelas vontades (ressentimento) subterrâneos quanto o totalitarismo ou o desejo pela ordem absoluta.[40]

Ele viria a fazer referência posterior àquela junta de oprimidos usando termos menos acadêmicos como uma "turba desinformada, ignorante e ideologicamente confusa".[41]

Tal afirmação viria a ser conhecida como uma *microagressão* na nova língua surrada dos crescentes inimigos de Jordan. Entre suas primeiras escaramuças está uma que foi lutada em defesa da tese do aluno Gregg Hurwitz, *A Tempest, a Birth, and Death: Freud, Jung, and Shakespeare's* Pericles [Uma Tempestade, um Nascimento e a Morte: Freud, Jung e Péricles de Shakespeare, em tradução livre], perante a congregação do departamento de psicologia de Harvard. A salva de abertura foi disparada por um professor de psicologia, presumivelmente sondando um nazismo latente, que afirmou, tão fora do assunto como diretamente direcionado a Jordan: "Acredito que Jung escolheu o lado errado na Segunda Guerra

Mundial." Jordan disparou um comentário pessoal imediatamente: "É uma afirmação incrivelmente ignorante."

Hurwitz descreve o que aconteceu em seguida: "E passamos então para as raças. Então, tive que defender minha tese para uma sala inflamada!"[42]

Não há dúvidas de que a acalorada discussão levou o professor assistente Peterson à atenção de outros antagonistas mais velhos dentro e fora do âmbito de Harvard. Com sua postura combativa perante acadêmicos ignorantes, Jordan estava manchado com a branquitude de um óbvio opressor, tornando-se, assim, um alvo hétero, branco e masculino, muito fácil de ser atingido. Chegou nas linhas de frente apenas com sua experiência e com os anos de estudo sobre o pensamento marxista que lhe diziam que aqueles novos defensores das mulheres, dos negros e dos gays oprimidos não estavam realmente interessados na libertação de qualquer um deles; estavam realmente apenas interessados no poder. E nem mesmo gostavam das mulheres, dos negros ou dos gays, mas apenas ressentiam-se dos homens héteros e brancos.

Assim, Jordan e alguns poucos colegas professores assumiram os vazios baluartes da academia. Suas aulas hétero, brancas e masculinas, junto das microagressões, não escapariam por muito tempo da vingança coletiva. Os neomarxistas pós-modernos estavam dentro dos portões, e era apenas uma questão de tempo até que o alcançassem.

# CAPÍTULO OITO

# BRINCADEIRA DE CRIANÇA

> Gradualmente foi-me revelado que a linha que separa o bem e o mal não cruza estados, classes nem partidos políticos — ela passa bem no meio do coração humano —, mas todos os corações humanos. A linha muda. Dentro de nós, ela oscila com o passar dos anos. E mesmo com nossos corações sobrecarregados pelo mal, uma pequena cabeça de ponte de bem permanece. E mesmo nos melhores de todos os corações, lá também permanece... um cantinho desenraizado do mal. Desde então, passei a compreender a verdade de todas as religiões do mundo: elas lutam com o mal dentro do ser humano. É impossível expulsar completamente o mal do mundo, mas é possível constringi--lo dentro de cada pessoa.
> — ALEXANDER SOLJENÍTSIN, *O ARQUIPÉLAGO GULAG*, V. 2

Os Peterson tinham dois sofás na sala de estar, um de frente para o outro, o que formava um tipo de arena de gladiadores onde Jordan ficava lutando de brincadeira por horas com Mikhaila e Julian, então com 3 e 1 ano, respectivamente. Talvez fosse a diversão máxima que jamais teve durante seus quatro anos lecionando em Harvard. Certamente era uma das atividades favoritas das crianças, da qual pareciam nunca se cansar.

Obviamente, tal diversão intensa atraiu a curiosidade incansável de seu pai. Ele via naquelas lutas de brincadeira um teste da força de cada um, a estratégia deles, bem como a tolerância ao medo e à dor. Quando ele fazia o papel de monstro, os gritos satisfeitos das crianças enchiam a casa. Sempre que deixava elas ganharem e derrotá-lo, a confiança delas ia nas alturas, recomeçavam o jogo do zero com ainda mais interesse. Ele via a brincadeira como provedora de instruções importantes, e recordou-se da emoção que sentiu ao descobrir o trabalho de Jean Piaget sobre as brincadeiras das crianças.

O psicólogo de desenvolvimento Piaget descobriu, nas brincadeiras das crianças, um desenvolvimento natural da moralidade. Das brincadeiras de luta e pega-pega a partir dos 2 anos, até brincar de "casinha" aos 7 e 8, as crianças aprendem as regras da sociedade, incluindo o jogo limpo. Elas exploram níveis da hierarquia social e definem a base de sua moralidade. Aqui, Jordan descobrira o que faltava em seu próprio trabalho. Piaget revelara o fundamento do bem e do mal humanos.

Em sua análise, Piaget identificou quatro estágios do desenvolvimento infantil: primeiro, a criança descobre o mundo por meio de ações como brincadeiras de luta; segundo, ela passa a descrever, por meio das palavras, as coisas que descobriu; terceiro, começa a pensar logicamente sobre as qualidades das coisas descobertas; e quarto, começa então a usar o raciocínio para extrair valor daquilo que entende logicamente.

Jordan percebeu o reflexo desses quatro estágios do desenvolvimento humano nas histórias mitológicas e religiosas sobre as origens do mundo, como a história cristã da criação. No livro de Gênesis, primeiramente Deus age: "No princípio, criou Deus os céus e a terra." Depois, Ele usa palavras para descrever suas ações: "E disse Deus: Haja luz, e houve luz." Então, Deus reconhece por meio da lógica o que fizera e confere àquilo um valor: "E viu Deus que a luz era boa."

Tal progressão moral também ficava evidente na obra de um dos primeiros a influenciarem Jordan, Carl Jung. Jung identificara os personagens arquétipos que representavam as facetas da moralidade em todas as mitologias antigas. Em seu livro *Os Arquétipos e o Inconsciente Coletivo*, Jung categoriza as "personalidades" básicas da mitologia que povoavam a psiquê humana, incluindo a grande mãe, o pai, a criança, o diabo, deus, o sábio, a sábia, o trapaceiro e o herói. A teoria de Jung sobre a estrutura moral básica da humanidade era convincente, mas não era prova científica de que uma estrutura moral prevalecente de fato existia. Então, Piaget forneceu a prova de que a moralidade humana poderia ser observada, mensurada e gerada repetidamente nas brincadeiras das crianças. Isso foi o primeiro vislumbre que Jordan teve sobre uma sólida conexão entre a crença mitológica/religiosa e o método científico. O trabalho de Piaget não era apenas o fundamento para o bem e o mal, mas também a peça que faltava para Jordan.

Décadas de investigação sobre a base do bem e do mal tinham sido recompensadas. Quando seu manuscrito chamado *Gods of War* se desenvolvera no livro completo denominado *Mapas do Significado*, já perto do fim de sua estada em Harvard, Jordan havia integrado totalmente as obras de Jung, Piaget, Freud, Nietzsche, Soljenítsin, Dostoiévski, Orwell, Dante, Goethe, Stephen Hawking, Lao Tzu, Konrad Lorenz, o cientista do cérebro Alexander Luria, Milton, Voltaire, Wittgenstein e a Bíblia cristã em uma análise ampla do bem e do mal, e o papel crucial que o significado exerce entre todos eles.

O livro *Mapas do Significado* foi escrito com a intenção de ser a Pedra de Roseta, a Teoria de Tudo, uma explicação de como e por que o mal existia e persistia no mundo. Até mesmo um indicador apontando um antídoto ao sentimento de insignificância, ou niilismo; sua obra explica a fonte de tanto mal. Uma bênção para a humanidade, o Velo de Ouro foi o que Jordan conquistara por meio de provas horríveis, retornando de sua jornada de herói no inferno. Ele escreveu a conclusão de *Mapas do Significado* com o título "A Divindade do Interesse":

> Quem pode acreditar que são as pequenas escolhas que tomamos, diariamente, entre o bem e o mal, que transformam o mundo em desperdício e a esperança em desespero? Mas é o que acontece. Vemos nossa imensa capacidade para o mal, constantemente posta em prática perante nossos olhos, nas grandes e pequenas coisas, mas parece que nunca conseguimos perceber nossa capacidade infinita para o bem.[1]

Ela era uma garotinha tão feliz. "Feliz, feliz, feliz", cantava para si mesma enquanto ficava sentadinha na cadeirinha do carro. Jordan estava nas nuvens de amor por sua filha Mikhaila, sua primogênita, enquanto observava um dos momentos mais doces da paternidade florescer e rapidamente desaparecer para sempre na memória. Rápido demais, a musiquinha feliz que cantava acabou, e ela olhava com um meio sorriso devastador que dizia a Jordan que se sentia segura ao seu lado. Era um momento inexpressável de alegria que um pai sortudo aproveita de tempos em tempos enquanto observa o rosto do filho que cresce. Então, à medida que os cantos de seus lábios de flor, que estavam curvados para cima, se achataram, a pergunta não feita se intrometeu, "E agora?", e o momento se foi para sempre. Jordan colocou a chave na ignição e ligou o motor.

Tammy fora a primeira a perceber a puxada no passo da filha quando tinha 2 anos, o que lhe dizia que havia algo errado. Então, quando Mikhaila começava a chorar e a se sentar após um gentil passeio nos ombros de Jordan ou da própria mãe, eles perceberam que a cintura, além dos tornozelos, também a incomodava. Durante um tempo, esperavam que fossem apenas as dores normais de crescimento, mas o tempo para tal esperança não demorou a passar.

Jordan começou a agir de forma muito gentil durante suas partidas de luta na arena dos gladiadores entre os dois sofás, mas sua preocupação crescia à medida que as massagens terapêuticas de Tammy não davam mais o alívio às dores cada vez maiores de Mikhaila. A preocupação dele acabou descendo em uma espiral e se transformou em depressão quando os sintomas da filha pioraram e nenhuma causa fora descoberta. Quando esse fardo foi acrescentado à sua depressão anual costumeira conforme os dias ficavam mais escuros em dezembro, ele afundou-se em uma tormenta, muito além da depressão.

Por volta de 1996, quando Mikhaila estava com quatro anos, o desgaste mental de Jordan era óbvio. Sabia que tanto ele como Tammy tinham passado adiante certos genes que causaram diversas doenças inflamatórias em sua filha. Agora, a inflamação parecia estar tomando conta de todo seu corpo. Ela sofria de febres e alergias na pele que apareciam e sumiam. A garota foi diagnosticada com artrite idiopática juvenil — idiopática significando que ninguém tinha qualquer ideia do que causava aquilo. Em dias, a energia dela desapareceu, até que a garotinha feliz fosse reduzida a uma boneca de trapo, silente e em sofrimento. O único alívio dos Peterson era que Julian, então com 2 anos, não mostrava qualquer sinal da doença.

O ritmo de Jordan não diminuiu, mas sua energia esvaía-se mais rápido do que ele conseguia regenerá-la. Estava perdendo o sono, ficava acordado a maior parte da noite ouvindo o menor gemido de dor vindo do quarto da filha ou vasculhando a memória em busca de qualquer resquício de informações médicas ocidentais, de ervas medicinais dos nativos indígenas canadenses Cree ou de antigas lendas sobre artrite. Ficava trabalhando em excesso até tarde da noite preparando-se para as aulas do dia seguinte, reescrevendo e melhorando seu manuscrito, compilando pesquisas com Pihl e novos colaboradores em Harvard e recebendo os históricos de seus pacientes clínicos. A depressão estava dando suas caras, especialmente no meio do inverno, quando aparecia com sua total ferocidade.

> Houve momentos quando estava em Boston dando aula, especialmente perto de janeiro, foram anos, não sabia se conseguiria continuar, porque minha aula é espontânea, e quando meu humor fica para baixo, consigo ir longe em uma ideia, mas é muito difícil conseguir voltar. E é necessário ter muita confiança para dar uma aula espontânea também, e muito da presença e da energia, e todas essas coisas, iam embora.[2]

Sua única defesa contra a depressão naquele momento era se expor a uma luz elétrica que emitia o espectro total da luz solar natural. Ele se automedicava contra uma condição recentemente descoberta chamada de transtorno afetivo sazonal (TAS), na tentativa de substituir a minguante luz solar natural.

Em sua famosa sala de aula, Jordan lia seu manuscrito espiralado na última das 13 aulas baseadas na obra. Lia um trecho sobre o que alguém poderia dizer a uma criança moribunda. Sua voz forte vacilou, ficando praticamente inaudível. Parava de vez em quando, como se fosse pegar fôlego. Conhecendo sua facilidade para chorar, um observador experiente poderia chegar à conclusão de que ele parava um momento para manter sua compostura. Com apenas 34 anos, sua aparência era jovem e saudável, seus cabelos castanhos encaracolados e compridos passavam sobre o colarinho, chegando quase às costas, mas parecia frágil quando frequentemente descansava a cabeça em suas mãos e lia de forma irregular, talvez por causa do pesadelo em sua casa.

Culpamos Deus, e a criação d'Ele, por distorcer e perverter nossas almas, e afirmamos, o tempo todo, que somos vítimas inocentes das circunstâncias. O que dizer a uma criança no leito de morte? Diga: "Você consegue; há algo em você que é forte o bastante para conseguir." E não use a terrível vulnerabilidade das crianças como uma desculpa para a rejeição da existência, e a perpetração do mal consciente.[3]

As pesquisas de Jordan claramente começaram a sofrer. Em uma pesquisa informal com cientistas pesquisadores, sugere-se que uma média aceitável de artigos publicados por ano é de um a três.[4] No ano em que chegara, 1993, ele e Pihl publicaram nove artigos juntos, a maioria relacionada a agressão e álcool, com títulos como *Alcohol, Serotonin, and Aggression* [Álcool, Serotonina e Agressão, em tradução livre aqui e nos próximos títulos], *Alcohol, Drug Use and Aggressive Behavior* [Uso de Álcool, Drogas e o Comportamento Agressivo] e *Heart-rate Reactivity and Alcohol Consumption among Sons of Male Alcoholics and Sons of Nonalcoholics* [Reatividade Vascular e Consumo Alcoólico entre Filhos de Pais Alcoólatras e Filhos de Não Alcoólatras]. No ano seguinte, 1994, ele produziu um. No ano que saiu de Harvard, 1998, não produziu nenhum.

No pico de sua produção, em 1993, um dos artigos quebrou a tendência de sua pesquisa quase que exclusivamente orientada a homens; foi sobre mulheres. O título era *Anxiety Sensitivity and Risk for Alcohol Abuse in Young Adult Females* [Sensibilidade à Ansiedade e Risco de Abuso de Álcool em Mulheres Jovens Adultas, em tradução livre]. A pesquisa colocava uma observação interessante em sua conclusão: "Mulheres com alta sensibilidade à ansiedade demonstram uma tendência sóbria atencional que favorece o processamento de informações fisicamente ameaçadoras."[5]

Esse trecho sobre as mulheres com "sensibilidade à ansiedade" perceberem "informações fisicamente ameaçadoras" foi a primeira e tênue indicação sobre a motivação de suas adversárias políticas mais agressivas na guerra cultural que se aproximava. Muitas mulheres politicamente liberais viriam a enxergar Jordan e seu trabalho com os arquétipos tradicionais religiosos e mitológicos como física e socialmente ameaçadores por causa de suas implicações aparentemente misóginas e racistas. Isso foi particularmente desalentador, pois ele considerava-se o oposto de tais opiniões. Ele adorava as mulheres em sua vida, sua mãe em particular, incluindo suas alunas — que formavam 80% do total de alunos —, sua irmã, cunhada, sogra, esposa e filha. Ele sempre mantivera uma ética cowboy do "mundo antigo" ao redor das mulheres, mostrando uma deferência gentil e respeitosa para com elas. Sua crescente percepção de que as mulheres, especialmente as professoras universitárias, estavam tornando-se radicalizadas, esquerdistas pós-modernas e, portanto, inimigas ideológicas, era um sofrimento e, certamente, aumentava sua depressão.

Parecia que estava entrando no inferno pela segunda vez, mas em vez de descer ao submundo para lutar contra seus poucos demônios pessoais, agora milhares estavam ideologicamente possessos no mundo da luz do dia para cercá-lo e subjugá-lo. Em uma vingança principesca, eles fariam dele um exemplo, após um ataque lento e feroz contra sua preciosa Mikhaila enfraquecê-lo para o golpe final.

Em 1995, mesmo quando os primeiros grupos de universitárias transformavam-se em um movimento radical, Jordan preparava, sem saber, sua fortaleza contra as flechas e as pedradas por vir. Com seu parceiro de longa data de pesquisas, Robert Pihl, Jordan criou a Examcorp, uma empresa de testes psicológicos para ajudar os empregadores a avaliar e selecionar os melhores funcionários.

Ele vinha trabalhando com Pihl na principal ferramenta da Examcorp, a Self-Authoring [Autoautoria], desde a primeira pesquisa que fizeram juntos na McGill. A ferramenta fora projetada para ajudar as pessoas a se melhorarem por meio da identificação de um pequeno número de virtudes ou falhas, para que pudessem se concentrar na melhoria de suas virtudes e na correção de suas falhas. Os primeiros testes, com 85 alunos da graduação na McGill que tinham dificuldades acadêmicas, descobriram que, após completarem o programa na ferramenta, a média coletiva da nota dos alunos aumentou 29% em um único semestre. Jordan e Pihl também desenvolveram o relatório Understand Myself [Entendendo a Mim Mesmo], uma pesquisa de traços de personalidade projetada para ajudar as pessoas a entenderem a estrutura geral de sua personalidade e precisamente como se comparavam com outras. Novamente, foi uma ferramenta de diagnóstico para ajudar as pessoas a diminuírem o sofrimento e a melhorarem a vida. Ambas as ferramentas foram adaptadas para a internet logo cedo no desenvolvimento dessa tecnologia e foram precificadas em menos de US$20 cada para um amplo uso entre pessoas comuns.

Ambas foram desenvolvidas a partir de uma pesquisa padrão fundamental chamada The Big Five [As Cinco Grandes] que classifica cinco traços amplos de personalidade, sendo que cada um tem dois aspectos. Isso também é chamado de Modelo de Cinco Fatores [Five-Factor Model — FFM] nos círculos profissionais e inclui cinco traços: da Abertura à Experiência, formadas pelos aspectos de Abertura/Criatividade e Intelecto; Conscienciosidade, formada pelos aspectos de Ordem e Laboriosidade; Extroversão e Introversão, formadas pelos aspectos de Entusiasmo e Assertividade; Amabilidade/Simpatia, formada pelos aspectos de Cortesia e Compaixão; e Neuroticismo, formado pelos aspectos de Isolamento e Volatilidade.

Na época em que a Examcorp foi criada, apareceu uma aliada inesperada chamada Xiaowen Xu, aluna de pós-graduação em psicologia na Universidade de Toronto.

Xiaowen entrou em contato com Jordan e propôs um projeto de pesquisa para determinar os traços de personalidade que podem prever se uma pessoa seria politicamente liberal ou conservadora. O projeto de Xiaowen viria a envolver cinco autores, incluindo Jordan, com o título *Compassionate Liberals and Polite Conservatives: Associations of Agreeableness with Political Ideology and Moral Values* [Liberais Compassivos e Conservadores Educados: Associações de Amabilidade com Ideologia Política e Valores Morais, em tradução livre]. O resumo da pesquisa incluiria a seguinte afirmação:

> Em dois estudos, usando um modelo de personalidade que divide cada um dos Big Five [traços de personalidade] em dois aspectos, a presente pesquisa descobriu que um aspecto de Amabilidade (Compaixão) estava associado ao liberalismo e ao igualitarismo, sendo que o outro (Cortesia) estava associado ao conservadorismo e ao tradicionalismo. Além disso, o conservadorismo e o tradicionalismo moral foram positivamente associados ao aspecto Ordem da Conscienciosidade e negativamente a Abertura-Intelecto. Tais descobertas contribuem com uma compreensão mais matizada da relação entre a personalidade e as atitudes e os valores políticos.[6]

Esse estudo revelou que um traço dominante de amabilidade na personalidade muito provavelmente preveria um liberal político. Coincidentemente, a dominância da amabilidade em uma pessoa também mostrava uma grande probabilidade de ela ser mulher. E assim, mais um traço era acrescentado ao desenho que mostrava quem em breve atacaria Jordan como sendo um perigoso conservador, misógino, transfóbico, homofóbico e supremacista branco.

Jordan e Xiaowen continuaram e precisaram ainda mais a orientação política com seu artigo *Does Cultural Exposure Partially Explain the Association Between Personality and Political Orientation?* [Será que a Exposição Cultural Explica Parcialmente a Associação Entre Personalidade e Orientação Política?, em tradução livre], que concluía em seu resumo: "A exposição à cultura, e sendo um corolário dessa exposição a forma de adquirir conhecimento, pode, portanto, explicar parcialmente as associações entre personalidade e orientação política."[7]

Em termos leigos, a cultura, incluindo os filmes, os jornais, a televisão e a internet, influencia a visão política de uma pessoa. Parecia que Jordan estava bem à frente dessa pesquisa em especial. Ele já vinha gravando suas aulas em vídeo desde 1992 na McGill e estava entre os primeiros a começar a postar seu trabalho na internet. Ele já tinha visto o mundo muito além dos limites da academia e imaginara a influência que a internet teria sobre ele. As legiões crescentes de seus inimigos também começavam a aparecer na internet.

Seu trabalho em Harvard, especialmente as apresentações em sala de aula, estava ganhando enorme popularidade. Seu manuscrito *Gods of War*, o livro base para as apresentações, seria publicado sob o título *Mapas do Significado* pela Routledge, a editora que publicara Albert Einstein, Bertrand Russell e Carl Jung. Era o ápice das conquistas em muitos círculos acadêmicos. Agora, estava na companhia dos imortais de sua área. Sua elevação de professor assistente para professor titular vitalício em Harvard parecia garantida.

Mas sua batalha interna com a depressão vinha desgastando constantemente sua autoconfiança, até que, recentemente e desconhecido do mundo externo, o desespero fraturou completamente sua vontade. De fora, era difícil imaginar um candidato mais merecedor da vaga vitalícia, mas algo ou alguém, se você acredita em tais coisas, tinha uma camisa de força psíquica sobre ele. Nos sombrios recessos de sua mente, uma mão vingadora o sufocava. Ele estava em pânico. Quando chegou a hora de se candidatar para a vaga de professor titular vitalício, ele não tinha mais forças. Posteriormente, comentou esse momento:

> Tenho períodos de depressão, e infelizmente, na época em que deveria estar preparado para me engajar na batalha, não tive a presença de espírito, digamos, e a clareza de mente necessárias para lidar adequadamente com o caso, e me arrependo disso.[8]

E assim, aparentemente, a primeira batalha — da parte de Jordan na guerra cultural — foi uma derrota. Ele não ascenderia às alturas da academia como professor titular efetivo em Harvard. Ele não se juntaria aos professores na Associação Nacional de Acadêmicos. Ele não assumiria sua posição na linha de frente. A depressão tomara o que tinha de melhor. Assim, recuaria de volta ao Canadá, dirigindo-se para trás dos muros da fortaleza da Universidade de Toronto, levando sua família para longe do fogo crescente que se aproximava.

Quando ele e Tammy decidiram fazer as malas e levar a família rumo a Toronto, em 1998, Jordan recebera o prestigioso prêmio Joseph R. Levenson para professores, concedido por Harvard. O prêmio por excelência no ensino de graduação era concedido anualmente a um professor sênior, um júnior (Jordan) e um auxiliar. Os alunos da graduação indicavam suas escolhas ao conselho de Harvard. Os finalistas eram selecionados em cada categoria, e o ganhador era anunciado em um jantar do qual participavam os finalistas, a docência, os nomeadores, os integrantes do conselho de graduação e os representantes da família Levenson.

Talvez essa fosse a conquista que melhor cairia a Jordan em Harvard, em vez de se tornar professor titular vitalício. A honra tacitamente reconhecia os anos de seu extraordinário trabalho explorando a mente humana e as implicações para a sociedade, confirmando explicitamente a veneração extraordinária que tinha entre os alunos, sobretudo entre as jovens mulheres que tinham assistido a suas aulas.

A aluna de pós-graduação Shelley Carson recorda que Jordan tinha "algo parecido com seguir uma seita. Fazer aulas com ele era como tomar drogas psicodélicas, mas sem as drogas. Lembro-me de alunos chorando no último dia de aula porque não poderiam mais ouvi-lo."

Meses antes, Jordan inscrevera-se para concorrer a uma vaga de professor assistente de psicologia na Universidade de Toronto. No começo da primavera [norte-americana], em 1998, ele chegou ao *campus* para sua entrevista e teve a sorte de conhecer o professor Bernard Schiff, membro do comitê de pesquisa do departamento de psicologia. Schiff ficou instantaneamente impressionado pela energia e pela rapidez de pensamento de Jordan. Eles tiveram uma conversa animada que passou por áreas de pesquisa que cada um tinha interesse em seguir. Infelizmente, nenhuma tinha o interesse mútuo deles. Isso era muito provável, pois Jordan tinha claramente se desviado de seu trabalho inicial com Pihl sobre álcool e agressão. Embora ainda estivesse atendendo como psicólogo, em geral sua pesquisa estava mais preocupada com a psicometria, a mensuração da psiquê humana. Mesmo com tais diferenças de interesse, uma rápida amizade foi formada, e Jordan conquistou um poderoso aliado.

Schiff conduziu-o ao comitê, que avaliou a experiência fantástica de Jordan, incluindo referências excepcionais, seu doutorado na McGill e os cinco anos impecáveis na Harvard, incluindo o prêmio Levenson. Porém, em uma avaliação interna, o comitê ficou meio cético e sentiu que Jordan era "excêntrico" demais. Obviamente ele tinha acabado passando das tangentes da psicologia, indo para as ciências sociais e a filosofia. Em seu manuscrito de *Mapas do Significado,* parecia até estar favorecendo os dogmas do cristianismo que eram certamente controversos. Schiff defendeu Jordan, apesar das objeções do comitê:

> Pressionei para que fosse aceito porque era um pensador divergente, autodidata nas humanidades, intelectualmente extravagante, ousado, cheio de energia e confiante, praticamente arrogante. Eu acreditava que ele traria um novo ânimo, junto com novas ideias, para o nosso departamento.[9]

Schiff prevaleceu, e Jordan foi contratado. Os dois desenvolveram uma amizade mais próxima, Schiff adotando o papel de mentor protetor.

Logo após a família ter chegado a Toronto, Mikhaila foi diagnosticada com artrite reumatoide juvenil (não mais idiopática). Internamente, parecia que seu corpo todo estava em chamas. Recebeu anestesia geral para evitar a dor dilacerante causada pela injeção de cortisona anti-inflamatória em quarenta pontos de articulações. Era apenas uma medida temporária; não demoraria para que aquele fogo interno voltasse e se espalhasse.

Em um esforço desesperado, ela tornou-se a primeira criança canadense a tomar o remédio biológico Enbrel e, depois, a combinação de Enbrel, naproxeno e metotrexato. Os efeitos colaterais reais incluíam, ironicamente, dores nas juntas. Outros efeitos colaterais comuns eram vômito com sangue, diarreia, avermelhamento da pele, feridas na boca e nos lábios, dores estomacais e inchaço dos pés e da parte inferior das pernas.

Outra coisa foi que, após quatro anos de um tormento crescente, a mente dela começou a hesitar sob o peso de punições imerecidas. Ela passou a desenvolver medo do escuro e tinha alucinações de rostos aterrorizantes que a encaravam na escuridão de seu quarto. Começou também a temer que pessoas invadiriam sua casa à noite e matariam toda sua família, deixando-a sozinha.

A maldição da depressão na família Peterson era agora acrescentada à miséria da garotinha, outrora feliz. Ela estava então completamente submersa em uma das partes mais profundas do inferno pessoal de seu pai.

Enquanto Jordan cuidava freneticamente de Mikhaila, preparava-se para o semestre letivo, tentava arrumar uma casa mais velha que tinham comprado e começou a negligenciar sua própria saúde mental, como recorda: "Compramos uma casa caindo aos pedaços... no dia anterior ao que ela foi diagnosticada, e passei seis meses tentando achar uma solução para Mikhaila, consertando esta casa *e* não recebendo minha luz [terapêutica]."[10]

Schiff veio em resgate da família, oferecendo sua própria casa para eles enquanto Jordan suava com o calor e o pó do verão tardio, transformando sua casa dilapidada em um lugar habitável.

> Por cinco meses, eles ficaram no terceiro andar de nossa grande casa. Fazíamos as refeições juntos durante a noite e tínhamos conversas longas e animadas. Lá, longe do *campus*, vi um homem que era dedicado à sua esposa e aos seus filhos, que eram amáveis e gentis, e por quem ainda sinto afeição. Ele era

atencioso e amável, rígido e gentil, brincalhão e acolhedor. Sua esposa, Tammy, parecia ser a quilha, o lastro e o leme, e Jordan conduzia o navio. Não conseguia imaginá-lo sem ela.¹¹

Apesar do apoio de Schiff, parecia que aquele Natal específico de 1998 era um momento de caos iminente.

E naquele Natal, eu estava... não foi bom. Achei que estava... era improvável que conseguiria voltar a dar aulas. Então, foi a primeira vez que tentei usar antidepressivos.¹²

Jordan oscilava à beira do abismo. Ele quase sucumbiu à depressão sazonal que encerrara a carreira de seu pai como professor quase vinte anos antes. Um aluno posterior deu uma ideia aproximada do que seria ter assistido a uma aula de Jordan Peterson naquele momento:

Se ele permanece no assunto da aula, parece que sabe do que está falando, mas daí ele faz uns voos de especulação esquisita, o que ele adora, mas que não parece ser relevante ao curso. Imagine um adolescente hiperativo que acabou de receber sua carteirinha da biblioteca e que precisa compartilhar pensamentos aleatórios sobre cada livro que já leu, em um fluxo de consciência conduzido pela angústia.¹³

Um vestígio de luz surgiu no lar dos Peterson naquele ano, logo após o sol começar a ir ao sul durante o inverno [no hemisfério norte]. Uma avaliação avançada de publicações na *Harvard Magazine* indicava que *Mapas do Significado* poderia ter sucesso, escrevendo: "*Mapas do Significado*, que levou treze anos para ser escrito e será publicado pela Routledge na próxima primavera, é uma empreitada grandiosa, extensa e ambiciosa, uma aventura intelectual que objetiva sintetizar conhecimentos díspares da tradição clássica e antiquada da ciência social."¹⁴

Com a medicação controlando suficientemente sua depressão para que pudesse continuar lecionando, ele também publicou três artigos científicos naquele ano, e, pela primeira vez, foi o único autor. Um teve o título *Neuropsychology and Mythology of Motivation for Group Aggression* [Neuropsicologia e Mitologia da Motivação para Agressão do Grupo, em tradução livre], que começava com um trecho perturbador do livro *O Arquipélago Gulag*, de Alexander Soljenítsin:

> A. B___v contou como as execuções eram realizadas em Adak — um campo no Rio Pechora. Eles levavam os integrantes da oposição "com suas coisas" para fora do complexo do campo em um transporte noturno de prisioneiros. E fora do complexo havia uma casinha na Terceira Seção. Os condenados eram levados para um cômodo, um de cada vez, e lá, os guardas do campo os atacavam. Metiam algo macio em suas bocas e seus braços eram amarrados com cordas atrás das costas.
>
> Depois, eram levados para fora, no pátio, onde carroças com arreios aguardavam. Os prisioneiros amarrados eram empilhados nas carroças, cinco a sete por vez, e levados para "Gorka" — o cemitério do campo. Chegando lá, eram descarregados em grandes covas que já tinham sido preparadas, e eram enterrados vivos. Não por causa da brutalidade, não. Tinha sido apurado que ao arrastá-los e levantá-los, era muito mais fácil lidar com pessoas vivas do que com cadáveres.[15]

Jordan descreveu a tese de seu artigo com o seguinte trecho de abertura:

> O indivíduo é fundamentalmente territorial e, além disso, uma criatura capaz de abstrações infinitas. A compreensão profunda de ambas as características aumenta imensamente a compreensão da capacidade humana para a prática de atrocidades no serviço da crença.[16]

Ainda no processo de cura, continuou incansavelmente a buscar respostas para o problema do mal. Parecia mais comprometido do que nunca a expor cada canto escuro da mente e da alma humanas — como se, sinistramente, estivesse conquistando uma vingança pessoal. Em algum nível, ele devia saber que estava brincando com fogo.

Em sua própria vida havia enfrentado o abismo e, uma vez mais, combatera o caos que ameaçava consumir a si e à sua família em um embate sem vencedores. Mikhaila estabilizara-se em sua condição, mas ainda era uma garotinha muito doente, a modesta casa geminada deles em Toronto era uma desgraça agora habitável e sua carreira tornara-se tolerável novamente, à medida que sua mente ferida se arrastava rumo à compostura.

A obra *Mapas do Significado: A Arquitetura da Crença* foi publicada no dia 26 de março de 1999, com 564 páginas. Jordan derramara no livro seu coração e tudo que aprendera em suas pesquisas científicas durante os 15 anos anteriores. Portanto, como o próprio autor, a obra era uma mistura excêntrica de uma filosofia ascendente e empática, fundamentada na ciência concreta. Posteriormente, em uma entrevista com Jordan, *The Chronicle of Higher Education* descreveu como percebia a obra:

> Não é o tipo de livro que um pesquisador da área de psicologia e que segue o caminho muito trilhado para o sucesso acadêmico percorreria. Ele não concentra toda a atenção em um fenômeno nem reclama o direito sobre áreas ainda sem dono em um subcampo. Pelo contrário, o livro é uma tentativa arrebatadora de criar um sentido para a inumanidade das pessoas, o propósito da existência e a significância do divino.[17]

O diretor do departamento de psicologia de Harvard na época, Sheldon White, ficou impressionado, dizendo que o livro era "uma expansão brilhante de nossa compreensão sobre a motivação humana".

Na publicação *Montreal Gazette*, o colunista religioso Harvey Shepherd escreveu:

> Para mim, o livro reflete o profundo senso moral do autor, além de vasta erudição em áreas que vão da psicologia clínica às escrituras, com um toque generoso de exame pessoal de consciência... A visão de Peterson é completamente informada pelos métodos científico e pragmático atuais, além de ser, de modos importantes, profundamente conservadora e tradicional.[18]

Contudo, o livro foi um fiasco, financeiramente falando, tendo menos de 500 exemplares de capa dura vendidos. Não era possível categorizá-lo facilmente nem como filosofia nem como ciência social, fracassando em ambas as áreas. Posteriormente, Jordan comentou: "Acho que as pessoas não tinham condições de compreender o livro, e acho que ainda não têm. Ninguém ainda tentou apresentar uma crítica séria."[19]

Ele entrou pelas imponentes torres góticas da Universidade de Toronto tendo sua obra-prima fracassado, sendo sua casa uma construção onde mal podia habitar e com sua filha Mikhaila seriamente doente, e agora mostrando sinais de um transtorno obsessivo compulsivo, além da depressão. Seu guardião dentro dos portões da universidade, o professor Bernard Schiff, seu mentor, anfitrião e amigo, viria a traí-lo nas batalhas vindouras, dizendo:

> Ele pegou pesado com a verdade. Estudou demagogos e autoritários, e conhece seus métodos muito bem. O medo e o perigo foram o solo fértil deles. Ele amedronta ao invocar os bichos-papões da esquerda, alertando que vão destruir a ordem social, que trarão caos e destruição... Em retrospecto, eu poderia ter previsto isso tudo. Mas não o fiz.[20]

## CAPÍTULO NOVE

# ORDEM E CAOS

Sobre os campos projeta luz sanguínea a lua pálida;
Profetas magros falam em segredo de mudanças terríveis;
As pessoas ricas se mostram tristes, os mendigos dão saltos de alegria;
Um, porque teme perder quanto ora goza;
Outro, esperando vir a gozar pelo furor da guerra.

— WILLIAM SHAKESPEARE, *A TRAGÉDIA DO REI RICARDO II*\*

Agora ficava óbvio que Jordan estava sendo cercado por um bando hostil de neomarxistas pós-modernos, sendo que cada indivíduo avançava com uma ideologia específica e uma linha própria de ataque. Em um aceno ao uso crescente que fazia das ideias cristãs para descrever o mundo, tal como possessão demoníaca, ele bolou um termo genérico — *possessão ideológica* — para descrever o estado mental de muitos de seus antagonistas, que não paravam de se multiplicar. Ele via tal possessão ideológica nos argumentos violentos e geralmente ilógicos que começaram a ser lançados sobre ele, tanto dentro como fora de sua sala de aula. Nas defesas emocionais de seus direitos por um ambiente sustentável, por comida orgânica, pelos direitos dos animais ou pelas pessoas prejudicadas, aqueles defensores dos oprimidos pareciam, de alguma forma, ser impérvios à lógica e resistentes à razão. Tudo que aparentemente importava eram suas emoções, geralmente alimentadas por desinformações prevalecentes, instigadores pagos ou *flash mobs*, tanto na internet como fora dela. Alguns

---
\* Tradução de Carlos A. Nunes. [N. do T.]

sacrificavam sua habilidade individual de pensamento crítico, abraçando a ideologia coletiva e histórica do marxismo. Isso transparecia geralmente pela identidade coletiva de consumo ao adotarem o título SJW — social justice warrior [justiceiro social].

Jordan passara sua vida estudando as causas e os resultados da possessão ideológica, começando pela possessão ideológica que levou o mundo à beira da guerra nuclear. Ele sofreu seus efeitos em primeira mão ao testemunhar o lento definhar mental e posterior suicídio de seu amigo de infância, Chris, ideologicamente possuído por seu próprio estilo de niilismo, e também pelo sofrimento de seu locador, Denis, ideologicamente possuído pelo código violento do Hell's Angels.

Na obra *Mapas do Significado*, Jordan escreveu extensivamente sobre o que aprendera a respeito da possessão ideológica, sua representação nas mitologias mundiais e seus efeitos concretos em todo o registro histórico.

> A pessoa que nega sua identificação individual com o heroico (a luta por um significado pessoal e profundo na vida, no papel de uma pessoa falha em um mundo injusto) passará a identificar-se e servir à força tirânica do passado — e sofrer as consequências. Tal princípio é muito bem ilustrado pela história mítica de Judas. Ele sacrifica o Cristo, o herói, às autoridades da tradição — pelos melhores motivos possíveis — e é então levado à autodestruição, em desespero:
>
> "Quando Judas, que o havia traído, viu que Jesus fora condenado, foi tomado de remorso e devolveu aos chefes dos sacerdotes e aos líderes religiosos as trinta moedas de prata. E disse: 'Pequei, pois traí sangue inocente.' E eles retrucaram: 'Que nos importa? A responsabilidade é sua.' Então Judas jogou o dinheiro dentro do templo, saindo, foi e enforcou-se." (Mateus, 27:3–5, NVI)[1]

Durante o fim de semana dos dias 7 a 9 de abril de 2000, a organização comunista anarquista denominada Common Struggle [Luta Comum] foi oficialmente criada em Boston, Massachusetts. Naquela reunião, havia anarquistas e comunistas, incluindo afiliados do antigo Atlantic Anarchist Circle [Círculo Anarquista do Atlântico] e organizações, entre elas, a Love and Rage [Amor e Ira], uma federação de grupos anarquistas que promovia a nova e popular doutrina do privilégio dos brancos, e o *Demanarchie*, um jornal coletivo anarquista da cidade e província de Quebec. Todos concordaram em juntar esforços dando apoio à Common Struggle.

Com seus novos apoiadores coletivos, a Common Struggle rapidamente estabeleceu filiais internacionais, incluindo uma em Toronto. Passaram então a coordenar com a TAO Collective (The Anarchy Organization — A Organização Anarquista), fundada em Toronto, que vinha se opondo ativamente contra as classes dominantes e sua sociedade hierárquica desde 1994. A TAO Communications fornecia a comunicação e a logística durante os protestos anarquistas e informava sobre as atividades policiais. Agora, o lar de Jordan estava na linha de frente dos futuros ataques e manobras progressistas.

Exatamente um mês após o encontro do grupo marxista/anarquista Common Struggle em Toronto, Vladimir Putin tomou posse como presidente da Rússia. Putin incorporava os impulsos totalitários, refinados por 82 anos de ditadura marxista no país. Ele era o maior patrocinador dos movimentos progressistas, orgulhosamente abrindo caminho para milhares de pessoas dos movimentos Common Struggle, Occupy Wall Street e outros contra o Ocidente, ao redor do mundo. Com a eleição de Putin, a era da propaganda marxista soviética oficialmente se encerrou, iniciando-se a guerra moderna e global da informação pelo poder da Rússia.

Jordan e outros que estavam antenados reconheceram a nova propaganda de Putin como sendo apenas a velha foice novamente afiada e o velho martelo, agora lustrado. Jordan ouviu os credos totalitários saindo da boca de seus alunos em expressões como *justiça social*. Percebeu-o nas reuniões administrativas da universidade, quando falavam sobre a necessidade de *ação coletiva*.

Como se esperava, o primeiro ato de Putin foi confiscar o canal independente de notícias, NTV. Ele descartou as reportagens investigativas conduzidas pelo canal, favorecendo as notícias que promoviam os interesses russos. Jill Dougherty, ex-chefe do escritório da CNN em Moscou, escreveu: "A missão de Moscou, conforme ele [Putin] falou aos jornalistas do RT, um braço do canal de TV global da Rússia, é quebrar o 'monopólio anglo-saxão dos fluxos de informações'."[2]

Claramente, Putin, ex-oficial da KGB, pretendia continuar as campanhas da antiga guerra psicológica soviética de "desinformação" ou "ação direta" agora com novas ferramentas, incluindo a internet. Ele tinha uma geração totalmente nova de "idiotas úteis" online, na ponta de seus dedos. Seu propósito com tal nova guerra da informação era o mesmo que o da antiga Guerra Fria marxista: a corrupção e o futuro domínio do Ocidente. Com uma nova energia e dinheiro de sobra, Putin estava atualizando as técnicas totalitárias agressivas para uma nova geração ocidental, moralmente enfraquecida, como os alunos de Jordan.

Porém, o líder russo foi repentinamente cercado. Os norte-americanos tinham dominado a técnica da perfuração horizontal. Quando combinada com a consolidada técnica de fraturamento hidráulico, ou *fracking*, que era usada com segurança em poços de petróleo e água por mais de 130 anos, ela tornou-se uma ameaça direta à fonte principal de dinheiro da Rússia: a produção de petróleo. Tinha-se, portanto, o primeiro teste da nova máquina da propaganda de Putin.

Com um orçamento de guerra perto de US$1 bilhão por ano,[3] a guerra russa de informação contra o *fracking* foi lançada, com a ajuda de conexões geracionais no Partido Democrático, nos astros mal iluminados de Hollywood, na academia ocidental e nas legiões de idiotas úteis, netos da geração de Woodstock.

Milhares de artigos, vídeos e diversos filmes/documentários de longa-metragem foram produzidos mostrando os efeitos devastadores para a saúde e o ambiente causados pelo *fracking*. A campanha motivou uma vasta coalizão de anarquistas, ecorradicais, radicais feministas, revolucionários "queer", maoistas, stalinistas e progressistas, da mesma forma que os comunistas da década de 1960 encorajaram os movimentos antiguerra. Aqueles neomarxistas, como Jordan os chamava, ou neocomunistas, como os chamava o radical dos anos 1960 transformado em conservador, David Horowitz, eram ideologicamente idênticos aos ativistas radicais dos anos 1960 em todo o Ocidente. Horowitz descreve a conexão entre os dois:

> [Os neocomunistas] podem ou não rejeitar a ideia leninista de um partido de vanguarda; podem se afastar de aspectos específicos do futuro comunista, como a "ditadura do proletariado" ou o "plano central". Mas são inspirados pela mesma

hostilidade contra a propriedade particular e a economia de mercado, como também são contra as estruturas corporativas que produzem a riqueza da sociedade. É o inimigo em comum, o capitalismo, que os une nas batalhas às quais se juntam, seja contra as estruturas da "globalização", seja a guerra contra o terror.[4]

Infelizmente, para aquela fraturada coalizão contra o fraturamento hidráulico, seus louváveis esforços pelo ambiente e pela saúde humana foram condenados por seu anticapitalismo marxista e propaganda, comprovadamente falsa, de seus padrinhos russos, que agora, ironicamente, eram os capitalistas mais agressivos do mundo.

Jordan publicou quatro artigos científicos em 2000 que indicavam sua mudança dos estudos sobre o álcool e a agressão para aspectos mais primevos da existência. A primeira parte do resumo de seu artigo solo, *Maps of Meaning: The Architecture of Belief* (uma síntese do livro) para o periódico *Psycoloquy* reflete essa nova direção:

> Não está claro também que as categorias que nos foram "dadas" por nossos sentidos, ou aquelas que nos foram abstraídas pelos processos da investigação científica, constituem os modos mais "reais" ou mesmo os mais "úteis" de apreender a natureza fundamental do ser ou da experiência. Parece que, pelo contrário, as categorias oferecidas pelos mitos tradicionais e sistemas religiosos podem exercer tal papel, a despeito da impalatabilidade de tal sugestão.
>
> Tais sistemas de apreensão apresentam o mundo como um lugar de constante luta moral, conduzida contra um pano de fundo de interação entre as "divinas forças" da ordem e do caos. (Peterson, 1999a)[5]

Certamente havia uma interação entre a ordem e o caos em sua própria vida, e no mundo em geral, sobre a qual ele certamente refletiu. O recente e caótico surgimento do neomarxismo no Ocidente e a manutenção por comunistas da ordem governada com punhos de ferro no Oriente demonstravam essa interação do yin e yang na geopolítica, uma área pela qual Jordan se interessara a vida inteira.

No ano anterior, em maio de 1999, logo após a publicação de seu livro *Mapas do Significado*, os comunistas chineses celebraram o quinquagésimo aniversário do estabelecimento da República Popular da China, com o tradicional desfile militar, preciso e ordeiro, na Praça da Paz Celestial. Eles estavam demonstrando seu controle organizado do país para o mundo e para 1 milhão de chineses que perturbaram o quadragésimo aniversário juntando-se na praça e erigindo uma estátua de papel machê a qual denominaram de Deusa da Democracia. O caos daquele momento teve vida curta. Cerca de mil pessoas foram mortas a tiros, a estátua foi rasgada, e a ordem foi restabelecida. De acordo com a tese de Jordan, a única realidade que permaneceu foi a realidade mítica de um único indivíduo permanecendo de forma desafiadora em frente de um tanque em movimento, oferecendo sua vida à mítica Deusa da Democracia.

Cinco meses depois, a nova ordem da democracia foi bem recepcionada no Ocidente após o colapso caótico do Muro de Berlim. Quanto a isso, o recente chanceler da Alemanha ocidental, Willy Brandt, também atestou a ideia de Jordan, de uma realidade mítica mais durável, dizendo: "Os muros na cabeça das pessoas são às vezes mais duradouros do que os muros feitos de concreto."

Continuando sua investigação sobre as realidades "mais reais", Jordan seguiu os passos de Jung para a realidade dos sonhos e metáforas quando comparados com uma vida de despertar em seu artigo seguinte, *Metaphoric Threat is More Real than Real Threat* [A Ameaça Metafórica é Mais Real que a Ameaça Real, em tradução livre]. O resumo inicia-se assim:

> Os sonhos representam a ameaça, mas aparentemente isso se dá mais frequentemente de forma metafórica do que real. A representação metafórica da ameaça permite ser conceitualizada de maneira que seja uma constante em várias situações (à medida que o que é comum a todas as ameaças começa a ser compreendido e retratado).[6]

Ele vai ainda mais longe na natureza da realidade e da existência com seu artigo publicado pela *Behavioral and Brain Science* com o título *Awareness May Be Existence as Well as (Higher-order) Thought* [A Percepção Pode Ser a Existência assim como o Pensamento (de Ordem mais Alta), em tradução livre], que pode ser sintetizado por uma parte do resumo que diz: "A consciência desempenha um papel ontológico (a metafísica do ser) fundamental e não reconhecido, bem como confere o status de 'objeto discriminável' nos aspectos seletos do 'ser', de outro modo indeterminado."[7]

Parafraseando, a consciência é uma parte fundamental, porém não totalmente compreendida, da existência. É a parte da existência que reconhece as coisas exteriores à pessoa e as interiores a ela, ou que a integram. Isso faz parte de ser autoconsciente, mas é mais do que isso. O que mais a consciência contém, não sabemos totalmente.

Infelizmente, essa pesquisa teve praticamente a mesma recepção que seu livro, angariando um total de 10 citações, somando-se os 3 artigos, em comparação com seu quarto artigo escrito naquele ano com uma de suas alunas da pós-graduação em Harvard, Shelly Carson, que falava sobre um assunto cientificamente mais ordeiro: *Latent Inhibition and Openness to Experience in a High-Achieving Student Population* [A Inibição Latente e a Abertura à Experiência em uma População de Alunos com Alto Desempenho, em tradução livre]. Esse artigo recebeu 151 citações, quer dizer, menções em outras publicações.

Ficava claro que agora ele estava comprometido com uma nova área de estudos que havia espalhando amplamente a "impalatabilidade inicial", como reconheceu no resumo de seu artigo *Maps of Meaning: The Architecture of Belief* (uma síntese do livro), mas aparentemente isso não diminuiu seu ritmo nem seu entusiasmo. Suas aulas sobre o tema continuavam cativando os alunos e atraindo amigos, como o produtor de televisão Wodek Szemberg, da rede de televisão educacional de Ontário, TVOntario, ou TVO.

Szemberg entrou em contato com Jordan e, após avaliar suas aulas precavidamente gravadas, concordou em produzir treze apresentações sobre *Mapas do Significado* para o público canadense. Cada apresentação durava duas horas, mas foram editadas e reduzidas a trinta minutos. A série de Szemberg atraiu a atenção de outros produtores da TVO, incluindo produtores do *The Agenda*, um programa de entrevistas que explora os assuntos da atualidade mundial.

Com sua eloquência, sua compreensão da história política do século XX e sua perspectiva singular quanto às atualidades, em pouco tempo Jordan passou a ser um convidado frequente no programa. Programa após programa, de repente tornou-se uma estrela ascendente da televisão, falando basicamente para os canadenses, mas também para telespectadores espalhados pela Europa e pelos EUA, geralmente aparecendo diversas vezes por semana. Ele estava se tornando rapidamente uma figura pública fotogênica e admirada fora da Universidade de Toronto, assim como um professor admirado no *campus*.

Para algumas pessoas, isso não era um acontecimento feliz. Jordan também estava sendo observado com inveja e alarme crescentes por aqueles que estavam indignados por sua hostilidade aberta contra o marxismo, e outros revoltados pelas referências frequentes que fazia ao cristianismo, que pareciam aviltar o feminismo, os direitos dos gays e o departamento completo de humanidades da Universidade de Toronto em geral. Ele atraía uma atenção nada útil de colegas professores, alunos radicais e administradores, que o viam como uma ameaça em seu meio. Até mesmo seu apoiador mais fiel na época, Bernard Schiff, que garantiu que Jordan recebesse sua promoção a professor assistente, insistindo até garantir que recebesse um aumento, após o responsável pelo departamento de psicologia ter se negado a considerar um, acabou acusando a visão "assassina" de Jordan sobre os escritos marxistas:

> Chamar o marxismo, uma tradição política e filosófica respeitável, de "assassino" confunde-o com a perversão das ideias na Rússia stalinista e em todos os outros lugares onde estavam. É como chamar o cristianismo de ideologia assassina por causa do sangue derramado em seu nome durante a Inquisição, as Cruzadas e as grandes guerras da Europa. É ridículo.[8]

A cosmovisão de Schiff sobre o cristianismo e o marxismo como sendo, a grosso modo, equivalentes (200 mil mortes durante as Cruzadas, em comparação a 200 milhões sob os regimes marxistas, e nem um genocida cristão, em comparação a 10 genocidas marxistas)[9] estava revelando como Jordan estava intimamente cercado por cosmovisões opositoras que acabaram tornando-se antagonistas.

Parece certo que Jordan teria percebido que seu ambiente ficava cada dia mais hostil à medida que ele se tornava mais proeminente publicamente. E com o inverno de 2001 batendo à porta da frente, sua depressão estava ficando insuportável. Aparentemente, ficar perante sua luz de espectro total não era mais tão eficiente, talvez acrescentando uma onda de pânico à sua depressão. Aos 39, Jordan tinha praticamente a mesma idade que seu pai quando a depressão disparou de repente, fazendo com que Wally Peterson encerrasse sua própria carreira como professor e pedisse demissão de sua posição como chefe dos bombeiros locais. Fora um golpe devastador no jovem Jordan, e agora, mais de 25 anos depois, sem dúvidas ele reconhecia que a história estava se repetindo.

Ele buscou ajuda médica, e lhe receitaram inibidores seletivos de recaptação de serotonina (ISRS). O profundo efeito que isso causou nele foi descrito posteriormente:

> [Antes de tomar a medicação] era difícil me movimentar, parecia que me movia mergulhado em melaço. É irritante, isso se chama redução psicomotora... se isso continuar por mais alguns dias, estarei com um sério problema.
>
> A primeira vez que tomei esse antidepressivo foi... foi... foi um alívio indescritível. Quero dizer, o que aconteceu foi, meio que me nocauteou no sofá por cerca de três dias e consegui sentir os músculos no meu corpo relaxarem... foi um tremendo alívio. Conseguia sentir meus músculos relaxarem, algo que provavelmente não acontecia há quinze anos... quando os níveis de serotonina sobem, então a musculatura pode relaxar. Sabe como é, estarão tensos e prontos para o pior e, desse jeito, por uns dez anos, não é brincadeira. Então, quando tomei o inibidor de recaptação de serotonina, achei que nunca pararia de tomá-los, nunca.[10]

E certamente precisaria deles. A condição física e mental de Mikhaila, então com 9 anos, continuou a piorar durante todo aquele inverno. Em poucos meses, o comportamento obsessivo compulsivo e a depressão dela ficaram tão severos, que o uso de ISRS, ainda não testados em crianças, foi recomendado. Os antidepressivos foram acrescentados à lista de seus remédios, que também incluíam Enbrel, naproxeno e analgésicos. Em pouco tempo após começar a tomar esse novo coquetel poderoso de medicamentos, a energia dela foi praticamente toda sugada. Passou a ficar tão cansada fisicamente, que, diferentemente de seus jovens colegas de classe, que saltavam com energia, não conseguia sair da cama pela manhã. Tal tendência continuou até que alcançou a marca de dezessete horas de sono por dia. Àquela altura, foi diagnosticada com fadiga crônica, e estimulantes foram adicionados à sua lista crescente de medicamentos.

Ela aceitou, naquele ponto, que sua depressão seria uma sentença perpétua, considerando o histórico da doença do lado paterno da família, chegando até sua tataravó. Ela deixou a entender a gravidade do tipo de depressão de sua família posteriormente em uma entrevista na TV: "Sim, não sei mesmo como... Tomo antidepressivos agora e não conheço ninguém na família que teria sobrevivido sem eles."

No mesmo programa de TV mais tarde, Jordan repetiu as preocupações dela e descreveu o aumento de sua própria medicação para depressão:

> Acontece que a depressão em nossa família é extremamente grave e às vezes exige o uso de mais de um remédio, então tomo inibidor de recaptação de serotonina, o ISRS... e também tomo um remédio chamado Wellbutrin... sua função básica é aumentar a emoção positiva, em vez de diminuir a negativa.[11]

Jordan certamente precisava de um estímulo lá em 2002 quando Mikhaila começou a tomar ISRS experimentais pela primeira vez. Deve ter sido muito preocupante, visto que foram combinados com o anti-inflamatório muito forte que ela já tomava. É difícil imaginar que qualquer um estivesse dormindo bem na casa dos Peterson à medida que Mikhaila parecia estar em uma espiral descendente inexorável.

Quando estudos sobre o uso de ISRS em crianças foram concluídos dois anos depois, apenas trouxeram mais estresse ao lar dos Peterson. O relatório da Food and Drug Administration dos EUA dizia:

> Para crianças com grandes transtornos depressivos, [o estudo] descobriu aumentos estatísticos significativos para riscos de "possíveis ideias suicidas e comportamento suicida" em cerca de 80%, agitação e hostilidade em cerca de 130%.[12]

Assim, mesmo que a carreira de Jordan estivesse se diversificando e ficando continuamente mais estável e organizada com sua proficiência na televisão, o crescimento do Examcorp, o crescente reconhecimento nas publicações e o sucesso na academia, sua vida doméstica estava descendendo rumo a um terrível caos médico.

## CAPÍTULO DEZ

# A MÃE DEVORADORA

> Para Neumann e Jung, a consciência — sempre simbolicamente masculina, mesmo nas mulheres — luta para alcançar a luz. Seu desenvolvimento é doloroso e provoca ansiedade, pois carrega com ele a percepção da vulnerabilidade e da morte. É constantemente tentada a afundar-se de volta na dependência e na inconsciência, e a abandonar seu fardo existencial. É auxiliada nesse desejo patológico por tudo que se contraponha à iluminação, articulação, racionalidade, autodeterminação, força e competência — por qualquer coisa que proteja demais e, portanto, sufoque e devore. Essa superproteção é o pesadelo familiar edipiano de Freud, que estamos rapidamente transformando em política social.
>
> — JORDAN PETERSON, *12 REGRAS PARA A VIDA: UM ANTÍDOTO PARA O CAOS*

As feministas radicais lecionavam os Estudos das Mulheres na Universidade de Toronto desde 1971. Na época, Jill Ker Conway e Natalie Zemon Davis apresentaram a primeira aula do departamento, denominada HIS 348H: The History of Women [A História das Mulheres]. Conway, formada em Harvard, contou sobre si mesma em 1969: "Era uma boa historiadora, mas não podia fingir que era Marx ou Hegel, pessoas cuja interpretação da história mudou o pensamento mundial."[1]

Apropriadamente então para Conway, ela juntou-se a um grupo de professores no *campus* da Universidade de Toronto, preocupados com a perspectiva pós-moderna que enxergava o mundo como estando dividido entre mulheres oprimidas e homens opressores. Outros fatores, como raça, cultura, identidade de gênero e deficiências, seriam descobertos em breve e acrescentados aos currículos da divisão social.

Aparentemente, os radicais dos anos 1960, como Conway, tinham decidido assumir o controle dos filhos, especialmente das meninas, e liderá-los ao futuro a-histórico e sem classes da igualdade. Isso tornou-se a missão declarada, suplantando a maternidade tradicional e biológica de muitas radicais feministas, em todo o ensino secundário e superior. Elas destruiriam o velho e opressivo patriarcado, abrindo caminho para o novo mundo de iguais oportunidades, empregos, expressões, vestimentas e, posteriormente, até mesmo a biologia igualitária. Para os acadêmicos que estudavam tal fenômeno, como Jordan, o caso tratava-se de um pesadelo histórico que se repetia. Os cartazes soviéticos com suas artes motivacionais que ele começara a colecionar estavam repletos de mulheres musculosas da classe trabalhadora, lado a lado com homens musculosos da classe trabalhadora, ambos retratados como camaradas praticamente sem definição de sexo mirando de forma separada e triunfante para o futuro, com os pulsos erguidos em solidariedade. Como em todas as culturas marxistas, as crianças — os jovens pioneiros de uma nova era — precisavam ser controladas de muito perto e educadas adequadamente. E, a partir da década de 1970 no mundo ocidental, foi o que ocorreu.

Conway deu mais detalhes a respeito de sua perspectiva pessoal sobre educar as jovens mulheres, mas evitava usar qualquer termo reconhecidamente marxista ou pós-moderno. Tal obscura "surra no idioma", como sugeriu a feminista Camille Paglia, era a mesma esquiva linguística usada desde a década de 1960 para tornar os conceitos radicais mais aceitáveis.

A intenção de Conway era ensinar as jovens mulheres, dispensando quase que totalmente os jovens homens. Ela queria que as jovens evitassem cair na norma social do casamento (*casais pareados*), mas que, em vez disso, buscassem justiça social (*virtudes cívicas*) nas sociedades capitalistas (*comerciais*):

Para mim, parecia que o aconchegante dia a dia doméstico, apresentado cedo demais no desenvolvimento juvenil, tinha o efeito de obliterar ou silenciar as responsabilidades civis e sociais. Todas as minhas teóricas feministas do século XIX sobre a evolução social tinham se preocupado sobre onde e como as sociedades comerciais poderiam instilar valores sociais, de modo que foram além de sua satisfação pessoal e interesse próprio. Concordo com elas que o desenvolvimento das virtudes cívicas tinha a tendência de ser desprezado em sociedades exclusivamente comerciais, e que a liderança e o talento para a ação eram provenientes de uma educação tal que não considerava o casal pareado como sua norma social.[2]

Porém, quando o professor Jordan Peterson chegou à Universidade de Toronto, já há trinta anos sob os domínios dos pós-modernistas, ele foi uma das poucas pessoas a opor-se abertamente ao que considerava ser um currículo infundado de Conway, bem como uma cosmovisão perigosa. Àquela altura, ela passara a ser presidente da Faculdade Smith em Massachusetts, mas o conceito que compartilhava com outros radicais a respeito de um patriarcado esmagador e opressivo já estava estabelecido. Era apenas uma questão de tempo até que as críticas abertas de Jordan aos estudos das mulheres, do gênero e das raças, bem como seu perfil público cada vez mais representativo, desencadeassem uma guerra dentro dos muros da Universidade, trazendo para casa a guerra cultural mundial. A ridicularização que frequentemente fazia de seus antagonistas tampouco ajudava:

> É tão cômico observar as feministas pós-modernas, em especial, tagarelar sobre a ausência da realidade de gênero, fazendo o papel da mãe devoradora arquetípica exatamente ao mesmo tempo. Para elas, o mundo é dividido em predadores e bebês, sendo que os predadores são maus e precisam ser impedidos, e os bebês precisam de cuidados.[3]

Para Jordan, o feminismo radical pós-moderno não era apenas um ataque sobre ele, mas também sobre conceitos vitais, como o capitalismo, o casamento e os incríveis avanços dos direitos civis subjacentes à civilização ocidental. Era algo particularmente venenoso ao conceito fundamental do

Ocidente sobre o indivíduo soberano, algo que sempre acendeu a ira de Jordan:

> No mundo pós-moderno não há indivíduos soberanos. Isso é uma pressuposição judaico-cristã, opressiva, ocidental, patriarcal e arbitrária. Fundamental e suprema é a identidade do seu grupo. Você não possui ideias e pensamentos, você tem o que foi socialmente condicionado a acreditar, e a troca de ideias não é nada além de um jogo de poder, praticado entre grupos opositores de pessoas em busca da predominância no palco global. É isso.[4]

A rejeição da soberania individual foi realmente o fim do mundo conhecido por Jordan. Como tal preceito era o fundamento de toda a lei ocidental, o cânone inteiro da civilização ocidental entraria em colapso se ele fosse deixado de lado. Porém, era exatamente o que estava acontecendo.

Mitologicamente, tais educadores pós-modernos autoritários também eram uma reencarnação no século XX da arquetípica Mãe Devoradora, de Jung, representada no Oriente pela temida deusa hindu Kali, e no Ocidente, pelo Complexo de Édipo, de Freud.

De acordo com Jung, é uma mãe toda poderosa e dominadora que se agarra desesperadamente a seus filhos durante a infância, controla-os completamente na fase de crescimento e insiste em defendê-los, mesmo contra sua vontade, quando já são adultos. Durante o processo, ela devora cada gota de força pessoal e iniciativa individual, impedindo que seus filhos desenvolvam a habilidade até mesmo de se defender. Ela acaba matando-os, seja por torná-los fracos demais para sobreviver, seja por devorá-los caso a desobedeçam. É a bruxa na história de João e Maria, que convida as criancinhas a entrar na segura casa de doces para engordá-las e metê-las no forno. É o conto de fadas muito sombrio da deusa Kali no Oriente, conforme apresentado por Paramahansa Yogananda, um respeitado professor entre o público ocidental:

> Kali está em pé e nua. Seu pé direito posiciona-se sobre o peito de seu marido, prostrado. Seu cabelo flui atrás de si, desgrenhado. Uma guirlanda feita com cabeças humanas adorna seu pescoço. Em uma de suas quatro mãos, ela brande uma

espada [ensanguentada]; em outra, uma cabeça decepada. Sua língua, geralmente retratada em um vermelho brilhante, está para fora, como que desejando sangue.⁵

No mundo moderno, os oponentes, como Jordan, que conseguiam ver claramente os motivos obscuros de Conway, estavam destinados a ser os próximos a terem a cabeça decepada, indo parar no colar de Kali. Ele era a serpente no jardim murado do Éden, que Conway tinha para as jovens mulheres. Esse comportamento arquetípico provavelmente não era proposital nem mesmo consciente por parte dela. Como todas as Mães Devoradoras, ela fazia tudo por seus filhos. Certamente, era um impulso autêntico. Porém, seu objetivo consciente era destruir o patriarcado opressor, e, assim, ela devia ter consciência de que sua luta se resumia a buscar o poder.

Jordan esclareceu como as Mães Devoradoras de fato operam na sociedade ocidental atual:

> O arquétipo da mãe devoradora pode ser descrito como uma mulher que ama altruisticamente seus filhos, "protegendo-os" do mundo real de tal forma que eles continuem crianças para sempre — tutelados incompetentes da mãe eterna. Ela é apenas amável quando seus filhos fazem o que ela quer, e transborda ódio, crueldade e pode até matar, caso não o façam.
>
> Ela representa os vários e pretensos movimentos dos direitos civis que buscam suprimir a liberdade de expressão em nome do politicamente correto. Ela é a política social não reconhecida que implora para os pais que mintam a seus filhos em um esforço de "mantê-los seguros", ao mesmo tempo roubando deles a experiência de vida da qual precisam para enfrentar o mundo com sabedoria.⁶

As Mães Devoradoras da modernidade, tais como professoras e administradoras de universidades, atuando como responsáveis, em breve começariam a fornecer espaços seguros, dar avisos, códigos de linguagem, banir os que falassem coisas controversas e distribuir livros de colorir, leite e bolachas para jovens adultos que tinham sido ofendidos ou pudessem sentir-se inseguros com pontos de vista divergentes ou microagressões no *campus*. Esses mesmos jovens adultos também seriam encorajados a matar aulas para participar de manifestações com ações diretas e emocionais pelos direitos dos oprimidos. Obviamente, caso desafiassem a sabedoria ou os motivos envolvidos, eram punidos com notas mais baixas, e até com a expulsão, perdendo dezenas ou centenas de milhares de dólares pagos por uma graduação que prometia dar a eles a chave da riqueza para a vida.

Era um conto de fadas completo e convincente, geralmente vivido dentro dos muros cheios de heras das réplicas dos castelos medievais. Elas, as *crianças*, eram alimentadas, gentilmente cuidadas e adotadas em uma família acadêmica que remontava a muitas gerações. Eram adornadas com os veneráveis brasões da família das Universidades de Toronto, Yale, Dartmouth e Harvard. Davam-lhes campeões, guerreiros usando capacetes reluzentes, para que torcessem por eles em campos de batalha. Contudo, como em todos os contos de fada, há um segredo sombrio à espreita, escondido por um sonho encantador.

O poder prometido para controlar suas vidas estava sendo minado, dia após dia. Estavam sendo educados com um guia para a vida que de modo algum representava a realidade do mundo além dos muros fortificados. Alguns perceberam isso e se rebelaram. Foram punidos. Mas para a maioria que continuou a acreditar, acabaram inevitavelmente presos do lado de dentro dos muros dos castelos, posteriormente isolados em seus celulares, e os resultados trágicos ficaram óbvios em pouco tempo.

A sangrenta deusa Kali começou a instar as famílias do mundo todo. Entre os anos de 2000 e 2017, ela entregou dezenas de milhares de cadáveres para os pais. A taxa de suicídio aumentara 43% nas pessoas entre 20 e 35 anos. Em 2015, o suicídio passou a ser a segunda causa principal de morte entre alunos universitários. Ironicamente para as feministas radicais, e tragicamente para todos, nos últimos anos dessa tendência, a taxa de suicídio entre jovens mulheres aumentou 70%.[7]

A organização The Family Policy Institute de Washington, pró-família e pró-religião, publicou *4 Reasons Suicide Is Increasing Among Young Adults* [Quatro Motivos para o Aumento do Suicídio Entre Jovens Adultos, em tradução livre]. Os motivos eram:

1. Casamento Tardio: Esses millenials (solteiros) sacrificam os benefícios provenientes da união do casamento com alguém que se comprometa com eles. Uma pesquisa de literatura científica conduzida pelo Instituto de Pesquisa de

Casamento e Religião descobriu que pessoas casadas são mais saudáveis, mais felizes e têm mais estabilidade financeira do que seus pares não casados. Elas também têm um maior bem-estar emocional e psicológico, em comparação com as solteiras. Sobretudo, pessoas casadas têm menos chances de cometer suicídio.

2. Aumento na Rotatividade de Mão de Obra: Os pesquisadores identificaram uma conexão entre mudar-se constantemente de casas e o suicídio. "Certamente, a mudança de casas pode estar associada a níveis mais altos de estresse, crime, saúde ruim e ao que os sociólogos chamam de 'desorganização social'", escreve Ryan McMaken para o Instituto Mises.

3. Diminuição da Religiosidade: Um estudo do Centro de Pesquisas Pew publicado em 2017 descobriu que apenas 28% dos millenials nascidos entre 1991 e 1996 frequentam semanalmente algum serviço religioso, significativamente menos de 51% da Geração Silenciosa (pessoas nascidas entre 1928 e 1945). Os millenials mais jovens também são menos propensos a crer em Deus (80%) ou considerar a religião como uma parte importante da vida (38%).

Previsivelmente, aqueles sem afiliação religiosa tiveram "tentativas de suicídio significativamente maiores ao longo da vida", em comparação com seus pares com afiliação religiosa, de acordo com um estudo publicado no *American Journal of Psychiatry*. O autor do estudo também conclui que "as pessoas sem afiliação religiosa viam menos motivos para viver e, especialmente, menos objeções morais para o suicídio".

4. Pós-modernismo: Os millenials alcançam níveis mais altos de educação do que suas gerações anteriores. Isso os torna mais suscetíveis ao pós-modernismo, que é a cosmovisão prevalecente ensinada na educação superior. O pós-modernismo postula que a realidade não pode ser conhecida e ela não tem um propósito. Ao tentar desbancar os valores tradicionais, o pós-modernismo prescinde de verdades objetivas e transcendentes que dão uma estrutura realista às pessoas, para que possam perceber o mundo

por meio dela. Os pós-modernistas dividem todo mundo em dois grupos: os opressores e as vítimas, sendo que o segundo sofre de uma opressão social e cultural sistêmica nas mãos do primeiro.

Os dados da pesquisa indicam que um número considerável de millenials comprou a cosmovisão pós-moderna propagada em suas faculdades e universidades. Apenas 40% daqueles com menos de 35 anos acreditam que "o certo e o errado nunca mudam", e apenas 4% dos millenials adotam uma cosmovisão bíblica.

O filósofo Richard M. Weaver observou décadas atrás que "as ideias têm consequências". Ensinar para a próxima geração que a vida não tem sentido, que a verdade não pode ser conhecida e que a tradição e a sabedoria convencionais devem ser descartadas produz resultados previsíveis. Tal cosmovisão corrosiva dará apenas frutos podres.[8]

Em 2004, conforme as tensões no *campus* e na internet dispararam ao redor de Jordan, Tammy convenceu-o para que fossem a uma feira de artesanato em Comox, British Columbia, na ilha de Vancouver. Ela esperava distraí-lo durante uma tarde, ajudando-o a relaxar. Jordan não estava ansioso para ver velhos hippies ganhando a vida vendendo filtros de sonhos e velas perfumadas, mas o dia estava lindo e ensolarado, sendo assim, por um momento deixou de lado seus trabalhos intermináveis e atendeu ao pedido da esposa.

Conforme passeavam pelo festival, ouvindo música ao vivo, chegaram a uma impressionante exposição ao ar livre de imagens entalhadas — águias, corvos, máscaras com o bico curvado, máscaras do sol e uma mulher selvagem. Jordan ficou surpreso pela perfeição e pela qualidade daquela arte onírica. Eram, de fato, imagens de sonhos do cacique Charles Joseph da tribo Kwakwaka'wakw na costa do Pacífico, no Canadá. A esposa de Charles também o arrastara ao festival para que exibisse seus quadros entalhados, na esperança de falar com algumas pessoas interessadas e curtir um pouco o momento. Sem cooperar totalmente, Charles estava sentado dentro de uma barraca escura ali perto, deixando que os quadros falassem por si sós.

Do lado de fora, Jordan viu que Charles estava sentado na barraca e, animado para conhecer o artista, entrou e puxou conversa. Ficava claro que se tornara um fã genuíno do trabalho de Charles e já admirava outras artes tribais da costa do Pacífico há muito tempo. Charles ficou um pouco contagiado pelo entusiasmo de Jordan e mostrou-lhe um grosso álbum de fotos de seus outros trabalhos durante quase uma hora.

Os dois se enturmaram devido à fascinação que compartilhavam pelos personagens arquetípicos revelados em sonhos e visões — a fonte da arte de Charles. Depois, Charles contou sobre seu passado horrível na escola residencial indígena do Canadá. A brutalidade infligida a ele em St. Michael's chocou Jordan, a despeito das décadas de seu trabalho com pessoas psicologicamente traumatizadas.

Jordan comprou alguns quadros pequenos, concretizando a amizade, e depois fez um acordo de longo prazo com Charles. O artista poderia enviar uma peça maior a cada três ou seis meses, com o preço que considerasse justo, e veriam como aquilo funcionaria. O acordo durou quase dez anos, incluindo diversos exemplares extras que Jordan comprou para sua família. Foram todos acrescentados à coleção de arte que Jordan tinha da propaganda da era soviética em sua casa, que não parava de aumentar. Talvez de forma inconsciente, a coleção representava suas imagens pessoais do céu e do inferno. Havia arquétipos, poderosos e sem adornos, dos temidos marxistas russos e das adoráveis culturas indígenas canadenses.

Charles compartilhou mais detalhes particulares sobre suas experiências terríveis em St. Michael's e de como seus sonhos estavam repletos dos personagens que entalhava. Jordan ouvia a história de cada personagem onírico, comparava-os com os arquétipos junguianos e tentava juntar todas as peças de seus significados psicológicos. Eles conversaram sobre cristianismo, sua influência útil e destrutiva nos Kwakwaka'wakw, incluindo muitos parentes do próprio Charles. Conversaram por horas sobre arte e como esta havia redimido Charles, em parte. Os dois passaram a promover ativamente os interesses das Primeiras Nações canadenses, viajando juntos a Ottowa para participarem de cerimônias de paz e reconciliação.

Posteriormente, Jordan foi convidado a entrar para a família de Charles. Fizeram uma cerimônia tradicional de adoção, na qual Jordan precisou realizar a antiga dança da tribo para demonstrar seu comprometimento com a tradição tribal. Com o passar do tempo, ele transformou o terceiro andar de sua casa em Toronto em uma Grande Casa tribal. Ele a encheu com esculturas tradicionais e totens. As Grandes Casas eram usadas para a reunião e a celebração de potlaches, quando presentes e oferendas eram trocados entre as tribos. Ele recebeu um nome Kwakwaka'wakw, *Alestalegie,* ou "Grande Buscador", e Tammy recebeu o nome tribal *Ekielagas,* ou "Mulher Compassiva", em outras duas cerimônias.

Contudo, uma boa parcela dessa boa vontade, amizade e amor acabaria tendo um final amargo, pois inimigos com línguas envenenadas agora sussurravam contra Jordan. Tal era o preço oculto de sua declarada aversão pelas Mães Devoradoras e por suas obsessões edipianas. Era o preço que relutantemente pagou por erguer sua voz contra os fornecedores do niilismo suicida, que usurpavam a liberdade de expressão e a autonomia dos alunos dele e, com mais intensidade agora, suas vidas.

Aos 14, Mikhaila ainda passava uma boa parte do dia dormindo, mesmo com os estimulantes que tomava para mantê-la acordada na escola. Para acrescentar ainda mais miséria, estava começando a ter coceiras no corpo todo. Com o passar do inverno de 2006, a coceira aumentou, até que "parecia que tinha mosquitos em todos os lugares". Era difícil imaginar uma existência ainda mais infernal para ela e seus pais.

Uma luz de alento era o apoio corajoso e incansável que todos recebiam de Julian, então com 12 anos, um irmão e filho com um coração realmente incrível. Ele dedicava-se aos cuidados de Mikhaila e fez sua parte impecavelmente em cada emergência. Sobretudo durante as noites mais longas e escuras do inverno, sua força de caráter segurou as pontas contra os ventos congelantes do caos que uivavam nas rachaduras da entrada da casa da família.

Em junho de 2007, os detratores de Jordan ficaram consternados ao analisar o livro *Better Together,* escrito por Robert Putnam, cientista político de Harvard. O livro, que levou seis anos para ser concluído, foi uma tentativa frustrada de enfiar goela abaixo os fatos mal-afamados do estudo original de Putnam realizado em 2000 como sendo pontos de apoio aos conceitos pós-modernos da inclusão e da diversidade. O resumo do estudo original feito por Michael Jonas, do *The Boston Globe,* inclui:

> Quanto maior a diversidade em uma comunidade, menos pessoas votam e há menos voluntários, menos contribuições para caridade e trabalhos em projetos comunitários. Nas

comunidades mais diversas, os vizinhos confiam um nos outros cerca de 50% do que confiariam em um ambiente mais homogêneo. O estudo, o maior já realizado com engajamento cívico nos EUA, identificou que praticamente todos os indicadores de saúde cívica são menores em ambientes mais diversos.⁹

Putnam era um acadêmico liberal de Harvard e contemporâneo de Jordan quando descobriu os problemas em seus dados durante o ano de 2000. Ele passou diversos meses tentando refutar seus fatos. Não obteve êxito nessa empreitada, então publicou os resultados do estudo em uma breve nota à imprensa em 2001. Obviamente, como já esperava, urros de escárnio recaíram sobre ele vindos de seus colegas pós-modernistas, fãs da diversidade. Ele então passou vários anos testando outras possíveis explicações na esperança de encontrar os erros em seu trabalho. Os fatos permaneceram teimosamente os mesmos. Após sua tentativa final de encontrar uma explicação alternativa para seus fatos, passou os últimos anos de sua odisseia de sete anos para refutar a si mesmo escrevendo uma análise acadêmica para teorizar sobre algum valor que se salvasse na diversidade. Infelizmente para sua reputação como cientista de alto escalão, não conseguiu restringir sua compaixão pelos oprimidos e tentou criar valor onde não havia nenhum. Sua versão final e editada do estudo feito em 2000 foi publicada no periódico *Scandinavian Political Studies* e transformada em livro em 2007. Ele enfrentou críticas ainda mais acaloradas provenientes dos cientistas e acadêmicos sociais por tentar manipular as implicações dos dados para que se adequassem à sua política pessoal. Em sua hipótese, disse que os efeitos negativos da diversidade poderiam ser remediados e que, posteriormente, poderiam ter sua importância diminuída — duas premissas não testadas que não ajudaram quase nada para reforçar sua credibilidade.

A colunista Ilana Mercer, em seu artigo de opinião *Greater Diversity Equals Greater Misery* [Grande Diversidade é Igual a Grande Miséria, em tradução livre] publicado em *The Orange County Register*, escreveu sobre Putnam:

> Como muitos cientistas sociais vivendo em simbiose com estatistas, Putnam não fica confinado a observações; ele faz recomendações. Tendo alinhado-se com planejadores centrais

com a intenção de sustentar tal engenharia social, ele conclui os fatos sombrios com uma austera conversinha de motivação. Aceite a diversidade sem reclamar! A imigração em massa e a consequente diversidade são, no geral, boas para o coletivo. (Ele não acabou de passar cinco anos demonstrando o contrário?)[10]

Tal remédio amargo da diversidade para os pós-modernistas marxistas, como o colapso da própria União Soviética marxista, não fez nada para diminuir seu ritmo. Não é de admirar, considerando-se os esforços e os riscos extraordinários que um profissional brilhante e altamente considerado como Putnam estava disposto a assumir. Parece dar mais crédito ao conceito de possessão ideológica criado por Jordan. De que outra forma poderia ser explicado o comprometimento inabalável com ideias obviamente falsas e destrutivas do neomarxismo pós-moderno?

Essa degradação da consciência acelerou-se por todas as universidades ocidentais, grandes e pequenas. Estavam oferecendo cursos em áreas como Estudos das Mulheres e do Gênero há anos. Agora, escolas proeminentes estavam oferecendo cursos da filosofia original do próprio marxismo sobre consciência de classes. O relatório anual de 2003 da Comedy & Tragedy, publicado pela Young America's Foundation, dizia:

> A faculdade Amherst está oferecendo Levando Marx a Sério. A Universidade da Califórnia em Santa Barbara oferece Marxismo Negro. A Universidade Rutgers oferece Teoria Literária Marxista. A Universidade da Califórnia em Riverside oferece Estudos Marxistas como opção complementar.[11]

As outras universidades importantes que estavam oferecendo cursos marxistas incluíam: Universidade Brown, Universidade de Colúmbia, Universidade Cornell, Faculdade Dartmouth, Universidade Harvard, Universidade Princeton, Universidade da Pensilvânia, Universidade Yale, Universidade Bucknell, Universidade Carnegie Mellon, Universidade Duke, Universidade Emory, Universidade de Nova York, Universidade Stanford, Universidade Syracuse, Universidade de Chicago, Faculdade Amherst, Faculdade Carleton, Faculdade Oberlin, Faculdade Reed, Faculdade Vassar, Faculdade Wellesley, Universidade do Arizona, Universidade de Colorado, Universidade da Flórida, Universidade de Iowa, Universidade de Kentucky, Universidade de Massachusetts, Universidade de Michigan, Universidade de Minnesota, Universidade do Missouri, Universidade da Carolina do Norte em Chapel Hill, Universidade Estadual da Pensilvânia, Universidade Rutgers, Universidade do Texas, Universidade da Virgínia, Universidade de Washington, Universidade de Wisconsin e praticamente todo o sistema da Universidade da Califórnia.[12]

A preocupação de Jordan estava agora soando o alarme. As raízes intelectuais das catástrofes humanas hediondas do século XX estavam se espalhando à velocidade da luz por toda a academia. Os mísseis obsoletos do Armagedom foram substituídos pelas universidades promovendo planos de aulas marxistas para, novamente, elevarem o proletariado. Como sempre, seus alvos básicos eram os impressionáveis e facilmente apaixonados jovens.

A geração dos millenials, privada logo cedo de uma grande parte da história ocidental, estava agora condenada a repeti-la. Como nas gerações passadas, eles eram hipnotizados aos milhares pelas antigas canções das sereias sobre a justiça pelos oprimidos, atualizadas com o ritmo irresistível da compaixão pelos menos afortunados. Como antes, no âmago dessa nova compaixão estava o ressentimento altamente motivado contra ricos e poderosos.

Com o alcance explosivo da internet, da promoção imersiva dentro da academia e das centenas de milhões de dólares de propagandas intencionalmente divisivas vindas de inimigos do Ocidente, incluindo a Rússia e a China, o neomarxismo pós-moderno tornou-se novamente chique, da moda e praticamente universal.

Um dos vários inimigos agressivos na Universidade de Toronto, Dr. Nicholas Matte, começava a surgir com acusações direcionadas pessoalmente a Jordan. Inicialmente acusado de misoginia, racismo e falta de compaixão, agora enfrentava cada vez mais acusações vindas de várias fontes dizendo que era nazista, supremacista branco, fascista e estava promovendo o discurso de ódio.

Posteriormente frente a frente com o Dr. Matte no programa da TVO *The Agenda*, ouviu do próprio, com relação à preocupação que Jordan tinha com os novos ataques dos radicais sobre a liberdade de expressão: "Não me importo com o uso que você faz da língua. Importo-me, sim, com a segurança das pessoas que estão sendo prejudicadas."[13]

Claramente, a compaixão pelos menos afortunados e a premissa de "prejuízo" estavam sobrepondo qualquer preocupação com a liberdade de expressão, um sentimento comum e crescente entre os colegas do Dr. Matte na esquerda política. A liberdade de expressão era o sacrifício necessário para proteger pessoas vulneráveis, das quais havia muitas e aumentavam cada vez mais. Contudo, o Dr. Matte, bem como a inventora do conceito do privilégio branco, Peggy McIntosh, e outros acadêmicos menos importantes não tinham evidências e praticamente nenhuma expertise, a não ser como ativistas, para justificarem seu ataque. No Centro de Estudos de Diversidade Sexual da Universidade de Toronto, Nicholas Matte é apresentado basicamente como o curador de uma coleção no museu: "Nicholas Matte é historiador interdisciplinar e politicamente consciente que faz a curadoria da Coleção de Representação Sexual e leciona no programa de Estudos de Diversidade Sexual."

A primeira expressão descritiva sobre o Dr. Matte é *politicamente consciente*. Parece incomum, a menos que fosse seu trabalho principal. Curador da Coleção de Representação Sexual está bem claro, mas "leciona no programa de Estudos de Diversidade Sexual" aparentemente significa que leciona como curador, e não como professor. A descrição de *historiador* parece um pouco *surrada* ou obscura na tradição pós-moderna, uma vez que ele fazia referência a si mesmo como *historiador médico*, mas a coleção da qual fazia a curadoria era basicamente pornografia do século XX.

Como professor dos Estudos de Diversidade Sexual, Dr. Matte parece estar na escola de pensamento pós-moderna sobre a diversidade e também ter estendido a teoria sobre as identidades sexuais. De fato, era muito politicamente consciente, ao ponto de ser um ativista ocupado. A descrição da universidade continua:

> O Dr. Matte trabalha e está envolvido com inúmeras organizações baseadas na comunidade, eventos, projetos de pesquisa e educação, equipes, incluindo o grupo de trabalho feminista Emilia-Amalia, grupos Justiça Transformadora, TransEd, Arquivos Digitais LGBT e História Oral Colaborativa, além de outros. Matte também participa do Conselho Consultivo dos Arquivos Digitais do Transgênero.[14]

Para termos uma ideia melhor do tipo de ativismo que atraía o Dr. Matte, a conclusão de sua biografia online parece ir direto ao ponto:

> Os ensinamentos e pesquisa de Matte refletem seus interesses de longa data sobre como o sexo, o gênero, a sexualidade, a saúde, a deficiência, a raça e o capitalismo influenciam os desejos individuais, as experiências sociais incorporadas, as identidades, os relacionamentos, as formações comunitárias e a defesa sociocultural.[15]

Seus interesses de longa data na deficiência, na raça e no capitalismo parecem um tanto distantes para um historiador do sexo, mas estão exatamente alinhados com as distinções de classes pós-modernistas. Como professor, parece que não obteve muito sucesso. No site ratemyprofessor.com [avalie meu professor], o Dr. Matte obteve uma decepcionante pontuação de 1,5 em um máximo de 5. Em comparação, Jordan está avaliado em 4,3.[16] Os escassos comentários dos alunos na página do Dr. Matte são uniformemente negativos; de fato, são uniformemente *horríveis*, na classificação do site, incluindo o seguinte:

> É um professor horrível. Precisei fazer o curso porque a administração solicitou, e foi uma péssima experiência. Demora muito para corrigir e devolver trabalhos, e disseminar informações. Pedi a ele que explicasse por que não existe o tal do sexo biológico, e ele disse que não tinha como explicar tudo para mim por questões de tempo, e nunca mais tocou no assunto.[17]

Apesar da óbvia impopularidade do Dr. Matte como professor, aparentemente a administração da Universidade de Toronto exigia que os alunos assistissem a suas aulas em certos casos. O comentário de outro aluno com a classificação de *horrível* parece indicar claramente que o Dr. Matte estava agressivamente promovendo suas visões políticas pessoais nas aulas como ativista: "Ele força ideias políticas e seus ideais aos outros durante as aulas. Tem uma ideologia ruim, na minha humilde opinião, e não está disposto a aceitar a opinião dos outros, simplesmente enxergando aqueles com opiniões contrárias como sendo inimigos."[18]

Ao considerarmos a descrição tendenciosa sobre o Dr. Matte feita pela administração, além da promoção ativa de suas aulas, parece que apoiavam seu ativismo político e até o favoreciam, em detrimento de seu valor como educador. Isso parecia inegável ao percebermos que seu administrador superior era David Rayside, o diretor fundador do empregador de Matte, o Centro de Estudos de Diversidade Sexual Mark S. Bonham.

Rayside criou o centro enquanto a sociedade estava sendo dilacerada em novas classes sociais pela teoria de interseccionalidade de Kimberlé Crenshaw. Ele foi aberto logo após Jill Ker Conway ter criado seus cursos de Estudos das Mulheres na universidade. Assim como Matte, Rayside era um ativista comprometido: pertencia ao Comitê de Direito à Privacidade, uma resposta aos ataques policiais nas saunas gay; contribuía para *The Body Politic*, uma das primeiras revistas LGBT do Canadá, para a Avaliação Civil Independente de Atividades Policiais e para a campanha em prol de acrescentar orientação sexual ao Código de Direitos Humanos de Ontário como sendo uma classe especial. Também cofundou a Associação Canadense de Estudos Lésbicos e Gays, e a Campanha de Espaço Positivo na Universidade de Toronto.

A Campanha de Espaço Positivo parece ter sido a precursora dos *espaços seguros*, agora presentes em praticamente todos os *campi* universitários. O Conference Board do Canadá, uma organização de pesquisa independente e baseada em evidências, descreve o fato da seguinte forma: "Um Espaço Positivo é uma área separada e identificada, mostrando que o espaço tem um campeão do Espaço Positivo treinado que é sensível às preocupações LGBT."[19]

Rayside participou dos conselhos da Associação de Ciências Políticas tanto no Canadá como nos EUA promovendo a *igualdade* na vida acadêmica. Para demonstrarmos as credenciais neomarxistas pós-modernas de Rayside, considere a seguinte definição de igualdade dada pelo Setor Independente, um coletivo de organizações comunitárias e de caridade:

> A igualdade é o tratamento, o acesso, a oportunidade e o desenvolvimento justos para todas as pessoas, enquanto, ao mesmo tempo, luta para identificar e eliminar as barreiras que impedem a participação total de alguns grupos. Melhorar a igualdade envolve *aumentar a justiça* [itálico por minha conta

aqui e abaixo] e a igualdade nos procedimentos e nos processos das instituições ou dos sistemas, assim como em sua *distribuição de recursos*. Enfrentar os problemas de igualdade exige uma compreensão das *causas-raiz da disparidade de resultados* dentro de nossa sociedade.[20]

Claramente, o professor Rayside era um neomarxista pós-moderno colaborando com o Dr. Matte, que, como este, se preocupava basicamente com a defesa política em detrimento da educação.

Mas, de longe, o elemento mais perturbador para Jordan de seu conceito popular de igualdade era o foco na "disparidade de resultados". Eles não queriam oportunidades iguais para as pessoas, mas queriam resultados iguais. Essa foi a linha vermelha intelectual para Jordan. Não haveria como ter clemência com pessoas que insistiam, como os regimes marxistas assassinos ao redor do mundo antes deles — praticamente uma dezena deles —, na igualdade de resultados. Jordan abordou a questão da seguinte forma no famoso podcast de Joe Rogan, *The Joe Rogan Experience* (episódio nº 1.070), para mais de 5 milhões de ouvintes e telespectadores:

> Thomas Sowell (um filósofo dos EUA) falou um pouco sobre isso também, ele disse: "… o que as pessoas que estão agitando em prol da igualdade de resultados não entendem é que será necessário ceder tanto poder para as autoridades, para o governo, de modo a garantir a igualdade de resultados, que a tirania será inevitável." E é assim mesmo.[21]

Diferentemente da dedicação de Matte e Rayside ao ativismo em detrimento da educação, o mesmo não pode ser dito do professor de Harvard, Putnam, que involuntariamente expôs os resultados desastrosos da diversidade. Ele claramente dedicou sua vida à ciência e à educação. Contudo, todos os três estavam, de acordo com a definição de Jordan, ideologicamente possessos.

De forma reveladora, todos eles usavam o mesmo termo pós-moderno da *diversidade* como o foco de seus trabalhos. Parece que todos estavam possessos pela velha ideologia marxista das classes de pessoas oprimidas em um pacote neomarxista de diversidade. Como Jordan parafraseava Jung com frequência: "As pessoas não têm ideias, as ideias têm pessoas."

Indo em direção oposta, Jordan estava comprometido com a ideia do *indivíduo soberano*, e não com as classes sociais. Seria possível argumentar que ele também estava ideologicamente possesso, com exceção de que não estava em sincronia com ninguém de qualquer movimento político ou social. Ele não estava defendendo leis protetivas ou tentando justificar dados contraditórios. Pelo contrário, estava em uma investigação constante e aberta sobre o conceito da soberania individual. Recebia de braços abertos dados e pontos de vista contraditórios. Estava instruindo a si mesmo e a seus alunos usando seus próprios argumentos únicos e envolventes. E, diferentemente do Dr. Matte e do professor Rayside, estava comprometido com a educação em detrimento do ativismo.

Em um de seus primeiros vídeos online, ele fala sobre o poder transcendental e unificador da música nas pessoas, o oposto do poder racional e divisivo das diversas classes, gêneros e raças. No vídeo, Jordan parece estar profundamente cansado, sendo aquela uma época em que não estava dormindo, pois Mikhaila passava por uma nova crise, mas sua energia aumentava conforme mergulhava no assunto:

> O motivo pelo qual a música exerce um papel tão poderoso e popular em nossa cultura é que o significado trazido por ela vai além da crítica racional. Somos muito racionais e inteligentes, então conseguimos fazer uma discussão intelectual de praticamente tudo que tradicionalmente ofereceria às pessoas um sentido fundamentado de significado (ou seja, o pós-modernismo)... Ela [a música] parece ter conseguido manter sua conexão experimental com o significado transcendental a despeito do fato de que nossa mente racional parece ter destruído todas as outras coisas que são transcendentais.[22]

Ele continua por quase uma hora, como sempre, sem anotações, falando sobre como as pessoas percebem significados em rostos, imagens e experiências de vida. Era bem típico de suas apresentações complexas e interconectadas. E, apesar do antagonismo feroz agora direcionado a ele e a seus apoiadores, alguns alunos corajosos escreveram:

> Foi uma das pessoas mais inteligentes e eloquentes que já tive a chance de conhecer. Ele abre espaço para o debate, a

deliberação e a discordância, respeitando pontos de vista diferentes. É uma pessoa fantástica e um palestrante profundo.²³

A produção acadêmica de Jordan em 2007 foi muito alta: sete artigos. Um em particular marcou uma nova direção significativa em sua busca pelas qualidades terapêuticas do significado pessoal. Foi intitulada *A Psycho-ontological Analysis of Genesis 2–6* [Uma Análise Psico-ontológica de Gênesis 2–6, em tradução livre]. O resumo editado diz o seguinte:

> As pessoas que atuam nos limites do paradigma científico presumem que o mundo é feito de matéria... As pessoas dentro dos paradigmas religiosos, por contraste, presumem que o mundo é composto a partir do que é importante. A partir de tal perspectiva, o fenômeno do significado é a realidade básica. Esse significado é revelado tanto subjetiva como objetivamente e serve — com as condições adequadas — como um guia infalível à ação ética... O Gênesis descreve as categorias básicas do mundo do significado, assim como as eternas interações entre elas... O Éden é um lugar onde a ordem e o caos, a natureza e a cultura, encontram seu melhor estado de equilíbrio.
>
> Como o Éden é um jardim murado, no entanto — um estado limitado de ser —, algo é inevitavelmente excluído. Infelizmente, o que é excluído não cessa de existir, simplesmente. Cada paraíso limitado, portanto, contém algo proibido e desconhecido. A curiosidade do homem inevitavelmente o leva a investigar o que foi excluído. O conhecimento assim gerado destrói perpetuamente as pressuposições e os limites que permitem que seu Éden temporário exista. Desta forma, o homem é eternamente caído. A dor existencial gerada por tal estado infinitamente caído pode enfraquecer a crença do homem na justificabilidade moral do ser — e pode voltá-lo contra seu irmão e Deus, como Caim.²⁴

Sua imersão no cristianismo fez o bom filho à casa tornar, 32 anos depois, à fé de sua mãe. Ele ainda não acreditava no Deus dela, como seus heróis Carl Jung e Alexander Soljenítsin, porém encontrara a fonte de materiais para muitas de suas ideias e um caminho em direção a um significado mais profundo na vida.

Exatamente seis meses após da publicação de *A Psycho-ontological Analysis of Genesis 2–6*, o próximo artigo de Jordan, *The Meaning of Meaning* [O Significado do Significado, em tradução livre] foi publicado com o seguinte resumo (editado por questão de brevidade):

> O mundo é complexo demais para ser compreendido sem uma simplificação funcional radical. O significado aparece para existir como base para tal simplificação... consistindo de três classes. A primeira... são os significados baseados na motivação, na emoção e nas identidades pessoal e social... fundamentados no instinto e tendem, em sua abstração maior, em direção ao dogmático ou ao ideológico. A segunda... são os significados baseados no aparecimento da anomalia ou da complexidade ignorada... também fundamentados instintivamente, mas tendendo ao revolucionário. A terceira classe... são os significados que surgem primeiro como uma consequência do engajamento voluntário na atividade exploratória e, em segundo lugar, como uma consequência da identificação com o processo da exploração voluntária. Os significados de terceira classe encontram sua representação abstrata no ritual e no mito, e tendem em direção ao espiritual ou ao religioso.[25]

Jordan identificou os significados que tendem ao dogmático ou à ordem, ao revolucionário ou ao caos, e à mediação entre a ordem e o caos fornecida pela religião. É a dança do yin e do yang, e o *caminho divino* do indivíduo no limite entre a ordem e o caos que permite uma vida harmoniosa. A partir dessa ideia abstrata, Jordan identificou o valor concreto para a pessoa em sua conclusão em *The Meaning of Meaning*:

> Nossas maiores histórias, portanto, retratam o admirável indivíduo, engajado em empreendimentos voluntários, criativos e comunicativos; elas retratam o indivíduo que gera uma personalidade capaz de resistir à fragilidade do ser, a partir de tal empreendimento. Somos, daí, preparados a encontrar sustento suficiente nas histórias que retratam o eterno confronto com o terrível desconhecido, e sua transformação em

ferramentas e habilidades das quais precisamos para sobreviver. Se representarmos essas histórias, dentro dos limites de nossa própria vida, então a significância de nosso ser poderá passar a ofuscar nossas fraquezas. É na esperança de que tal colocação possa ser verdadeira que encontramos os mais profundos dos diversos significados do significado.[26]

Aos 16 anos, informaram Mikhaila de que ela precisaria de uma artroplastia total de quadril quando tivesse 30. O Enebrel e o metotrexato traziam alívio, com os efeitos colaterais da coceira sem fim em todo seu corpo, com o risco de infecção fatal e a exaustão, mas não impediam a progressão da artrite em seu quadril direito. Após meses de seu prognóstico, seu quadril travou em uma posição enquanto fazia compras no supermercado, paralisando-a em agonia. Seu quadril não chegaria aos 30; a cirurgia de artroplastia foi agendada.

Apesar de ser "intensa" e terrível, a cirurgia transcorreu sem problemas. A oxicodona foi acrescentada à sua lista de medicamentos para dor durante a recuperação. Com a progressão da recuperação e a diminuição da dor no quadril, a cartilagem em seu calcanhar esquerdo "simplesmente desapareceu". Isso também tornou-se uma agonia paralisante, com o osso raspando no próprio osso. Uma segunda cirurgia foi agendada.

Àquela altura, Mikhaila tinha perdido um ano letivo inteiro. Conforme a lista de remédios — e seus efeitos colaterais — aumentava, a progressão de sua doença acelerou, sua energia desvaneceu, e a depressão começou a se arrastar de volta a seus pensamentos, apesar de estar tomando Cipralex (ISRS). A tensão emocional em sua família imediata e estendida estava trazendo um sofrimento constante para todos. A cirurgia no calcanhar foi realizada. Ela teria que enfrentar diversos meses, possivelmente até outro ano, mancando basicamente em duas pernas quebradas antes de sua recuperação total.

Jordan não publicou nada sozinho em 2008. Ele participou como segundo ou terceiro autor em quatro artigos acadêmicos que não foram publicados até o último trimestre daquele ano. Os artigos eram realizações técnicas incrementais com títulos como *Cognitive Abilities Involved in Insight Problem Solving: An Individual Differences Model* [Habilidades Cognitivas Envolvidas na Solução de Problemas por meio de Insights: Um

Modelo de Diferenças Individuais, em tradução livre]. Eles não tinham a ambição exorbitante de Jordan para explorar a essência da existência como seu artigo publicado no ano anterior, *The Meaning of Meaning*.

Àquela altura, em setembro, ele foi entrevistado novamente no programa *The Agenda*, da TVO, sobre a então recente crise financeira dos EUA e o possível colapso global do sistema bancário. O assunto era confiança. Foi questionado pelo apresentador Steve Paikin: "Um rápido movimento nessa questão parece ser impossível. Em sua avaliação, qual é o nível de importância que a confiança tem para o funcionamento harmonioso de uma sociedade ocidental moderna?"

Jordan respondeu: "Todas as abstrações que usamos para controlar o que constitui o valor... são todas baseadas na confiança interpessoal, então acredito que é o mais fundamental dos recursos naturais. É um recurso psicológico, mas é a coisa mais fundamental."

Paikin resumiu: "Acredito que a resposta ajuda muito a explicar o motivo de o pacote de socorro financeiro proposto por Washington ter fracassado, porque, aparentemente, há confiança *zero* entre os republicanos e os democratas."[27]

O mundo, de acordo com a maioria dos relatos, parecia ter caído em outra Guerra Fria de ideologias completas com partidários intratáveis e cegos nos dois lados. Um ressentimento amargo penetrou novamente as conversas, transformando debates vitalmente importantes em discussões que não levavam a lugar nenhum. As pessoas foram novamente deixadas aguardando Godot, como no teatro do absurdo de Samuel Beckett representando a inabilidade humana para resolver a Guerra Fria original entre EUA e União Soviética, com muitas pessoas uma vez mais imersas em uma náusea niilista como resultado. Pela segunda vez na vida de Jordan, o mundo enfrentava uma destruição mútua assegurada; desta vez, uma destruição financeira.

Para ele, pode ter parecido que, àquela altura, o niilismo e o ressentimento esmagavam uma vez mais a fraqueza humana para resolver seus próprios problemas. As universidades estavam se dividindo em facções de guerra; a mídia e a cultura popular tinham se fraturado grandemente em pontos de vista opostos; e o governo refletia, então, tal desunião. A Mãe Devoradora descia sobre seus filhos fracos e rebeldes.

CAPÍTULO ONZE

# A REALIDADE E O SAGRADO

> Quero falar com vocês hoje sobre o que acredito ser relativamente uma nova forma de observar sua experiência, mas talvez seja mais abrangente que isso, talvez seja uma maneira de observar a própria realidade.
>
> — JORDAN PETERSON, AULA NA UNIVERSIDADE DE TORONTO
> SOBRE A REALIDADE E O SAGRADO

Mais de trinta anos de incessantes estudos, pesquisas e meditações tinham transportado Jordan para uma nova realidade. Era um mundo fantástico de monstros e heróis que eram motivados por complexos psicológicos reconhecíveis. Os monstruosos arquétipos junguianos abundavam ao lado dos complexos freudianos. Os heróis lutavam e se enfrentavam em desafios hercúleos, e se fossem fortes e sortudos o suficiente, ganhariam o dia.

Tal mundo era descrito nas histórias antigas, nos mitos e na literatura sagrada como um lugar da ação moral (ou imoral). Não era um lugar das coisas e das partes ainda menores daquelas coisas que a ciência agora descreve como mundo. Era um mundo de uma realidade psicológica, não científica, um mundo que muitas pessoas modernas agora descartam como sendo ultrapassado e inútil. Porém, milênios antes da invenção da ciência, esse mundo de histórias era a única realidade.

Era um lugar onde os personagens, tanto bons como maus, divinos e mortais, encarnavam os medos e as orações mais profundas de nossos ancestrais em uma batalha infinda pelo domínio. As pessoas preservaram lições de vida duramente conquistadas nessas histórias, e as gerações seguintes as usavam como guia para a vida. Ao trilhar pelos caminhos batidos de seus heróis, os povos antigos conseguiram cooperar eticamente e construir culturas imponentes de arte e ciência.

A cultura em si foi então transformada em mito e constantemente representada como paterna, como em Atlas segurando o mundo. A natureza foi, de modo geral, transformada em mito como materna, veja-se a Mãe Natureza. O indivíduo, masculino e feminino, foi transformado em mito tanto no herói como no vilão. Cada um tinha um lado iluminado, ou consciente, bem como um lado oculto, ou escuro.

A cultura oferecia segurança e prosperidade às pessoas, mas mantinha a ameaça da tirania. A natureza trazia renovação e lenitivo, mas também a morte. O indivíduo como herói ofereceu a liberdade e a força para superar até mesmo os deuses, mas como vilão, também incorporava o mal.

O caminho que Jordan abria em meio a esse fantástico mundo há décadas mostrava que era possível que uma pessoa comum e moderna transformasse a catástrofe da vida humana em algo mais suportável, alinhando sua vida adequadamente com aquelas histórias sagradas.

> Nos últimos vinte anos, eu diria que houve uma revolução na psicologia que envolveu a transformação do modo como observamos o mundo, e é sobre isso que quero falar com vocês hoje.
>
> Intitulei essa apresentação como A Realidade e o Sagrado. É um título estranho para uma conversa com pessoas modernas, porque não entendemos realmente o que o sagrado significa, a menos que vivamos dentro de uma cosmovisão que seja, basicamente, não diria arcaica, mas pelo menos tradicional, para as pessoas modernas, livres pensadoras e fundamentalmente liberais. A ideia do sagrado é anacrônica ou, se não anacrônica, incompreensível, então quero começar com uma história do Velho Testamento.[1]

Jordan tinha tirado as ervas daninhas das histórias cristãs mais antigas e começava então a analisá-las como um moderno psicólogo clínico e pesquisador. Suas aulas eram vivificadas por seu comprometimento evidente com o combate ao mal e a terapia.

A terapia ainda era seu segundo trabalho em tempo integral como psicólogo com cerca de vinte pacientes e, assim, o sofrimento humano nunca estava longe de sua mente. Ele queria que seus alunos também tivessem tal sofrimento em mente à medida que lutavam com a sabedoria preservada dos anciões da civilização ocidental.

> Há um episódio no Antigo Testamento quando os antigos hebreus estavam transportando a Arca da Aliança... um dispositivo desenvolvido para conter a Palavra de Deus... então os carregadores da Arca tropeçam e um homem estica sua mão para segurá-la e, quando a toca, Deus o mata na hora... As pessoas modernas olham uma história como essa e a primeira coisa que pensam é que parece um pouco duro por parte de Deus, visto que o homem estava tentando fazer algo que acreditava ser o certo. Porém, o que a história pretende indicar, na minha opinião, é que há certas coisas que você toca sob seu próprio risco, independentemente de suas intenções, e que a maioria das culturas considera como sendo algo sagrado, intocável. Quero argumentar hoje perante vocês que essas coisas existem e também por que existem e por que é necessário que vocês saibam que elas existem.[2]

Antes de tentar revelar o sagrado na realidade cotidiana, ele falou sobre as dificuldades enfrentadas pelos alunos até mesmo para compreenderem o conceito do sagrado:

> Se você foi adequadamente instruído na universidade, especialmente com relação às ciências humanas, que no momento passam por certo problema conceitual, o que basicamente acontece é que você é apresentado de forma relativamente secular ao conceito do sagrado. Você está aqui na universidade para aprender sobre os valores eternos da humanidade, e acredito que as pessoas que lhe dizem que tais valores não

existem ou são infinitamente debatíveis estão lhe fazendo um desserviço inacreditável. Agora, vou dizer a vocês primeiro como devem pensar sobre o mundo. Eu penso.³

Essa era uma das primeiras condenações que Jordan fazia dos pós-modernos durante uma apresentação oficial na universidade, basicamente de humanas, que afirmavam que os valores eternos não existiam ou eram infinitamente debatíveis. Aparentemente, ele sentiu que o perigo para seus alunos estava então maior e que possivelmente os ataques contra ele estavam se tornando perigosos demais para permanecer em silêncio. Ele continuou e falou sobre a natureza de Deus e por que Ele não pode ser concebido pelas pessoas que têm a mente mais voltada à ciência:

> Há uma percepção clássica de que as pessoas consideram seus encontros com o absoluto, que são todos aqueles níveis múltiplos do ser que estão além de nossa capacidade perceptual, como sendo equivalente a um encontro com Deus... E o que isso tudo significa é que o absoluto é sempre algo que transcende a estrutura finita que colocamos em torno de nossas percepções. Assim, tão logo comecemos a falar a respeito disso, a representar isso, a fazer estátuas ou idolatrar isso, perdemos a conexão com o absoluto porque transformamos aquilo em algo que é compreensível e concreto.⁴

Jordan apresenta diversos exemplos da estrutura finita que as pessoas usam para simplificar e tornar o mundo compreensível. Um exemplo é a sala de aula onde estava perante seus alunos. Ele explicou os milhares níveis da realidade, como, por exemplo, o sistema elétrico, que estava oculto, as complexidades dele, que, naquele momento, eram incompreensíveis para todos os alunos na sala. Ele enfatizou que a sala está organizada e a parte elétrica escondida muito provavelmente está caótica e além da estrutura finita que os alunos percebem como sendo a sala.

Na verdade, a estrutura da sala é tão bem conhecida, que fica inconsciente para os alunos e automaticamente controla suas ações:

> Quando vocês entram aqui, a sala lhes diz o que fazer. O motivo disso é que todos os assentos estão apontados para a mesma direção... a teoria por trás desta sala é a de que a coisa interessante na sala está acontecendo na frente, é uma sala... Ela lhes diz o que fazer para que vocês não tenham que pensar sobre o que fazer... É só fazer.[5]

Em uma tela de projeção na frente, ele mostrou a representação mais simples do conhecido ordenado e do desconhecido caótico. Era o símbolo taoista do ying e yang — um círculo dividido ao meio por uma estampa no estilo paisley com um ponto branco nela e uma estampa oposta com o mesmo estilo e um ponto preto nela. O círculo formado pelas duas metades significa o absoluto, ou todo o conhecido e o desconhecido. Os pontos preto e branco representam o potencial do conhecido dentro do caos e do desconhecido dentro da ordem. A curva em *S* entre as metades preta e branca retratam o caminho sagrado em constante mudança entre o conhecido e o desconhecido. Na tradição taoista, a pessoa deve percorrer esse caminho com um pé na ordem e o outro no caos para navegar pela vida de forma bem-sucedida.

Ele mudou a imagem na tela, e apareceu uma estátua medieval cristã da Virgem Maria. Abaixo de sua cabeça e pescoço havia uma composição de todos os elementos básicos da realidade cristã, esticada de modo que toda a realidade ficava dentro do corpo de Maria. Jordan apontou para as imagens na composição.

> Uma representação cristã medieval da natureza da realidade. Do lado de fora, temos a Virgem Maria, dentro dela, está Deus, o pai, e Ele está dando suporte para um crucifixo com uma pessoa nele. A pessoa é Cristo. O que essa imagem representa?... A Virgem Maria está fazendo o papel da Mãe Natureza. Nossa Mãe Natureza suscita a ordem e a tradição... Portanto, no estado natural sem entraves, como destacado por Hobbes, é cada um por si mesmo, e sem a ordem trazida pela tradição, não há nada além do caos, e o caos é assassino e improdutivo.

Bem, há um problema com a ordem. Se observarmos a história do século XX, é uma incógnita se a Mãe Natureza está sendo mais dura conosco ou se nossas tradições governamentais é que estão sendo mais duras. Vocês sabem, é claro, que a ditadura de Hitler matou 6 milhões de judeus, 120 milhões de pessoas na Segunda Guerra Mundial. Talvez vocês não saibam que a ditadura de Stalin na União Soviética matou aproximadamente 60 milhões de pessoas na repressão interna, sem contar as que morreram na Segunda Guerra. E a repressão interna que caracterizou a China comunista de Mao matou 100 milhões de pessoas.[6]

Ele mudou a imagem, projetando o retrato de um rei em seu trono, um crucifixo na mão esquerda, e, ao lado, o mesmo rei sem o crucifixo, de boca bem aberta, prestes a devorar um príncipe, seu próprio filho.

E assim, o problema com a tradição é que às vezes ela é um rei sábio, e outras, ela é um rei que devora seus próprios filhos, o que representa que, embora precisemos da tradição para nos guiar e estruturar até mesmo a maneira como percebemos o mundo, nossas tradições podem se tornar arcaicas, ultrapassadas, cruéis e desumanas e, consequentemente, podem representar uma ameaça para nós pior do que o próprio caos.[7]

Jordan voltou à imagem da Virgem Maria.

E, finalmente, nessa imagem temos uma representação do indivíduo... e esse é Cristo. E é uma representação terrível, é impressionante, porque ela não representa a transcendência, mas o sofrimento... A maneira como a história se desenrola é que Cristo, como o indivíduo arquétipo, o modelo para os indivíduos sob uma perspectiva psicológica ou mitológica, sabe que é limitado e sabe que está fadado ao sofrimento e à morte. No jardim do Getsêmani, na noite anterior à sua crucifixão, ele tem uma discussão com Deus que trata basicamente de "Tenho que realmente fazer isso?", e a resposta tem duas partes: "Bem, na verdade, não, você não precisa...

aceitar voluntariamente seu sofrimento, mas haverá consequências se não o fizer."[8]

Jordan inclinou-se sobre o púlpito e dirigiu seus comentários para alunos específicos, escolhidos aleatoriamente. Sua intensidade e seu foco estavam a todo o vapor. Ele parecia estar mais determinado, talvez até um tanto perigoso, e definitivamente não deveria ser ignorado.

> Pois bem, a história cristã baseia-se na ideia de que, se você aceitar voluntariamente seu sofrimento, poderá simultaneamente transcendê-lo. É uma filosofia singular e também é uma base muito boa, sob uma perspectiva psicológica. Assim, por exemplo, se estou tratando alguém (como psicólogo) com transtorno de ansiedade, de pânico, que não consegue sair de casa sem o coração disparar... a forma para curar essa pessoa é ela voluntariamente chegar perto das coisas das quais tem medo, e, psicologicamente falando, se eu forçar você a aceitar determinado tipo de desafio, seu corpo entrará em modo de preparação para emergência, você ficará estressado, e isso lhe trará danos psicológicos, incluindo danos cerebrais, caso a situação se estenda por tempo o suficiente. No entanto, se eu apresentar o mesmo desafio e você aceitá-lo voluntariamente, seu cérebro não produzirá os hormônios de estresse, e um sistema psicológico totalmente diferente entrará em ação. E isso quer dizer que as pessoas desenvolveram dois modos de enfrentar o desconhecido: um é fazê-lo voluntariamente, e o outro é a paralisia e a fuga acometidas pelo pânico.[9]

Tendo transformado o conceito do caos em uma realidade concreta, ele passou então a explicar o desenvolvimento do sagrado como uma realidade concreta e seu impacto fenomenal no mundo.

> O final da Renascença foi a primeira vez na história humana em que as pessoas ousaram supor que as imagens sagradas poderiam receber um rosto humano. E tal ideia foi de fato o que desencadeou o Iluminismo e o desenvolvimento da cultura moderna. Os pensadores do final da Renascença, os artistas em particular, foram as primeiras pessoas a postular que havia

algum tipo de relação direta entre aquelas imagens sagradas e as pessoas reais.[10]

No vídeo da gravação dessa aula, há um rápido corte para duas alunas jovens, obviamente absortas em atenção. O vídeo corta de volta para Jordan, e depois para uma nova imagem projetada de um desenho medieval de São Jorge e o Dragão.

> A história mais antiga que conhecemos, que é um mito mesopotâmico da criação, destaca um Deus que confronta um monstro réptil... Ele encara o monstro, que é aterrorizante, corta-o em pedacinhos, e a partir dos pedaços cria o mundo. Pois bem, há 5 mil anos os mesopotâmios estavam tentando descobrir qual era a natureza da individualidade e da consciência. Eles não pensavam da mesma forma como nós... em processos filosóficos. Eles pensavam por meio de histórias... Chegaram à conclusão de que o objeto de seu louvor definitivo era o deus que confrontava o dragão e o caos, que o cortava em pedacinhos e criava o mundo. E tal ideia foi ecoada ao longo das eras.[11]

Referindo-se à imagem projetada de São Jorge e do Dragão, a reiteração cristã da ideia mesopotâmica 4 mil anos depois na Europa medieval, continuou: "Então, vocês podem ver o castelo no fundo. Ele representa a ordem e tem muitos muros... Porém, os muros são constantemente rompidos."[12]

Ele fez uma divagação para apresentar outra observação admoestatória a seus alunos, um aviso a respeito dos bárbaros invasores do pós-modernismo que estavam tentando derrubar os muros da tradição:

> Muito bem, os jovens, especialmente os modernos, são geralmente muito céticos quanto às tradições nas quais vivem. São céticos quanto a elas porque percebem o fato de que o mundo está teoricamente se transformando em um tipo de catástrofe ambiental, e também porque ainda há guerras e fome. São céticos porque, geralmente, nem mesmo as pessoas que lhes ensinam as tradições parecem acreditar no que ensinam. É muito fácil para os jovens olhar as tradições e perceber que há

rachaduras. Mas a verdade é que, ao longo da história humana, a tradição sempre foi anacrônica e ultrapassada.¹³

Ele voltou-se à imagem de São Jorge e do Dragão e continuou com um aviso final contra o niilismo assassino que resultou da opressão marxista à consciência que os circundava.

> E o que veem nas imagens de São Jorge e do Dragão é que os dragões sempre ruem os muros, o que significa que a tradição sempre está sob ataque do caos.
>
> Bem, é claro que está, porque o futuro é diferente do passado, mas isso não quer dizer que o passado deve ser abandonado. Porque, se abandonarmos o passado e derrubarmos todos os muros, cairemos em um poço de caos, e isso é, classicamente falando, indistinguível do inferno. E posso lhes dizer que, se passarem tempo suficiente naquele estado, vocês se tornarão amargos e cruéis, pois é isso que acontece com as pessoas que sofrem infinitamente.¹⁴

Jordan passa então a citar outra história bíblica, a de Jonas e a baleia, também ilustrando que os monstros aterrorizantes e poderosos que espreitam na escuridão, na parte inferior do mundo, como o dragão em sua caverna e a baleia no fundo do mar, podem ser derrotados por um herói individual e corajoso que enfrenta o terror voluntariamente. O herói é então recompensado com tesouros preciosos que eram guardados pelo monstro, e retorna ao mundo com os tesouros para beneficiar a todos. É a história de Hércules, Jasão e os Argonautas, Ulisses, Jesus Cristo, Shane, Luke Skywalker e centenas de outros ao longo da história. É a clássica jornada do herói como descrita por Joseph Campbell em seu livro *O Herói de Mil Faces*.

Na sequência, Jordan trouxe algumas histórias antigas e sagradas para a realidade de seus jovens alunos. Sua intensidade aumentou à medida que transmitia aquela situação familiar e profundamente pessoal em uma vida humana. Sua velocidade de fala aumentou levemente, para 226 palavras por minuto, perto do limite da compreensão e quase o dobro da velocidade de uma fala normal, que tem entre 100 e

120 palavras por minuto. Os alunos foram forçados a prestar atenção. Não tinham nem tempo para tomar notas.

> Imagine que você esteja em um relacionamento ruim, talvez não esteja feliz nele, mas sabe que tal relacionamento é melhor do que não ter nenhum. Daí, a pessoa com quem está no relacionamento o trai, e ela fez isso porque, na verdade, você não estava feliz com o relacionamento, de qualquer maneira. Talvez ela tenha feito isso porque você é um pouco ingênuo ou porque se dá bem com as pessoas um pouco fácil demais e, consequentemente, fica um pouquinho chato rápido demais também.
>
> Então, quando a pessoa o abandona, é uma catástrofe, porque seu mundo desmorona. Porém, quando isso acontece, você se encontra em um lugar novo, sendo possível aprender algo novo nesse lugar. Pode aprender, por exemplo, que deveria ficar um pouquinho mais ligado da próxima vez que sair com alguém. Ou, talvez, tomar um pouco mais de cuidado com relação aos sinais de que seu parceiro está entediado com você. Outra opção ainda é a de que talvez devesse parar de se associar com psicopatas mentirosos [*os alunos dão risada*] e sua vida seria muito mais positiva. E pare de pensar que você consegue redimir alguém que não está nem ao menos buscando redenção.[15]

Ele passou então a dar uma aliviada nas deprimentes percepções pessoais da turma, mostrando o benefício de os alunos enfrentarem voluntariamente seus monstros que espreitam no caótico e sombrio desconhecido.

> As pessoas têm uma capacidade inacreditável de enfrentar e superar as coisas que não compreendem, e muito mais, pois isso é essencialmente o que dá significado à vida... E o que isso representa nesses casos é que, quando você cai na barriga de uma baleia e é engolido por algo que espreita do lado de baixo... isso o expõe às partes do mundo que você não entende. Cada vez que é exposto a uma parte do mundo que você não entende,

tem a possibilidade de reconstruir as estruturas que usa para interpretar o mundo.[16]

Ele passou então a revelar o oposto, o custo de não enfrentar seus monstros. Fazendo referência ao dogma budista de que a vida é sofrimento, ele advertiu que as pessoas niilistas poderiam presumir, com base no budismo, que a vida não vale a pena ser vivida. Para deixar sua mensagem ainda mais forte, mencionou a história do século XX e os líderes políticos que eram tão niilistas, tão enojados com a limitação humana, que se tornaram genocidas:

> O sofrimento é real e não podemos escapar dele, então a pergunta é o que fazemos com relação a ele... O propósito da vida, até onde posso dizer de meus estudos em mitologia e psicologia há décadas, é encontrar um modo de ser que seja tão significativo que o fato de que a vida é sofrimento não seja mais relevante, ou talvez seja até mesmo aceitável.[17]

Concluiu a maior parte de sua apresentação asseverando a recompensa pessoal, na realidade, para a sagrada arte de corajosamente enfrentar o sofrimento, a derrota e a malevolência:

> Sabemos que estamos nesse caminho em parte quando não temos mais ressentimentos. Pensamos, nossa, poderia fazer isso sempre, né? Há uma atemporalidade associada a tal estado de ser. Sob uma perspectiva mitológica, isso é o equivalente a uma breve residência no reino de Deus. É o lugar onde você é algo tão significativo, que lhe permite suportar as duras precondições da vida sem tornar-se ressentido, amargo ou cruel. E nenhuma outra coisa na vida que você possa buscar terá ao menos a metade do valor disso.[18]

Ele começou a última parte de sua apresentação revelando a emergência permanente e inevitável tanto da ordem como do caos na vida, sendo que ambos levarão ao sofrimento se não forem desafiados. Retomou instantaneamente o obscuro exemplo de como um médico chinês maoista tradicional pode diagnosticar um paciente em sofrimento visitando primeiramente a casa dele. O médico entra e percebe, talvez, uma casa extremamente organizada e ordeira, e em seu diagnóstico diz que o paciente estava sofrendo de excesso de ordem. O tratamento seria prescrito de acordo. Jordan traz esse exemplo remoto para mais perto do mundo de seus alunos com uma cadência em staccato, como se fosse um advogado de acusação expondo evidência atrás de evidência:

> Já estive em casas como essa. Você vê todos os móveis cobertos com plástico. É uma casa na qual, se você colocar um copo em uma mesa de madeira, a patroa vem correndo com um porta-copos, coloca-o imediatamente sob o copo e lhe dá um olhar feio. É um lugar onde as crianças nunca brincam na sala de estar. Onde passam aspirador nas linhas do tapete de forma tão precisa, que elas ficam de fato paralelas. Um lugar onde há tanta ordem, que ninguém consegue sobreviver, porque a pessoa que controla a casa é tirana. E se há alguém doente naquela casa, é porque está sofrendo de excesso de ordem.[19]

Conhecendo bem os alunos, tomou então o lado oposto e acusou o caos em demasia, com um toque inesperado de alívio cômico:

> Dá para ver isso em seu próprio quarto, se quiser. *Tudo está completamente desorganizado.* Você não consegue nem olhar o lugar. Dá um ruim no momento em que passa pelo batente, porque, para onde olha, há partes de caos não transformado berrando para você: *Faça alguma coisa a respeito disso, vacilão!*[20]

Jordan e seus ouvintes caíram no riso por ele tê-los surpreendido usando a gíria deles. E continuou, novamente decidido a demonstrar seus pontos de vista mais sutis, altamente pessoais, apoiando-se em seu púlpito, confrontando as pessoas na sala:

> Se você entra em seu escritório e tem uma pilha de papéis no meio da qual sua tarefa está escondida, perceberá que será difícil ficar observando a pilha. E o motivo disso é que a pilha de papéis que você está ignorando está fazendo aniversário parada lá e lhe causando mais problemas a cada dia que passa, é um portal para a ordem por meio do qual o caos está fluindo. E se você ignorar isso por tempo suficiente, o caos fluirá

através desse portal e tomará conta de seu quarto e de sua vida. Talvez você pense, olha, é uma maneira muito estranha de ver as coisas, e suponho que seja mesmo.[21]

Ele mergulhou em mais ideias "estranhas", como as chamava, como a de que o sentido profundo e recompensador da vida pode apenas ser encontrado em enormes responsabilidades. A imagem de Atlas carregando o mundo em seus ombros apareceu na tela. A intensidade de Jordan parecia ter diminuído um pouco. Seu linguajar passou a ser mais informal, menos preciso.

> É uma antiga representação, né? Atlas com o mundo. Vejam, é uma representação que diz que é a forma adequada de se viver, certo?... Carregar um fardo que seja pesado o bastante de modo que, se carregá-lo, terá um pouco de respeito próprio. É uma ideia muito estranha, porque, em geral, o que acontece é que as pessoas fazem tudo que podem para *aliviar* os fardos. Mas o problema com carregar um fardo leve é que você não terá nada útil para fazer. E se não tiver nada de útil para fazer, tudo que está ao seu redor, a menos que tenha muita sorte, e mesmo isso se dará apenas por pouquíssimo tempo, *será um sofrimento sem sentido*. E não há nada pior para o espírito do que um sofrimento sem sentido.[22]

Sua energia voltou enquanto tentava esclarecer a essência de ser, em face de uma tarefa desencorajadora, mas sem perder o ritmo. Entrou em outra ideia estranha com facilidade, como se estivesse falando sobre sua receita favorita:

> Há uma antiga ideia judaica de que o homem e Deus são, de certo modo, gêmeos. É uma ideia muito estranha, mas que parece depender de algo assim, como os clássicos atributos de Deus, que são os atributos do absoluto, da onisciência, da onipotência e da onipresença... Há uma pergunta nisso tudo: como é um ser que é caracterizado pelos atributos absolutos que Deus não tem? E a resposta é a limitação. E é uma ideia inacreditavelmente interessante.[23]

A velocidade de sua fala aumentou novamente à medida que galopava para transmitir uma nova e crucial compreensão da realidade:

> E o motivo pelo qual ela é tão interessante é que uma das coisas que a psicologia moderna está nos dizendo cada vez mais é que, sem a limitação que uma criatura como nós, com a estrutura de nossa consciência, traz para suportar o mundo, não há realidade. Que a realidade é uma consequência que surge da interação entre algo que é dolorosamente limitado, como nós, e o absoluto, não importa o que ele seja, que é algo completamente sem limitações. E isso sugere, de certo modo, que sem a limitação não há ser, sem limitação há sofrimento. Sem sofrimento, portanto, não há ser![24]

Ele concluiu com um chamado à ação, afirmando o potencial ilimitado de todos para a salvação por meio de uma vida significativa. Estava em sua intensidade máxima, praticamente selvagem, em seu discurso emocional:

> Essas histórias arcaicas que estou contando a vocês têm algo a lhes dizer. Elas dizem que a vida é incerta, nunca saberemos o suficiente e, não apenas isso, *nunca poderemos* saber o suficiente. E tem mais, o fundamento sobre o qual pisamos é falho. Daí, as histórias dizem: *Mas você precisa pisar sobre ele assim mesmo e, enquanto faz isso, precisa melhorá-lo.*
>
> E é assim que a vida acontece, e é assim que você vive sua vida. Caso se esqueça dessas coisas ou as boicote, estará na mesma situação do infeliz homem do Antigo Testamento sobre o qual lhes contei — que acabou esticando seu braço para tocar em algo que deveria ter ignorado.
>
> Sendo você humano, terá que obedecer a determinadas verdades. As verdades que lhes disse hoje são, até onde posso dizer, algo próximo de uma base mínima. Há o caos, a ordem, e você está preso entre os dois. Ambos têm um custo, ambos têm vantagens, e seu trabalho é descobrir como ser um mediador apropriado entre eles. E saberá quando estiver fazendo isso, pois, ao fazê-lo, as circunstâncias sombrias da sua vida se

manifestarão como sendo eminentemente aceitáveis. E é em tal situação que você sabe que se colocou em uma posição na natureza na qual tudo está em harmonia, e esse é o lugar que deve buscar.

Foi um prazer falar com vocês.²⁵

Toronto eclodiu com as maiores manifestações da história canadense. O Royal Bank of Canada, no centro da cidade, foi incendiado. Dez mil manifestantes neomarxistas, incluindo anarquistas e insurgentes anticapitalistas, violentos e usando máscaras pretas, atacaram a polícia, fazendo com que mais de cem policiais e manifestantes fossem parar no hospital, causando danos na casa de US$1 milhão. Suas reivindicações variavam desde a eliminação da pobreza mundial até a valorização dos direitos dos indígenas. Como no passado recente, tiveram um insucesso espetacular para o que buscavam, conseguindo nada além de uma anarquia local e muito temporária. Parecia que não tinham poder, nenhuma visão sequer, agindo como crianças petulantes e agitadas.

Em teoria, estavam protestando contra a reunião de cúpula do G20 em 2010, tendo como suposto alvo o pináculo do capitalismo global e a fundação do patriarcado opressivo. Mais de cem organizações internacionais, os modernos dragões do caos, se preferir, vinham tentando romper os muros do capitalismo há anos. Isso incluía a reunião anterior de cúpula do G20 em Londres, onde 35 mil manifestantes atacaram o Royal Bank of Scotland e o Parlamento Britânico.

A visão romântica da revolução violenta e da luta nas ruas parecia ser a base da motivação dos manifestantes, mas até mesmo o pesquisador marxista da Universidade de Londres, Slavoj Žižek, que enfrentaria Jordan futuramente em um debate crucial e acreditava profundamente na revolução marxista, estava confuso com as tentativas dos manifestantes:

> Os manifestantes, embora desfavorecidos e de fato excluídos socialmente, não estavam vivendo à beira da fome. Pessoas passando por apertos materiais muito piores, sem falar nas condições de opressão física e ideológica, conseguiram se organizar em forças políticas com agendas claras. O fato de que os manifestantes não têm um programa é, portanto, por si

só um fato a ser interpretado: ele nos diz muito sobre nosso dilema político-ideológico e sobre o tipo de sociedade na qual vivemos, uma sociedade que celebra a escolha, mas na qual a única alternativa disponível para assegurar o consenso democrático é por meio de um protesto cego.[26]

As manifestações de Londres espalharam-se para outras áreas e bairros da região. No total, ficaram machucados 186 policiais e 10 bombeiros. Oito caminhões de bombeiros tiveram os para-brisas quebrados. Mais de 100 casas foram destruídas, causando uma perda irrecuperável do patrimônio arquitetônico. Perdas para as seguradoras britânicas alcançaram um total aproximado de 100 milhões de libras esterlinas em Londres, e 200 milhões ao todo.

No ano seguinte, a Primavera Árabe, posteriormente apelidada de Primavera Islâmica, visto que os islamitas ascenderam ao poder em vários governos, trouxe um pouco mais de esclarecimento sobre as causas comuns na juventude abaixo dos 40 e insatisfeita em Toronto, Londres e Cairo, que realizou as manifestações. Em um artigo escrito para o *Le Monde,* em Paris, Antoine Reverchon e Adrien de Tricornot disseram:

> Entre os catalisadores das revoltas em todo o Norte da África e do Golfo do Pérsico estavam a concentração de riqueza nas mãos de monarcas no poder há décadas, a transparência insuficiente de sua redistribuição, a corrupção e, especialmente, a recusa dos jovens em aceitar o status quo.[27]

O que os protestos no G20 de Londres em 2010 significavam claramente era o começo de um aumento explosivo nas manifestações revolucionárias políticas e na retórica. Em 2009, houve 13 manifestações significativas no mundo todo; em 2010, houve 59; em 2011, 104.[28] Em 2011, tal fervor revolucionário inundou o Parque Zuccotti na parte mais baixa de Manhattan, Nova York, com o movimento Occupy Wall Street [Ocupe Wall Street]. De repente, os muros reais do capitalismo global estavam à vista.

Jordan estava prestes a pegar um fardo parecido com o de Atlas. Estava prestes a carregar o mundo moderno em seus ombros, como o fulcro entre os valores iluministas da Europa ocidental, como o indivíduo soberano, a propriedade particular e a liberdade de expressão, e a juventude revolucionária, desesperada por penetrar os muros da tradição ocidental com valores opositores e coletivistas.

Os jovens revolucionários, especialmente no Ocidente, conseguiram aliados poderosos em 2010, entre os quais estava a Televisão Russa com um orçamento declarado de mais de US$150 milhões para aquele ano. A rede abriu seu escritório nos EUA em Washington, D.C. Margarita Simonyan, editora do canal, colocou o projeto russo de notícias em perspectiva dizendo: "Nosso orçamento é realmente pequeno. Há projetos chineses que terão US$7 bilhões este ano, mas cujas audiências são significativamente menores."

Uma vez que o orçamento para a propaganda russa estava declarado com valores bem acima de US$1 bilhão na época, é possível que o orçamento real de Simonyan fosse mais próximo da quantia chinesa. Também é possível presumir, comparando os recursos financeiros do governo com o tamanho da audiência, que tanto a organização russa de notícias quanto a chinesa tinham um objetivo diferente do que a maioria das redes que objetivam o lucro, e tais objetivos eram obviamente direcionados pelo governo.

Outra vantagem significativa para os revolucionários naquele ano foi a adoção mundial da internet. Sendo o canal global principal de comunicação e o canal local para a Primavera Árabe, a rede mundial demonstrou seu fantástico potencial. Liderando a revolução cultural online na América do Norte estava a canadense Adbusters Media Foundation, que se descreve como "uma rede global de artistas, ativistas, escritores, piadistas, estudantes, educadores e empreendedores que querem fazer avançar o novo movimento ativista social da era da informação".[29]

A Adbusters não era apenas uma revista anticapitalista, como as neomarxistas, mas uma organização ativista chamada The Culture Jammers Network, que atualizou os conceitos de *radio jamming*, ou interferência deliberada, na era da informação. Ao estilo da arte soviética de rapazes e moças trabalhadores, jovens, brancos, marchando corajosamente juntos sob uma bandeira vermelha, as mulheres carregando um livro com capa vermelha, aparentemente o pequeno livro vermelho de Mao, *Citações do Presidente Mao Tse-tung*, eles declararam seu objetivo:

Nosso objetivo é derrubar as estruturas existentes de poder e estabelecer uma grande mudança na forma como viveremos no século XXI. Acreditamos que a interferência na cultura pode ser para nossa era o que os direitos civis foram para a década de 1960, o que o feminismo foi para a década de 1970 e o que o ativismo foi para os anos 1980. Ela alterará a forma como vivemos e pensamos. Ela mudará a maneira como a informação flui, as instituições exercem poder, como as estações de TV são administradas, as indústrias da comida, moda, música, cultura, dos automóveis e esportes determinam suas agendas. Acima de tudo, ela mudará a forma como o significado é criado em nossa sociedade.[30]

A linha de batalha estava agora claramente marcada. Os Adbusters queriam mais do que a regra soviética totalitária, eles queriam o pensamento maoista totalitário. Eles queriam "alterar a forma como vivemos e pensamos". Pretendiam subverter completamente as bases da civilização ocidental. Em temperamento e missão, lembravam a polícia do pensamento de Orwell. Pareciam o politburo de Stalin e os Guardas Vermelhos de Mao, que coletivamente mataram entre 100 e 120 milhões de pessoas. Eram o mesmo tipo de pessoas "impertinentes e ressentidas" das quais Jordan se afastou quando jovem. Agora, tinham sido promovidas de meros aborrecimentos a inimigos mortais e declarado guerra global.

Guerra é guerra; Jordan estava despreparado e seria superado em tudo, com exceção do comprometimento. Ele não tinha organização, aliados, verba nem estratégia. Tampouco tinha uma declaração de missão para ser publicada. Era um obscuro professor universitário com uma tênue presença basicamente na mídia regional. Era pai de crianças vulneráveis. Contudo, estava inabalável em seu comprometimento para combater o neomarxismo, como sempre esteve havia décadas. O preço por sua oposição estava prestes a ir às alturas.

Os radicais canadenses atacaram. Em uma rápida sequência, a Adbusters lançou campanhas internacionais como o Dia de Não Comprar Nada, A Semana de Desligar a TV e, em setembro de 2011, sua maior realização: Occupy Wall Street — o esquema sobre o qual o mundo todo ouviu a respeito.

O Occupy Wall Street obteve apoio e publicidade impressionantes, com o fervor revolucionário pegando fogo nas universidades e em meio à juventude da sociedade ocidental. Após três semanas de seu lançamento em setembro, o movimento se espalhou para mais de 951 cidades no mundo todo, incluindo Toronto, para 82 países e 600 comunidades nos EUA.[31]

Bandeiras vermelhas, emblemas com a foice e o martelo, punhos de resistência, vermelhos e fechados, e o símbolo anarquista da letra *A* manuscrita em um círculo marcavam o movimento como sendo implicitamente marxista e revolucionário, como pretendido pela Adbusters.

Em oposição, o movimento popular nos EUA, o Tea Party, aumentou as tensões vindas do lado conservador seis meses antes do ataque da Adbusters. Em março de 2011, a ex-governadora do Alasca e candidata a vice-presidente, Sarah Palin, fez uma reflexão sobre as origens do movimento e tirou sarro do presidente Barack Obama, o líder de fato da esquerda desde sua eleição em 2008. Obama indicara sua afinidade intelectual com a Adbuster em diversos discursos que incluíram sua intenção radical para a "transformação fundamental dos Estados Unidos" e ao selecionar sua equipe de gabinete esquerdista, cujos integrantes incluíam Van Jones e a diretora de comunicação Anita Dunn, que tinha memoravelmente dito, "Meus dois filósofos políticos favoritos são Mao Tse-tung e Madre Teresa, nem sempre colocados juntos, mas são as duas pessoas nas quais me inspiro na maior parte das vezes", o que fez com que Sarah saísse rapidamente da administração.

A governadora Palin, conservadora declarada, vinha revoltando e irritando esquerdistas radicais como os da Adbuster há anos. Ela os provocou ainda mais quando deu um discurso em Madison, Wisconsin, local considerado o coração do marxismo nos EUA, com um ataque direto ao seu líder:

> E falando do presidente Obama, acredito que deveríamos fazer uma homenagem a ele hoje aqui no evento do Tea Party neste Tax Day, pois ele é a inspiração para estarmos aqui hoje. É isso mesmo. O movimento Tea Party não existiria sem Barack Obama.[32]

Como muitas das várias facções espalhadas do Tea Party, Jordan reconheceu a eleição de Barack Obama e a explosão do Occupy Wall

Street como demonstrações claras de que uma tormenta marxista radical surgira e buscava derrubar as tradições ocidentais, como já o fizera antes. A violência estava no ar.

Em *Antifa: O Manual Antifascista*, o historiador Mark Bray conta sobre a Batalha da Rua Cable em Londres, no ano de 1936, que mostrou como a violência civil poderia derrotar um movimento político tão bem, a ponto de conseguir destruí-lo completamente.[33]

No dia 4 de outubro de 1936, dezenas de milhares de sionistas, socialistas, operários, comunistas, anarquistas e membros revoltados da classe trabalhadora de Londres impediram Sir Oswald Mosley e sua União Britânica de Fascistas de marchar pela vizinhança de East End. Os combatentes da coalizão antifascista atacaram e derrotaram mais de 3 mil Camisas Negras Fascistas e 6 mil policiais, lançando bolinhas de gude sob seus pés, derrubando um caminhão em chamas em seu caminho, lançando bombas caseiras e arremessando pedras, tijolos e as coisas que ficam dentro dos penicos. A polícia e os fascistas foram interrompidos; os fascistas diminuíram em número e desapareceram.

De acordo com a pesquisa de Bray, a coalizão antifascista moderna começou com a infiltração da música punk britânica pelos skinheads white power nas décadas de 1970 e 1980.[34]

Então, os punks neonazistas e niilistas apareceram na Alemanha na década de 1990, após a queda do Muro de Berlim.[35]

Nas décadas de 1990 e 2000, nos EUA e no Canadá, coalizões soltas começaram a se formar. Eram chamadas de ARA — Anti-Racist Action [Ação Antirracista], cuja missão original proclamada era lutar contra o racismo, sendo esse mais reconhecível para os canadenses e norte-americanos do que o fascismo. Porém, ao ignorar as proteções concedidas pelas 14ª e 15ª emendas da Constituição dos Estados Unidos e da Lei dos Direitos Civis de 1866, 1964 e 1968, parecia que a ARA estava simplesmente buscando um ponto de apoio na tradição ocidental de desobediência civil. À medida que evoluía e era celebrada por acadêmicos, intelectuais e estrelas midiáticas, ficou cada vez mais aparente que a missão real da ARA era a revolução marxista anticapitalista.

Coincidentemente, Bray, assim como o Dr. Nicholas Matte, era conferencista do Instituto de Pesquisas Gender em Darmouth, cuja declaração de missão era surpreendentemente similar à do Centro de Estudos de Diversidade Sexual Mark S. Bonham do Dr. Matte. A missão do Instituto dizia:

> Em seus quatro anos, o Instituto de Pesquisas Gender em Darthmouth (Gender Research Institute — GRID) encorajou, facilitou e divulgou pesquisas, aulas e engajamentos sociais relacionados ao gênero que aborda o porquê de o século XXI ainda ser uma época profundamente estruturada pela desigualdade de gênero, raça, etnia, sexo e economia.[36]

A ênfase novamente é em claramente facilitar o "engajamento social" ou a atividade política em nome da diversidade de gêneros, o objetivo inicial aparente da igualdade de gêneros. O GRID tinha uma grande visão para a teoria que incluía não apenas todas as classes padrão de opressão, mas a promoção das teorias complementares fundadoras da interseccionalidade e do privilégio branco:

> O GRID concebe o gênero além da estrutura de paridade e igualdade. Apoiamos projetos que examinam o gênero como uma estrutura que sustenta que as múltiplas categorias sociais (raça, etnia, gênero, orientação sexual, classe) interseccionam no micronível da experiência individual para refletir sistema múltiplos interligados de privilégio e opressão no macronível socioestrutural.

Porém, como Jordan observaria e os radicais continuariam a promover, uma sociedade totalmente sem gênero era mais precisamente o que buscava aquela ramificação radical do pós-modernismo. Jordan disse:

> Ela está conectada com a ideia de que há algo errado com a masculinidade e que, assim, a expressão de masculinidade deveria ser limitada de inúmeras formas arbitrárias. O fato de que as crianças realmente não podem mais brincar nas escolas é uma manifestação desse fato. Que o comportamento masculino é geralmente diagnosticado com transtorno do *deficit*

de atenção, por exemplo, é uma manifestação disso. A eliminação da competição como uma forma válida de interação humana e o fracasso para reconhecer que os esportes competitivos, por exemplo, são profundamente colaborativos em sua natureza fundamental... É fácil confundir a competência masculina com a tirania que, hipoteticamente, leva ao patriarcado. É parte de uma cosmovisão ideológica que enxerga toda a história da humanidade como a opressão das mulheres feita pelos homens, que é uma maneira pavorosa de observar o mundo, uma forma muito patológica.[37]

Por exemplo, a colega de Bray nos Estudos de Gênero, a professora Brenda Silver, parecia exibir a patologia de feminista radical logo cedo no movimento. Em 2002, a *The Dartmouth Review*, uma publicação estudantil independente, descreveu Silver assim: "Ávida crítica feminista, a professora Silver lê literatura com a firme crença de que qualquer coisa que tem a altura maior que a largura deve ser um falo. Ela é uma viciada veemente em qualquer coisa que seja antimasculina e postule a androginia como o ideal humano."[38]

Tal visão de uma androginia agênero viria a dar vida à teoria da masculinidade tóxica. A teoria parece ter contribuído para a debilitação de jovens rapazes de diversas formas, entre elas, níveis mais altos de depressão, suicídio e violência — possivelmente incluindo a violência do Antifa. Os danos causados por essa teoria derivativa da masculinidade tóxica foram pesquisados e aparecem na literatura científica revisada por pares:

> A pesquisa demonstra que restringir aspectos das normas do gênero masculino influencia negativamente a saúde tanto de homens como de mulheres... Baseamo-nos em paradigmas éticos na saúde pública para desafiar os programas que reforçam os aspectos prejudiciais das normas de gênero (ou seja, a masculinidade tóxica).[39]

A violência não estava então só no ar, mas também nas ruas. A violência política era a tática preferida da ARA. Eles disfarçavam suas pretendidas violências políticas como eufemismo de *ação direta*. Em 2002, iniciaram a ação direta atacando fisicamente um palestrante supremacista branco em um desfile público em Portlan, Oregon. O ataque desencadeou uma pancadaria, resultando em 25 pessoas presas. O movimento estava então "ensanguentado", como um recém-iniciado o estaria após ter caçado pela primeira vez, e o entusiasmo disparou. Seus ativistas, uma vez que operavam de forma clandestina e não tinham afiliação oficial, incluíam anarquistas, socialistas, comunistas, liberais e o movimento político emergente denominado de socialista democrático.[40] Começaram lançando ataques online cruéis e altamente pessoais, que eram chamados por eles de *ativismo digital*.

Durante os dez anos seguintes, facções da ARA começaram a adotar o nome *Antifa*. O nome derivou-se do Antifaschistische Aktion, um movimento formado na Alemanha em 1932 com a ajuda do Partido Comunista Alemão.[41]

O Antifa nos EUA expandiu sua lista de alvos de modo a incluir não apenas racistas, como também fascistas, conservadores, reacionários, homofóbicos, xenofóbicos, islamofóbicos, populistas, nacionalistas, patriotas do Tea Party, do Partido Republicano e da direita alternativa (alt-right) ou extrema-direita. Seus números cresceram constantemente conforme o grau de destruição de suas ações diretas aumentava. Ações diretas e digitais em breve passaram a incluir bombardeios, ataques com armas mortais, bloqueio de tráfego de veículos motorizados, assédio aleatório a motoristas, negação de liberdade de expressão, aniquilamento online e intimidação de palestrantes conservadores e "reacionários" como Jordan. Ironicamente, os lutadores antifascistas do Antifa vestiam-se de *black blocs*, trajes pretos com máscaras pretas escondendo seus rostos e deixando-os indistinguíveis. Eram os remanescentes dos violentos Camisas Negras, o braço voluntário e paramilitar do Partido Fascista de Benito Mussolini na Itália, e aliados dos nazistas de Hitler. Eram o braço armado e motivado do movimento progressista moderno e estavam ávidos para atacar novamente.

No dia 19 de janeiro de 2012, Jordan aproveitou seu novo poder de fogo midiático na TVO e lançou seu contra-ataque. Um personal manager experiente talvez analisaria a situação de Jordan e sabiamente o aconselharia que, àquela altura, não devesse cutucar a onça com vara curta. Mas essa pessoa e seu conselho estava anos no futuro. Apesar de suas desvantagens extremas, muitas das quais deveriam ser óbvias para Jordan, ele não recuou. Ele vira a devastação sendo causada na vida de seus alunos. Era algo inegável e crescente, assim como a devastação dos jovens em geral. Ficara óbvio em sua própria pesquisa também, e ele não mais toleraria aquilo.

Apesar de seus recursos materiais insignificantes e com um apoio social praticamente inexistente, ele entrou diretamente na linha de fogo da esquerda e atacou as bases do pensamento pós-moderno em uma aparição solo e elaborada por ele mesmo na TVO com o título "Agenda Insight: Gênero para Sempre":

> Durante a década de 1960, todos que eram remotamente progressistas proclamavam que as diferenças de personalidade entre homens e mulheres, se é que existiam, eram meros produtos do condicionamento social. Um grande estudo recente concluiu o contrário. Tais diferenças são grandes e persistentes. Resultados semelhantes já foram registrados mais de 10 anos atrás em um estudo intercultural com 20 mil participantes.[42]

Tal afirmação, se verdadeira, era o início do fim da narrativa da opressão contra as mulheres. A ciência era conclusiva; as mulheres eram intrinsecamente diferentes dos homens, então, para começar, as disparidades salariais entre os gêneros teriam que ser recalculadas de acordo com os diferentes interesses, valores e habilidades das mulheres em comparação com os homens. E como se revelou, quando essas diferenças foram consideradas na equação, a disparidade salarial entre os gêneros desapareceu completamente. Tal distinção imutável entre masculino/feminino era um memorando que os progressistas vinham ignorando ou reduzindo há dez anos, desde que o primeiro e grande estudo intercultural foi concluído.

Esse novo estudo comprobatório também considerou toda a ideia de diversidade de gêneros como papo furado, uma vez que o termo em si era então redundante. Ele também enfraqueceu o argumento básico da interseccionalidade, porque as qualidades únicas das mulheres, coletiva e individualmente, teriam que ser consideradas ao se calcularem os graus de opressão. Por exemplo, caso as mulheres de fato *não* estivessem sendo oprimidas por salários menores para o mesmo trabalho, como então havia opressão? Se eram biologicamente distintas com uma habilidade única de ter filhos e voluntariamente aceitavam os riscos resultantes disso, bem como dos custos em tempo e oportunidades perdidas, como então o patriarcado opressor era prejudicial nesse processo? Se o sonho de uma sociedade sem gêneros era de fato um sonho, então toda a missão da igualdade (de pagamentos) para os sexos era impossível. E, por fim, se a teoria da interseccionalidade sobre as mulheres em especial estava tão errada há tanto tempo, não estaria então refutada toda a teoria da opressão?

Os progressistas (o termo que Jordan usou publicamente em primeiro lugar e que permanecerá, a partir de agora no texto, como um termo geral de referência aos neomarxistas pós-modernos) e especialmente as feministas da terceira onda foram descreditados e humilhados publicamente. Para piorar as coisas, ele passou a citar precisamente os resultados da pesquisa sobre como as mulheres são mais sensíveis à dor emocional do que os homens. Isso fez com que todo o movimento feminista radical parecesse ser mais uma explosão emocional do que uma alternativa racional ao *status quo*. É difícil imaginar o efeito disso na comunidade progressista feminina, mas Jordan foi ainda mais longe, acrescentando injúria ao seu insulto. Ele detalhou o custo que o feminismo radical cobra das jovens moças:

> Tais diferenças [em homens e mulheres] são significadoras e reveladoras. São importantes em parte porque indicam que os relacionamentos afetuosos íntimos são mais importantes para as mulheres. Ensinamos às garotas que a carreira é mais importante que tudo. Aos 19, elas acreditam nisso e expressam sérias dúvidas sobre [ter] filhos. Essa atitude começa a mudar conforme chegam ao final dos 20. Com 30, a mulher comum inverteu suas prioridades e está planejando desesperadamente ter filhos, tendo cada vez menos cooperação dos homens de sua idade.

Seu tom tornou-se bem austero, paternal, como se não aguentasse mais o impassível palavreado científico. Para uma feminista comprometida, isso pode ter parecido a condescendência máxima patriarcal: "Vamos esclarecer as coisas. A maioria das pessoas não tem uma carreira, mas empregos, que não são mais importantes do que um lar e uma família, especialmente não para as mulheres."

Ele concluiu seu ataque com um golpe final, novamente nas bases do progressivismo, condenando o feminismo radical, citando nomes, exemplos e líderes. E até chamando-o de possivelmente o insulto mais ofensivo de todos — *velho*:

> Em 1975, Simone de Beauvoir, feminista e companheira de Jean-Paul Sartre, insistiu em que a uma mulher não deveria ser *permitido* ficar em casa e cuidar de seus filhos, porque muitas mulheres fariam apenas aquilo. Não concordo.
>
> Quero fazer uma observação que parece ser um tabu entre os instruídos. Falando aqui para mulheres mais jovens que estão tentando encontrar seu caminho em um mundo confuso, o mundo do trabalho está supervalorizado. Se quer ter filhos e uma família, você é saudável; não quer dizer que sofreu lavagem cerebral. E faça com que seus homens prestem atenção. Os anos 1960 acabaram. Já passou da hora de todos perceberem isso.
>
> Para *The Agenda*, com Steve Paikin, meu nome é Jordan Peterson.[43]

## CAPÍTULO DOZE

# A DARK WEB INTELECTUAL

> Há uma revolução tecnológica, profunda. Ela é o vídeo e o áudio online, que estão imediatamente disponíveis para todos no mundo inteiro. E o que isso causou... foi transformar a palavra falada em uma ferramenta com o mesmo alcance da palavra impressa. Assim, é uma revolução de Gutenberg no domínio do vídeo e do áudio, e pode ser até mais profunda do que a revolução original de Gutenberg, porque não fica evidente quantas pessoas sabem ler, mas muitas pessoas podem ouvir... De repente temos um fórum de debates com longa duração, um debate realmente longo, e o que acontece é que as pessoas são muito mais inteligentes do que achávamos, certo? Podemos fazer esses debates publicamente.
>
> — JORDAN PETERSON NO PROGRAMA *ON THE JOE ROGAN EXPERIENCE*, PODCAST Nº 1.139

Jordan enfrentava agora turbas de inimigos furiosos, com rostos vermelhos, além do que poderia imaginar.

A academia, a cultura popular tanto no Canadá como nos EUA e uma grande parte da mídia pública foram persuadidas pelos novos revolucionários. O socialismo democrático, o novo marxismo lite, era agora a designação oficial de sua antiga turma do Novo Partido Democrático

[New Democratic Party — NPD], e eles vinham trabalhando há décadas criando regulamentações socialistas e aprovando leis socialistas.

A seu próprio modo intelectual, alguns podem dizer ingênuo, ele vinha se preparando para os conflitos por vir. Havia explorado os valores morais que previram a opinião política em *Compassionate Liberals and Polite Conservatives: Associations of Agreeableness with Political Ideology and Moral Values* [Liberais Compassivos e Conservadores Gentis: Associações da Agradabilidade com a Ideologia Política e os Valores Morais, em tradução livre aqui e nos próximos títulos] (2010). Ele examinou a motivação para a agressão grupal e os danos causados sob o estresse do conflito em *Neuropsychology of Motivation for Group Aggression and Mythology* [A Neuropsicologia da Motivação para Agressões Grupais e Mitologia] (2010). Também examinou as patologias da criatividade, incluindo as ideias desestabilizantes e revolucionárias, em *Creative Exploration and its Illnesses* [A Exploração Criativa e suas Doenças] (2011). Investigou a motivação de seus inimigos em *Extreme Liberalism and Reactivity to Arousing Stimuli: a Neurophysiological Investigation* [Liberalismo Extremo e Reatividade ao Despertar de Estímulos: Uma Investigação Neuropsicológica] (2012).

Naturalmente, ele preferia estudar seus inimigos, em vez de arriscar sua carreira, família e possivelmente sua vida ao lutar contra eles, mas o momento de decisão tinha passado. Jordan estava comprometido, e o inimigo estava solto. O NDP havia ganhado poder recentemente, sem vencer as eleições. Jordan agora enfrentava a regra deles como comissários da "organização mais perigosa do Canadá",[1] a Comissão de Direitos Humanos de Ontário (OHRC — Ontario Human Rights Commission).

A Comissão foi estabelecida em 1961 para administrar o Código de Direitos Humanos de Ontário.

Sendo uma agência governamental, a OHRC não precisava dar contas à população, mas tinha o poder de investigar e acusar os cidadãos, violadores do código, por meio do procurador-geral de Ontário. Era o mais próximo que o mundo ocidental havia chegado na vida real do fictício e tirano Ministério da Verdade, que, no romance *1984*, de George Orwell, controlava as informações, as notícias, o entretenimento, a educação e as artes.

Em novembro de 2005, Barbara Hall, membro de longa data do NDP, foi designada comissária-chefe da OHRC. Ela começou imediatamente a trabalhar em um relatório que investigava o bullying feito contra os asiáticos canadenses que estavam pescando ilegalmente no Lago Simcoe. Verdade seja dita, Hall achou que o racismo deve ter causado o bullying, e não a atividade ilegal dos pescadores.

Logicamente, de acordo com a declaração dela a seguir, talvez também tenha achado aquilo porque os acusados eram de uma classe oprimida da Ásia, que o racismo os fez infringir a lei, para começar. Ela registrou o assédio contra aqueles pescadores ilegais como tendo o objetivo de "nos lembrar de que o racismo e a discriminação racial existem em Ontário. Estamos buscando comunidades em toda a província para termos um diálogo aberto e agir contra o racismo. Embora muitas vezes isso seja algo difícil, é necessário fazer com que as comunidades sejam acolhedoras e seguras para todos".²

A Mãe Devoradora do Canadá, a OHRC, tornaria o país seguro e acolhedor para todos os seus desafortunados filhos. Em abril de 2008, Hall e seus colegas do NDP indeferiram uma queixa contra a revista *Maclean's* alegando que a queixa era islamofóbica, mas emitiram uma declaração assustadora que censurava a revista, contendo a seguinte parte:

> Foi identificado que esse tipo de cobertura jornalística colabora para a islamofobia e promove a intolerância social contra canadenses muçulmanos, árabes e asiáticos. A Comissão reconhece e entende os sérios danos que tais artigos causam, tanto para as comunidades-alvo quanto para a sociedade como um todo. Embora reconheçamos e promovamos o inerente valor da liberdade de expressão, também deveria ser possível desafiar qualquer instituição que contribui para a disseminação de opiniões destrutivas e xenofóbicas.

E, assim, a janela de Overton, o limite do pensamento e falas públicas aceitáveis, mudou novamente em direção à esquerda radical. A mídia estava avisada, publicamente, de que a Mãe Devoradora identificara "opiniões destrutivas e xenofóbicas", e estava de olho. Em uma entrevista posterior, Hall alertou:

Quando a mídia escreve, ela deve ter uma grande cautela, de modo que não esteja promovendo estereótipos que impactarão adversamente alguns grupos identificáveis. Acredito que é necessário ter muito cuidado quando se fala de forma geral, para que realmente a fala esteja comprovadamente incluindo todas as pessoas de determinado grupo.[3]

Hall deu seu primeiro passo para o controle da imprensa em fevereiro de 2009. A Mãe Devoradora do Canadá queria manter seus filhos seguros ao controlar a imprensa, como o Big Brother ficcional de Orwell. Em um relatório para a Comissão Canadense de Direitos Humanos, ela recomendou a criação do Conselho Nacional de Imprensa, que seria o órgão de fiscalização da mídia para a OHRC. Diferentemente de conselhos antigos e vigentes no Canadá, a participação seria compulsória para toda a mídia. Hall afirmou que isso era necessário para proteger os direitos humanos. Ela prometeu que tal entidade não resultaria em censura. No entanto, ela aceitaria reclamações de discriminação vindas de "grupos vulneráveis" e teria o poder de forçar escritores, editores e produtores de rádio e TV a executar as decisões e contra-argumentos do conselho. Basicamente, o conselho seria um editor-executivo do governo em cada jornal, revista, estação de rádio e estúdio de televisão no Canadá.

A reação foi imediata e intensa. O *National Post*, com viés mais conservador, esbravejou que um conselho nacional obrigatório de imprensa "é meramente o primeiro passo para permitir que as Barbaras Hall do mundo decidam o que as pessoas devem ouvir, ver e ler".

E continuou, dizendo que Hall era uma "disseminadora arrogante de preocupação social… com a habilidade de julgar quais falas devem ser permitidas e quais não".[4]

Com uma OHRC ferida e cercada observando, Jordan começou a postar no YouTube, para o público mundial, suas agora controversas aulas e participações na TV. Suas aulas tornaram-se virais em instantes, conseguindo centenas, depois milhares de visualizações por semana. Então, no dia 30 de março de 2013, ele postou uma entrevista solo previamente gravada na TVO intitulada *What Matters* [O que Importa]. O vídeo começou com sua teoria da existência, cativante e totalmente única:

Não sou mais ateu porque não vejo mais o mundo dessa forma. Não sou mais um materialista. Não acredito que o mundo seja feito de matéria. Acredito que ele seja feito a partir do material importante, que importa. Ele é feito de significado.[5]

Ele então revelou a primeira camada de suas décadas de pensamento sobre o assunto:

> O problema com a visão tradicional sobre a matéria é que ela realmente não considera o fato de que a matéria se apresenta em matrizes e padrões. E os padrões e matrizes, [sic] meio que perdidos quando pensamos nos átomos, é aí onde tudo acontece, onde a realidade está.[6]

Depois, argumentou em defesa de uma premissa básica judaico-cristã que refuta a premissa progressista de que o gênero é uma construção social, dizendo:

> Há uma tradição no cristianismo medieval e também no judaísmo de que o primeiro homem era hermafrodita, masculino e feminino ao mesmo tempo. E, depois, foi separado em duas entidades que passam então a buscar a religação eternamente. E há uma ideia psicológica muito profunda aqui, de que a união do masculino e do feminino produz um tipo de completude perfeita. E podemos considerar isso como sendo algo biologicamente expresso, uma vez que os machos precisam das fêmeas e o masculino precisa do feminino... Portanto, independentemente do que seja a consciência, ela se revela em personificações masculinas e femininas. Essas personificações são igualmente representações de Deus. Acho isso muito impressionante porque há toda uma linha de crítica feminista contra a tradição ocidental com a premissa de que toda a estrutura é patriarcal. E não acredito que isso seja verdade.
>
> Se fosse patriarcal, apenas o homem teria sido criado à imagem de Deus. E, explicitamente, não é esse o caso.[7]

E, assim, Jordan fez seu ataque, saindo de uma escaramuça de ideias locais e regionais para uma guerra global, que se agravava rapidamente. Sua abordagem ao usar valores do Iluminismo judaico-cristão contra os progressistas marcou-o para a riposta. Os comentários em geral ao seu post eram de elogios, mas diversos indicavam que ele pisara forte no calo de certas comunidades. Uma pessoa autodenominada Con Gibbons comentou:

> Acho, sim, muito difícil dar crédito a alguém que fala que Deus isso e Deus aquilo, ou que o patriarcado não é uma interpretação válida da história dominada pelo masculino porque tanto Adão quanto Eva foram criados à imagem de Deus. (!!!) A noção de Deus, como o Dr. Peterson deixou a entender em sua fala, é inimaginável, puramente porque "Ele" é apresentado como um Criador que tem uma influência direta ou um papel organizacional na vida humana — se o Dr. Peterson puder provar isso, vai me convencer.[8]

Outro comentário cujo autor ou autora se denominou "informaçãodeguerra" indicou a posição de 1m43s no vídeo, onde Jordan faz referência à ideia judaica sobre o homem original ser hermafrodita com uma separação subsequente feita por Deus em homem e mulher.

Da escuridão anônima da internet, ele ou ela cuspiu veneno: "Estava aqui pensando: qual seria a origem da expressão 'vai se fuder'?" O comentário foi removido pelo YouTube.

Alguém com o nome Rentaghost okish zombou: "Dá pra ver por que a direita alternativa adora esse cara."[9]

E assim, os mercenários saíram atrás de Jordan Peterson na guerra pela civilização ocidental.

Ao mesmo tempo, o fenômeno alarmante da fragilidade intelectual começou a aparecer nos universitários calouros. Autor, cientista social e conhecido de Jordan desde quando estavam em Harvard, Jonathan Haidt observou isso em uma participação na televisão, explicando as origens de seu livro, *The Coddling of the American Mind* [O Afago da Mente Norte-americana, em tradução livre]:

O livro originou-se em uma observação feita pelo meu coautor Greg Lukianoff... em 2013, ele começou a notar que, pela primeira vez, eram os alunos que estavam pedindo proteção de palavras, livros, ideias e palestrantes. Previamente, os alunos tinham protestado contra palestrantes, mas nunca antes tinham tratado o assunto como sendo um distúrbio médico.

Eles agiam como se, caso tal pessoa disser algo, serei prejudicado, sofrerei danos. As pessoas ficarão traumatizadas. Então, isso foi algo novo, e quando eles colocam [o assunto] em termos de segurança, a administração precisa responder... E com isso, trouxeram um pacote repleto de inovações; poderíamos citar o treinamento para microagressões, os espaços seguros, alertas de gatilho, tudo isso aparece do nada por volta de 2013 e 2014.[10]

O que Jordan alertara como sendo a devastação da Mãe Devoradora durante décadas de suas apresentações tinha obviamente sido insuficiente e tardio demais. Novos universitários, com 17 e 18 anos, tinham sido enfraquecidos pela tecnologia e pela superproteção parental desde o surgimento do iPhone da Apple, em 2017, de acordo com Haidt.

Em seu livro, Haidt faz referência a eles como a geração iGen, separada e distinta dos millenials. São frágeis, facilmente aterrorizados e infantis em suas reações a ameaças. São desesperados por proteção, especialmente contra o patriarcado opressivo e seu racismo, sexismo, homofobia e masculinidade tóxica. Chegaram às universidades prontos para servir como recrutas dos progressistas.

Jordan há anos percebera uma crescente fragilidade intelectual em seus alunos e seus efeitos iniciais, mas o Dr. Haidt mostrou o custo real com detalhes devastadores a partir de pesquisas atualizadas sobre o suicídio de jovens:

> Então, a maioria dos garotos joga videogames que não são tão ruins, mesmo se estão correndo por aí em mundos imaginários matando pessoas, como meu filho joga com seus amigos. É algo realmente cooperativo, é trabalho em equipe, eles conversam. Mas o que as garotas estão fazendo é colocar algo [nas redes sociais], e daí ficam esperando ansiosamente

enquanto as pessoas comentam. E, portanto, é a comparação social. É o medo de ficar de fora.

Outra coisa, o bullying que as garotas sofrem é relacional, e o dos garotos é físico, então, a rede social realmente não os afeta. Mas as meninas nunca conseguem escapar, caso sofram bullying. Assim, é por isso que acreditamos que a taxa de suicídio aumentou 25% para os garotos, mas 70% para as garotas.[11]

Sendo um cientista social especialmente ativo, com nove artigos publicados naquele ano, era quase certo que Jordan estava ciente dessa pesquisa sobre o suicídio de jovens. Como pai de uma filha jovem e sofredora, sendo alguém que, desde sua infância, fora levado às lágrimas por causa do sofrimento humano, é difícil imaginar que ele não tenha ficado profundamente afetado com aquele novo horror das taxas crescentes de suicídio entre as garotas. Mais tarde naquele ano, em outubro, ele levou sua turma, surpreendentemente de maioria feminina, para uma exposição de arte na Galeria Articsók, em Toronto, do artista Tadeusz Biernot, chamada *Layers* [*Camadas*]. Teoricamente, o passeio tinha como objetivo examinar o papel vital e psicológico do artista na sociedade.

Os quadros de Biernot, todos de rostos de jovens mulheres de Toronto, suavemente obscuros como se fossem um sonho esfumaçado, expressavam uma enorme gama de emoções sutis. Eram rostos perplexos, tristes, esperançosos e determinados. Os quadros eram enormes. Parecia ser difícil enxergar os rostos das garotas estando apenas a alguns centímetros de distância.

Para compreender o que elas estavam comunicando, era necessário penetrar a neblina usando a imaginação e olhar mais profundamente nos rostos, juntando cada parte das expressões sutis sombreadas. Pareciam estar em uma realidade separada, intocável, como novas almas nas nuvens do céu ainda lutando com emoções que não entenderam totalmente, por não terem vivido o suficiente. Talvez porque ninguém prestara atenção suficiente a elas quando estavam vivas.

Jordan fez a apresentação dos quadros:

O que [os artistas] fazem é incrivelmente importante. Eles nos civilizam, ensinam-nos a ver... e o que Tadeusz está fazendo com seus quadros é... criar algo, mas então ele retira tudo que facilita a visão, e isso significa que você não pode vir aqui e ser um preguiçoso perceptual; é necessário prestar atenção... Vou contar um pouco sobre o que todos vocês viram que os artistas fizeram na cidade. Quando uma cidade está em decadência... os artistas [são] as primeiras pessoas a captar as possibilidades... ela poderia ser bonita novamente, é só alguém prestar atenção suficiente.[12]

O sofrimento de Mikhaila tinha piorado novamente, chegando perto do insuportável. Ela entrara para a universidade como a última geração dos millenials, logo antes da chegada dos iGens, mas também sofria sem a proteção dos pais. Enquanto Tammy lhe oferecia refeições balanceadas e nutritivas, geralmente com ingredientes orgânicos, agora Mikhaila sobrevivia com macarrão instantâneo. Enquanto antes era forçada a descansar e permitir que seu corpo tivesse tempo para se curar, agora se forçava a recompensar o tempo letivo que perdera. Posteriormente, fez um vídeo falando sobre essa época:

Meu Deus, as coisas ficaram muito difíceis na universidade. Ganhei peso, meu humor, cara, meu humor ficou horrível. Fiquei completamente louca. Continuo tentando conseguir meus antidepressivos e experimentei... um ISRS que deu muito errado. Tomei tanto Wellbutrin, que tive uma convulsão... depois tive reação na pele... os médicos me diziam, "Você sabe o que está fazendo para si mesma. Pare."... Porque continuei e ficava dizendo que minha pele estava, tipo, morrendo; o que está acontecendo?

E eles falavam, "Oras, pare de coçar". E eu ficava, tipo, sem entender. Daí, estou lá no consultório, chorando, e eles, "Bem, você está louca".[13]

Agora longe da proteção de Jordan e Tammy, tudo que poderiam fazer era observar e se preocupar. Jordan estava então com 51 anos, começando a ficar grisalho. Ganhou mais de 25kg, tinha um barrigão e bochechas rechonchudas. Tinha também psoríase e uveíte, que é uma inflamação da pálpebra interna. Sua depressão potencialmente fatal, que estava sob controle há anos, estava começando novamente a tirar sua paz de espírito.

Ele intensificou seu estudo da psicologia na situação política que se desenrolava rapidamente e que causava crescentes resultados mortais. As próprias universidades estavam cometendo suicídio, não apenas os alunos. As universidades na Europa e na América do Norte estavam sendo pressionadas a acomodar demandas cada vez maiores por cursos progressistas e departamentos completos, como o de Estudos das Mulheres, das Raças, dos Queer e do Gênero. Na Faculdade Oberlin, em 2015, o programa de Estudos Norte-americanos Contemporâneos passou a oferecer o curso Como Ganhar um Concurso de Beleza: Raça, Gênero, Cultura e a Identidade Nacional dos EUA, com a seguinte descrição: "Este curso examina os concursos de beleza realizados nos EUA desde a década de 1920 até o presente. Nosso objetivo será analisar a pompa como um evento único para a interação da raça, do gênero, da classe, da sexualidade e da nação."[14]

O custo anual para estudar em Oberlin no ano de 2015 era de US$66.174. Departamento de Teoria Crítica e Justiça Social da Faculdade Occidental: O curso de estupidez recebeu uma surra pós-moderna impressionante de linguagem em sua descrição:

> A estupidez não é ignorância nem organicidade, mas, em vez disso, é um corolário de saber e um elemento da normalidade, o dobro da inteligência, e não seu oposto. É um artefato de nossa natureza como seres finitos e um dos determinantes mais poderosos do destino humano. A estupidez é sempre o nome do Outro, e é o sinal do feminino.[15]

Um ano na Occidental custava US$63.194. As universidades estavam abandonando os padrões tradicionais de conquistas em troca do padrão "ninguém perde, todos ganham um troféu de participação" dos iGen. Para coroar sua dificuldade com a independência adulta, agora estavam sendo apelidados de *snowflakes* [*flocos de neve*] ou *cupcakes*, por causa de sua fragilidade extrema.

Praticamente todas as universidades foram forçadas a aumentar drasticamente o número de administradores e advogados para se defenderem de processos abertos por professores politicamente motivados e alunos *engatilhados*. Elas aumentaram as mensalidades e reduziram a oferta de cursos tradicionais, como História dos EUA. Agora era possível se formar na UCLA Berkeley com um doutorado em história sem nunca ter estudado a história daquele país. Construíram *espaços seguros* controlados por conselheiros de tempo integral, oferecendo camas para cochilos, lanches para o conforto das crianças e livros de colorir.

Buscando entender o *floquismo de neve* e os fenômenos relacionados que motivavam seus alunos e a oposição política, Jordan contribuiu em diversos artigos sobre o tema. Um em especial, *Does Cultural Exposure Partially Explain the Association Between Personality and Political Orientation?* [A Exposição Cultural Explica Parcialmente a Associação Entre a Personalidade e a Orientação Política?, em tradução livre], analisava as influências culturais:

> Diferenças na orientação política são parcialmente enraizadas na personalidade, com o liberalismo previsto pela Abertura à Experiência e o conservadorismo pela Conscienciosidade. Uma vez que a Abertura está positivamente associada a atividades intelectuais e criativas, essas atividades podem ajudar a moldar a orientação política. Examinamos se a exposição às atividades culturais e ao conhecimento histórico faz mediação da relação entre a personalidade e a orientação política.[16]

Um dos pontos básicos na sentença de morte das universidades ocidentais era acabar com a liberdade de expressão e, com isso, a exposição a diversos pontos de vista, algo que é o valor essencial de uma educação universitária tradicional. Combinando-se ao aumento das preocupações corporativas e das políticas dos administradores, Jordan e muitos colegas começaram a se pronunciar, dizendo que o sistema universitário em si, após 925 anos, estava condenado. Para ele, seu sucesso como celebridade da TV, empreendedor, psicólogo e seu sucesso inicial na internet por meio do YouTube apresentavam estratégias possíveis de saídas emergenciais. Mas ainda continuou profundamente grato e comprometido com o sistema universitário, onde desfrutou de sua educação e carreira significativa. Primeiramente, entre tantas realizações, era um educador. Os danos que estavam sendo causados naquele mundo especial e nos estudantes que o habitavam eram um sofrimento constante e fonte de fúria para ele agora.

Como tinha corretamente observado, a desintegração das universidades e, assim, dos alunos que a frequentavam era guiada pela esquerda política. Isso se deu principalmente ao desconvidarem palestrantes controversos, e caso não conseguissem, perturbavam os eventos, com uma violência cada vez maior. Vindos da esquerda nas universidades dos EUA, os cancelamentos dos convites começaram a aumentar em 2009 e tiveram um pico significativo mais alto no início de 2013, embora os cancelamentos vindos da direita tenham permanecido constantes dentro de uma variação menor. A partir de 2015, a tendência para a esquerda ficou praticamente vertical, saindo de 12 para 38 cancelamentos realizados; para a direita, houve um declínio de 8 para 5, com uma diferença de 760% entre esquerda e direita em 2016.[17]

Apesar de sua influência média como professor relativamente desconhecido em uma universidade canadense, bem longe da Ivy League dos EUA, sua exposição em rápida expansão no YouTube começou a chamar a atenção de apoiadores influentes e colegas com o mesmo pensamento. Foram especialmente importantes os primeiros jovens a usar a internet, que tiveram grande influência no desenvolvimento de enormes audiências online.

Em 2012, com 18 anos, um jovem chamado Charlie Kirk garantiu um apoio vasto na Convenção Republicana Nacional em Tampa, Flórida, para conseguir financiar sua criação, o Turning Point USA — TPUSA [O Ponto da Virada nos EUA]. A missão do TPUSA era reverter o avanço dos progressistas nos *campi* universitários. Ele confirmou a força conservadora política de oposição sugerida por Jordan em sua pesquisa.

Kirk empregou sabiamente as táticas que apelavam aos alunos da geração iGen para demonstrar a eficácia de sua organização planejada. Ele juntara alunos voluntários para promover ideias conservadoras usando temas da cultura pop que eram atraentes aos iGens, como "The Healthcare Games" [Os Jogos Saudáveis], "Game of Loans" [Jogo dos Empréstimos] e "iCapitalism".[18] Com os resultados impressionantes de sua abordagem em mãos, ele garantiu apoio de uma vasta gama de importantes doadores republicanos e organizações conservadoras simpatizantes. Com o financiamento, ele estabeleceu o ritmo dos trabalhadores do TPUSA, que agora eram pagos para fazer, pelo menos, 1,5 mil contatos com os alunos por semestre.[19]

Como resultado, a receita do TPUSA foi às alturas, saindo de US$78.890, em sua criação no ano de 2012, para US$443.859, em 2013; US$2.052.060, em 2014; US$4.319.220 ,em 2015; e US$8.248.059, em 2016.[20]

A internet em 2014 estava repleta de exemplos de sua influência nos millenials e na geração iGen, em particular. O Facebook acabara de ultrapassar 1 bilhão de usuários. O canal de YouTube do próprio Jordan estava se aproximando de 1 milhão de visualizações.

Por meio de sua extensa pesquisa com Robert Pihl e outros sobre motivação e personalidade, Jordan desenvolveu testes para avaliar funcionários potenciais e criou exercícios para que funcionários já contratados pudessem ganhar mais motivação. Ele viu o potencial para adaptar essas ferramentas para as pessoas em sua vida que mais necessitavam delas: seus alunos. E, além deles, para todos os jovens cujas personalidades foram deixadas sem desenvolvimento e vulneráveis aos estresses da cultura popular e à desintegração da cultura ocidental.

Jordan, Pihl e o engenheiro de softwares e psicólogo Daniel Higgins adaptaram os testes e os exercícios para serem usados na internet. Eles criaram a plataforma online SelfAuthoring.com, que havia sido originada com a pesquisa de Jordan e Pihl publicada em 2010 com o título *Setting, Elaborating, and Reflecting on Personal Goals Improves Academic Performance* [Estabelecer, Desenvolver e Refletir sobre Objetivos Pessoais Melhora o Rendimento Acadêmico, em tradução livre]. Resumidas, as descobertas de sua pesquisa concluem que:

> No presente estudo, investigamos se um programa intensivo, online e por escrito de estabelecimento de objetivos para alunos com dificuldades teria efeitos positivos nas realizações acadêmicas... Após um período de quatro meses, os alunos que completaram a intervenção do estabelecimento de objetivos demonstraram melhorias significativas no rendimento acadêmico, comparados com o grupo de controle. O programa de estabelecimento de objetivos, portanto, parece ser uma

intervenção rápida, eficaz e barata para os alunos da graduação que demonstrem dificuldades.[21]

Após vários anos de testes da plataforma na Rotterdam School of Management, na Universidade Erasmus, na Holanda, concluiu-se que:

> A intervenção impulsionou os resultados acadêmicos e aumentou as taxas de retenção, especialmente para alunos da minoria étnica e masculinos (que vinham tendo um baixo rendimento nos anos anteriores). O gap no rendimento entre homens e mulheres, e entre a minoria étnica e os nativos, ficou consideravelmente menor dentro da coorte de intervenção.
>
> Após o primeiro ano, o gap de gênero fechou em 98%, e o gap étnico, em 38% (aumentando para 93% após o segundo ano). Todos os grupos da coorte de intervenção tiveram um rendimento significativamente melhor do que as coortes de controle, mas o efeito foi especialmente grande para os homens e as minorias étnicas. O aumento no rendimento foi maior para os homens das minorias étnicas: eles ganharam 44% créditos a mais, e a taxa de retenção aumentou 54%. No geral, os resultados indicam que uma intervenção integral do programa de estabelecimento de objetivos implementada logo no início das carreiras acadêmicas dos alunos pode reduzir de forma significativa e substancial as desigualdades de realização para os gêneros e as minorias.

Em um relatório de 2013, o Departamento de Educação dos EUA elogiou o SelfAuthoring.com como sendo uma ferramenta promissora para impulsionar a perseverança e a resiliência, duas forças cruciais as quais os millenials e os iGens precisam enfrentar em um mundo cada vez mais high-tech, mas de pouco contato. Ele foi disponibilizado online e assim permanece por menos de US$30.

Na sequência, a equipe adaptou suas ferramentas de avaliação de personalidade e a chamaram de UnderstandMyself.com [Compreendendo a mim mesmo]. A declaração de missão no site diz o seguinte:

> Acreditamos que a vida de todas as pessoas seria melhorada, em primeiro lugar, ao compreenderem a estrutura de sua personalidade, de modo que as semelhanças e as diferenças entre as pessoas tornem-se mais compreensíveis, e, em segundo lugar, por meio de um conhecimento mais preciso sobre a configuração de sua própria e única personalidade (e a personalidade daqueles que lhe são próximos). É muito mais fácil viver, trabalhar e lidar com alguém quando você entende quem essa pessoa é.

A plataforma foi desenvolvida a partir de uma pesquisa publicada em 2007, três anos antes da pesquisa para o SelfAuthoring.com, com o título *Between Facets and Domains: 10 Aspects of the Big Five* [Entre Facetas e Domínios: Dez Aspectos das Cinco Grandes, em tradução livre], que chegou à seguinte conclusão:

> A existência de dois aspectos distintos (mas correlacionados) dentro de cada uma das Cinco Grandes (os principais traços de personalidade), representando um nível intermediário de estrutura de personalidade entre facetas e domínios... A correspondência foi forte o suficiente para sugerir que os dez aspectos das Cinco Grandes podem ter substratos biológicos distintos.[22]

Isso quer dizer que eles tinham classificado as personalidades humanas em dez categorias seguras que poderiam revelar os pontos fortes e fracos de alguém que, até certo ponto, fazia parte de sua biologia. Isso foi muito útil para empregadores que usaram a ferramenta para selecionar funcionários em potencial, mas também foi potencialmente vital para alunos universitários sofrendo de estresse.

A equipe de Jordan começou a projetar o UnderstandMyself.com para mensurar os traços das Cinco Grandes de qualquer pessoa e seus dez aspectos subsidiários. Esses eram então comparados com o banco de dados de pesquisa da equipe com 10 mil perfis de personalidade arquivados, usando múltiplas variáveis para produzir um retrato interior preciso do caráter de uma pessoa. O objetivo era ajudar qualquer um a compreender sua estrutura psicológica geral e como tal estrutura se comparava precisamente com a dos outros.

Com essas duas plataformas online, Jordan estabeleceu a pedra fundamental de uma sólida fundação psicológica para os jovens. Ele os ajudaria a construir uma torre, como ele mesmo o fizera quando jovem, para saírem de seus infernos pessoais e suicidas. Ele sabia como era estar aterrorizado a ponto de ficar louco, e conseguir construir um caminho de escape. Ele recordou que ouvia duas vozes em sua cabeça, uma dizendo-lhe a verdade, e a outra instando-o rumo à destruição. Ele reconheceu a mesma malevolência agora em atuação entre seus alunos, um produto de ressentimentos familiares, mais amargos e cruéis do que nunca.

Porém, também viu os jovens em sua sala de aula sentarem-se eretos e inclinarem-se quando ele falava abertamente sobre a responsabilidade como o fardo de Atlas ou sobre o comprometimento como os trabalhos de Hércules. Ou ainda sobre enfrentar voluntariamente o sofrimento como um dos muitos significados da cruz cristã. Ele percebera a vida nos olhos deles quando lhes disse para limpar seus quartos. Ouviu o silêncio e quietude sepulcrais quando eles começaram a ver um futuro mais esperançoso. Ele foi educador e terapeuta. Não eram coisas que ele fazia, mas coisas que ele era. Ele conhecia intimamente o sofrimento de seus alunos e assumiu a responsabilidade de reduzi-lo o máximo possível.

Os colegas jovens e poderosos online de Jordan continuaram a manifestar-se e lutar contra a dominância progressista. Mesmo antes que o provocador dos iGens, Charlie Kirk, começasse seus trabalhos, Ben Shapiro tinha sido um rolo compressor representando os millenials contra a influência progressista desde 2004, quando se graduou com distinção e louvor, e foi eleito para a Phi Beta Kappa, na Universidade da Califórnia, Los Angeles, aos 20 anos. Aquele foi o ano de seu primeiro livro, *Brainwashed: How Universities Indoctrinate America's Youth*, [Lavagem Cerebral: Como as Universidades Doutrinam a Juventude dos EUA, em tradução livre], a primeira explosão das sensibilidades progressistas. Isso estava em linha exata com as observações de Jordan e a confirmação de que os jovens estavam acordando e contra-atacando para manterem as instituições e as perspectivas do Iluminismo.

No livro, Shapiro argumentou que os universitários não eram expostos a pontos de vista intelectualmente diversos, e, dessa forma, aqueles que não tinham opiniões ou personalidades fortes, estavam sendo intelectualmente subjugados pela atmosfera predominantemente progressista criada por instrutores, administradores e outros estudantes. Shapiro começou o primeiro parágrafo do primeiro capítulo com um relato de uma testemunha ocular da sala de aula, algo que Jordan não tinha como oferecer. A testemunha relatou seu encontro com o niilismo pós-moderno generalizado sobre o qual Jordan já alertara a respeito e contra o qual vinha lutando há anos:

> "Não existe isso de afirmação neutra ou objetiva", disse o professor da UCLA Joshua Muldavin. Era início do trimestre, e o professor explicava à nossa sala que não existe isso de verdade com "V" maiúsculo. Não há certo ou errado, bem ou mal, é o que ensinava. Devemos sempre recordar que somos seres subjetivos e que, dessa maneira, todos nossos valores são subjetivos.[23]

Remontando essa crença aos intelectuais marxistas dos anos 1960 na França, e prosseguindo até as "medidas ativas" da inteligência russa que foram projetadas para confundir e dividir a juventude do Ocidente, poderia argumentar-se que isso era a confirmação de seu sucesso. A mesma mensagem niilista penetrara praticamente todas as faculdades no Ocidente àquela altura e era parcialmente responsável por fazer com que o mundo livre se voltasse contra si mesmo. Foi necessário um jovem fenomenalmente talentoso e perceptivo, com uma ética judaico-cristã firmemente fundamentada, para detectar e expor tal ideia desorientadora e divisiva.

Ben Shapiro continuou estudando e conquistou seu diploma de graduação e pós-graduação com distinção e louvor em ciências políticas na Harvard Law School em 2007. Na época em que Jordan e Kirk começavam a fazer incursões online em 2013, o quinto livro de Shapiro, *Bullies: How the Left's Culture of Fear and Intimidation Silences Americans* [Bullies: Como a Cultura de Medo e Intimidação da Esquerda Silencia os Norte-americanos, em tradução livre], foi publicado, provocando ainda mais rugidos de fúria dos progressistas. Assim como com os diversos esforços de Jordan àquela altura, ameaças de violência física chegaram a Shapiro. Na verdade, em um estudo posterior feito pela Liga Antidifamação, eles descobriram que ele, um judeu, era o alvo mais frequente dos tweets antissemitas contra jornalistas. Em seu favor, ele permaneceu resoluto mesmo quando foi ameaçado pela maré de haters anônimos online. Ele até jogou gasolina na fogueira ao aparecer presencialmente online naquele ano no site TruthRevolt, uma mídia de vigilância e trabalho ativista, financiado em grande parte pelo Centro de Liberdade David Horowitz. No dia 21 de setembro de 2015, Shapiro aumentou a contenda ainda mais ao lançar o The Daily Wire com muitos milhões de dólares de apoio. O site tornou-se rapidamente o principal transmissor online de opiniões e notícias conservadoras.

O levante contra a influência progressista estava, em muitos casos, resumindo-se aos millenials e aos iGens, incluindo Kirk, Shapiro, Joe Rogan, Bret e Eric Weinstein, Dave Rubin, Candace Owens e Sam Harris, com alguns outros baby boomers como Glenn Beck, Jordan Peterson, Dinesh D'Souza e Dennis Prager no meio, que tinham dominado a nova mídia online. Eles começaram a formar uma coalizão rebelde de ocasionais vozes opositoras que viria a ser conhecida como a Dark Web Intelectual, devido às suas discussões e debates de alto nível e sem restrições sobre assuntos sérios, desafiadores e atuais.

Glenn Beck, em particular, que tinha grande visibilidade na gigante por assinatura Fox News, foi o primeiro a extrair as grandes armas da visão progressista opositora. A TR (Televisão Russa) atacou-o imediatamente. Ele foi o principal alvo atingido pelo grupo de líderes que viriam a ser conhecidos como revolucionários progressistas, emergentes e resistentes, como Linda Sarsour. Ela, muçulmana declarada e proponente da Sharia, tornou-se a principal porta-voz da Marcha das Mulheres, que se opôs à eleição de Donald Trump, promovendo o movimento de resistência.

Da mesma forma que alguns ativistas antiguerra e ambientalistas dos anos 1960, Sarsour e seus colegas recebiam amplamente a fúria e o fervor revolucionário do governo russo por meio da TR, que alimentava histórias incendiárias para redes amigas, como CNN e MSNBC. As velhas e confiáveis "medidas ativas" da inteligência russa estavam ainda muito vivas, e de fato, em pleno despontar.[24]

Alyona Minkovski, uma jovem atraente, nativa da Rússia e apresentadora de seu próprio programa na TR, adotou o uso de apelidos para se referir aos millenials, prática que se tornara comum em salas de bate-papo e nos *campi*, quando fez referência a Beck:

O recruta maluco da Fox News... sou eu que faço todas as perguntas que o povo norte-americano quer ver respondidas sobre seu próprio país, porque me importo com esse país, e não trabalho para uma organização de mídia corporativa.

Fox... você odeia os norte-americanos. Glenn Beck, você odeia os norte-americanos. Como vocês mentem para eles, vocês os assustam, vocês tentam distorcer a mente deles. Vocês lhes dizem que estão se tornando um país socialista... Vocês não estão do lado dos Estados Unidos. E o fato de que meu canal é mais honesto com o povo americano é algo do qual vocês deveriam se envergonhar.[25]

A ironia de uma apresentadora da TR, controlada pelo governo, acusando um apresentador norte-americano da Fox News de ser controlado corporativamente ficou, suspeita-se, deliberadamente perdida com Minkovski. A outra ironia, maior ainda, de que ela é mais honesta e patriota do que Beck, um patriota publicamente reconhecido, com uma vasta confiança, muito embora seja uma figura pública controversa, também pode ser atribuída a seu estado emocional exausto.

Como Jordan talvez tenha previsto, isso foi o surgimento do lado sombrio da explosão da internet. A coisa estava evoluindo em tempo real. Ele estava fascinado pela hipermitificação — deuses nascendo do dia para a noite e exigindo vinganças instantâneas —, mas também estava profundamente ciente de que as tensões longínquas da música da marcha totalitária estavam chegando aos seus ouvidos.

O assassinato online de carácteres, as ameaças de violência, a exposição de informações privadas (*doxing*) e o impedimento de acesso (*deplatforming*) estavam tornando-se armas poderosas em ambos os lados da divisão entre progressistas e conservadores. Os primeiros provocadores na internet, Milo Yiannopoulos e Alex Jones, acabaram sendo bloqueados, uma vez que os monopólios de mídia social — Facebook, Google e Twitter — revelaram-se estar do lado dos progressistas ao usarem o novo padrão de que "discurso de ódio não é liberdade de expressão" para estrangular as vozes conservadoras ou, como Jordan descrevia a si mesmo, tradicionalistas.

Ele alertou repetidamente contra a restrição de qualquer expressão, especialmente as de ódio e violência:

É extraordinariamente perigoso impelir os discursos de ódio para o submundo. Há muitas coisas terríveis que as pessoas não deveriam dizer, mas isso não quer dizer que deveríamos impedi-las de dizê-las, porque é importante sabermos quem as está dizendo e é importante abrirmos um diálogo a respeito de suas perspectivas.[26]

Porém, o discurso de ódio foi parar exatamente no submundo, à medida que ataques e contra-ataques se multiplicaram geometricamente. Como Jordan advertira, insultos e ameaças extraordinariamente perigosos, violentos e partidários proliferaram-se no submundo em salas de bate-papo não moduladas, como 4chan e o quadro de mensagens Voat, onde os seguidores mais críticos de Jordan pareciam se congregar. Em tal câmara de eco no submundo, uma mitologia juvenil e estranha saltou à vida usando a deusa egípcia da escuridão e do caos chamada Kuk. Tinha a face de uma rã, uma criatura dos pântanos escuros. Foi adotada como um *meme*, símbolo usado para identificar aqueles que estavam interessados em invocar seus poderes de caos.

De alguma forma, o nome de Kuk foi alterado para *Kek*, alguns dizem que por causa de um erro de digitação ao escrever LOL, que significa *laugh out loud* [rir em voz alta], mas a verdadeira origem da mudança do nome não ficava clara. Não demorou e a imagem de Kek foi transformada no popular desenho de *Pepe*, o sapo, uma figura mais acessível, meio que irônica, representando ludicidade para os jovens cada vez mais bravos que estavam se reunindo sob a bandeira de Jordan.

Fascinado pela dinâmica criação de deuses que estava acontecendo, Jordan começou a tuitar para que seus seguidores tivessem uma noção do que estava acontecendo exatamente. Por que inventaram um novo deus? E com um sapo personagem de desenho? Será que era gente séria ou eles estavam buscando uma diversão temporária? Por que eram tão violentos? Ele tuitava dando essas pistas em uma taxa de aproximadamente cem mensagens por semana. O fogo inimigo estava chegando mais perto à medida que as ameaças aumentaram contra ele pessoalmente. Ele viu *flame wars* [guerras de chama], que eram indivíduos e pequenos grupos que não paravam de trocar insultos amargos e ameaças odiosas, coisas que o fariam ser presos ou ser possivelmente atacados fisicamente no mundo real. As flame wars estavam entrando em erupção em todas as plataformas, como se os ressentimentos do mundo estivessem sendo lançados ao ar todos de uma vez. Ele acabou sendo atraído para o Quora, uma plataforma de perguntas e respostas que minimizava as contendas e concentrava-se no diálogo, à medida que se esforçava para sufocar algumas trocas de farpas violentas em outros lugares:

> Uma das coisas que fiz foi convencer muitas pessoas sobre como seria adequado que moderassem seus pontos de vista. Elas me escrevem e me dizem que estavam sendo levadas a um nacionalismo radical do tipo mais extremo e racista, e após terem dados ouvidos ao que eu disse, passaram a moderar suas opiniões.[27]

A neblina da guerra ergueu-se ao redor dele e começou a obscurecer amigos e inimigos. Ele partiu para a batalha com milhares de tuítes, centenas de vídeos no YouTube e perguntas no Quora. Ele testemunhou o inconsciente coletivo dando vida a seus pesadelos hediondos representados em divindades estranhas chamadas Kek e Pepe. Sua fome insaciável por respostas para os diversos males em um coração humano o motivou. Em retrospectiva, hoje talvez seria mais cuidadoso. O amigável desenho do sapo Pepe, agora um símbolo dos militantes conservadores e desprezados como sendo o rosto de zombaria da direita alternativa, voltaria para mordê-lo. Uma foto descuidada com o desenho traria acusações ferozes de nacionalismo branco, homofobia e transfobia contra ele.

Mikhaila vinha sofrendo durante a faculdade com feridas que coçavam e inchavam por todo seu rosto, além de sua depressão e artrite. As erupções cutâneas eram novas, mas ela sentia coceira em todo seu corpo desde que tinha 14, durante mais de 8 anos. Àquela altura, ela aceitara seu destino de que a artrite e especialmente sua depressão estariam ao seu lado para sempre, mas estava determinada a reconquistar a beleza de sua pele. Uma nova sequência de consultas com dermatologistas não trouxe nenhum resultado. Ela continuou insistindo que "sua pele estava morrendo", mas a única sugestão dos médicos era a de que parasse de coçar as feridas. Tal conselho idiota por fim a tirou do sério, e ela caiu em um pranto de frustração. O golpe de misericórdia, o último refúgio do verdadeiramente sem rumo, foi quando seu último dermatologista sugeriu que fosse uma condição psicológica. Foi a gota d'água. Muito parecida com seu pai, quando ela chegou ao fundo de seu inferno pessoal, estava pronta para lutar:

> Com 22, sentia que aquilo estava, tipo, me matando. Então comecei a pesquisar e ler. Parti do problema da pele porque pensava assim, tipo, que teria depressão para sempre, que teria artrite para sempre, mas realmente não queria que minha pele ficasse daquele jeito. Era tipo uma questão de vaidade.[28]

Ela colocou o foco em sua pele e, seguindo o exemplo de seu pai, começou a ler. Lia centenas de artigos sobre problemas cutâneos. Após o que ela descreveu como "um longuíssimo tempo", deparou-se com informações a respeito da dermatite herpetiforme, uma irritação na pele causada pelo glúten. Ela encontrara uma chave, uma pedra fundamental sobre a qual construir sua torre para sair do inferno.

Ao aprender que o glúten faz mal para o intestino, não apenas o dela, mas o de todo mundo, especialmente as pessoas com o gene celíaco, ela realizou exames que confirmaram que tinha esse gene. Daí em diante, eliminou o glúten de sua dieta. Sua lista de remédios àquela altura chegava aos vinte, sendo metade deles para diminuir os efeitos colaterais dos outros.

A eliminação do glúten não teve quase nenhum efeito. Ela começou uma dieta de eliminação que excluía tudo, com exceção de carne, vegetais e arroz. Basicamente, a dieta que Tammy, sua mãe, tinha lhe oferecido. Após uma semana, ficou com desejos e fez uma fornada de muffins de banana e farinha de amêndoa sem glúten, sem lactose e sem açúcar. Comeu cinco de uma vez. No dia seguinte, acordou sentindo-se bem, com exceção de que seus pulsos estavam um pouco doloridos. Quem se importa! Os muffins estavam deliciosos — ela comeu outros quatro.

Nada aconteceu; sem inchaços ou erupções, fora de perigo.

No dia seguinte, seus pulsos ainda estavam um pouco doloridos; nada com que se preocupar. Foi às compras, provavelmente para pegar mais farinha de amêndoa, quando, de repente, seus joelhos travaram. Ficou paralisada e em agonia, mas com uma descoberta importante, nessa altura preenchendo sua mente. Ela passou os dois dias seguintes na cama. Experimento concluído.

Ao voltar estritamente para sua dieta de eliminação, os inchaços desapareceram. Após diminuir três tamanhos de calça e cerca de 2,5kg durante o mês seguinte, percebeu que seus músculos abdominais estavam aparecendo pela primeira vez. Durante toda sua vida estivera inchada. Pacientemente, modificou as quantidades de cada ingrediente até que percebeu que o arroz estava lhe afetando. O arroz foi descartado, e posteriormente, maçãs e tubérculos, com exceção das batatas, entraram. Passaram-se meses, os sintomas começaram a desaparecer e algumas medicações começaram a sair da lista.

Porém, não estava longe do perigo. Entediada com sua dieta, decidiu impulsivamente testar "uma pilha" de comidas que não tinha testado ainda, incluindo açúcar. Estava impaciente e não era mais tão meticulosa em suas escolhas de alimentos ou sua quantidade. Ela viria a analisar tal decisão em uma apresentação futura na Conferência Carnívora em Boulder, no ano de 2019, mas não tinha explicações para ela. Os resultados, é claro, eram previsíveis.

> Fui a vários médicos e dizia, cara, acho que sou alérgica a soja, acho que a amêndoas também e acho que a açúcar. E eles me diziam: "Olha, não está aparecendo nos exames cutâneos."
>
> Está acontecendo alguma coisa, vocês viram os outros tipos de anticorpos ou reações inflamatórias? "Não, essas não são alergias reais."
>
> Minha artrite voltou, minha pele está em carne viva, estou com mau odor corpóreo, minhas gengivas sangram, meu rosto está uma bolacha e estou praticamente tendo alucinações.

Ela parou de se consultar com seu imunologista em fevereiro de 2015, voltando a uma dieta restrita a carne, alface, sal, pimenta, azeite de oliva e vinagre de maçã. Levaria pelo menos um ano até que tivesse uma melhora significativa.

## CAPÍTULO TREZE

# O TURBILHÃO

**Dentro do coletivo há uma besta, e ela usa seus punhos. Caso a desperte, surgirá violência. Receio que essa pressão contínua dos esquerdistas radicais vá acordar a besta.**[1]

— JORDAN PETERSON, PROFESSOR DE PSICOLOGIA,
UNIVERSIDADE DE TORONTO

**Acredito que seja abuso de poder. Peterson está usando sua posição como professor universitário para criar seu fluxo de receitas... Ele tirou minha força vital e também a de alguns de nossos alunos, ele nos desumanizou para se divertir e lucrar, e ainda não superei isso.**[2]

— A. W. PEET, PROFESSOR DE FÍSICA, UNIVERSIDADE DE TORONTO

Ele nunca fora acusado de roubar a força vital de alguém antes, mas o que acontecia era que muitas coisas eram novas quanto à linguagem e às atitudes de colegas outrora amigáveis. Na cabeça de alguns, o próprio Jordan começava a se transformar em um ser mitológico, com cabeça de animal. De acordo com os opositores, ele estava ativamente machucando as pessoas, em especial os alunos vulneráveis. Uma ação penal não estava fora de questão se pudesse ser relacionada com danos reais, desde o menor deles, como a automutilação, até os mais hediondos, como estupro ou suicídio.

O estupro no *campus* era uma nova epidemia, provavelmente produto da masculinidade tóxica e muito possivelmente um "crime por associação" para aqueles acusados de promover tais atos. A OHRC e suas tropas de reserva no Novo Partido Democrático estavam prestando bastante atenção depois que o presidente Obama soou o alarme, seguido pelas senadoras dos EUA Kirsten Gillibrand e Claire McCaskill, que estavam, na época, fazendo campanha em favor de sua Lei de Responsabilidade e Segurança do Campus.[3] A senadora Gillibrand disse: "O preço de uma educação superior nunca deveria incluir 20% de chances de ser abusada sexualmente!... As mulheres correm um risco maior de abusos sexuais tão logo pisam em um *campus* universitário."

Embora a senadora estivesse fazendo seu melhor para interromper aquela onda de depravação, suas estatísticas estavam erradas. Mas ela não deveria levar a culpa toda. Seu dado de que há "20% de chances de ser abusada sexualmente" para as jovens nos *campi* viera diretamente do próprio presidente Obama, que afirmara em uma coletiva de imprensa: "Estima-se que uma em cada cinco mulheres nos *campi* universitários foram abusadas sexualmente durante o tempo que passaram lá. Uma em cada cinco."

Isso era estranho, considerando que seu próprio Departamento de Justiça tinha acabado de completar um estudo que durou seis anos sobre estupros universitários, concluindo que a proporção era de fato 6,1 a cada 1.000. Era 0,6%, e não os 20% que foram anunciados. Mas foi um engano da própria Gillibrand ao dizer: "As mulheres correm um risco maior de abusos sexuais tão logo pisam em um *campus* universitário", porque a verdade era a de que elas estavam mais seguras. O estudo do governo também demonstrou que, comparados com universitários com um risco de 0,6%, os não universitários tinham um risco de 0,78%. E, infelizmente para a narrativa completa, o estudo também mostrou que o estupro e os abusos sexuais nos *campi* vinham diminuindo constantemente, de 9,2 por 1.000, em 1997, para menos da metade, 4,4 por 1.000, em 2013.[4]

Estatísticas à parte, parecia que a crise ainda representava uma causa válida, e era necessária uma legislação imediata para proteger as jovens estudantes. Especialmente no Canadá, onde Sara-Jane Finlay, vice-presidente associada de Igualdade e Inclusão na Universidade de British Columbia, insistia: "Tem havido um reconhecimento crescente em todos os *campi* da América do Norte de que o abuso sexual é realmente um crime como nenhum outro. Para lidar com ele da melhor forma e do jeito mais responsável, é importante que [ele] tenha suas próprias normas."⁵

Os antigos camaradas de Jordan do NDP entraram nessa. As crises, especialmente aquelas que envolviam crimes "como nenhum outro", tornavam a legislação urgente e garantiam o máximo de cobertura da mídia. A crise do estupro era perfeita.

O NDP vinha tentando há sete anos conseguir inserir uma emenda no Código Penal do Canadá que transformava em delito penal "incitar ou promover ódio por causa de identidade de gênero ou expressão de gênero".⁶

Presumivelmente, isso também incluía expressões de gênero *homem* e *mulher*, ou seja, todos. Deixando as definições de senso comum de lado, o projeto de lei do NDP definia precisamente a *identidade de gênero* como "a experiência individual de gênero sentida profundamente no interior da pessoa, que pode ou não corresponder ao sexo que lhe foi atribuído no nascimento".

Como a identidade de gênero era definida aqui pelos sentimentos, e não pela biologia, era algo semelhante a uma crença religiosa, mas sem a prova social tradicional de uma prática religiosa consistente ou um cânone de documentos aceitos. Seria a primeira vez na Common Law inglesa que uma lei existiria baseada em sentimentos profundos, e não em crenças profundas. Os cidadãos rapidamente apelidaram a lei de Projeto de Lei do Banheiro, pois ela protegia homens que sentiam que eram mulheres, mesmo que por um momento, para entrar e usar o banheiro feminino. Isso se aplicava mesmo se tivessem acabado de sair de uma construção com capacetes e sobretudos, com a barba por fazer e sem um pingo de maquiagem. E para ser considerado culpado desse crime de ódio sério e discriminatório, era necessário apenas criar "evidência de que a ofensa fora motivada por discriminação, preconceito ou ódio com base em raça, origem nacional ou étnica, idioma, cor, religião, sexo, idade, deficiência mental ou física, identidade de gênero, orientação sexual ou qualquer outro fator semelhante".

Assim, uma mulher que talvez se sentisse ameaçada em um banheiro feminino invadido por homens poderia, em teoria, processar a "moça barbada", que, por sua vez, poderia também contraprocessar por discriminação a mulher que se sente ameaçada e usa batom. Como se a lei proposta não fosse vaga o suficiente, as palavras finais "ou qualquer outro fator semelhante" deixava claro que ninguém poderia de alguma forma ficar de fora desse carnaval jurídico. Outra coisa: ninguém que, no futuro, sentisse profundamente que fosse uma tartaruga ou um rato selvagem, espécies que são *semelhantes* em, digamos, raça, poderia ser negado. Os juristas devem ter achado a legislação encantadora.

A legisladora conservadora Michelle Rempel, membro do parlamento, admitiu que achou a emenda vaga ao ponto de ser imprevisível em seu efeito:

> O que constitui o escopo da discriminação contra alguém com base em sua identidade de gênero na opinião de meus colegas, como legisladores, de membros da comunidade trans e dos tribunais? Que tipo de discurso com base na identidade de gênero de alguém poderia ser considerado uma propaganda de ódio? O que significa, em termos definidos, ter discriminação com base na experiência de gênero, profundamente interior e individual, de uma pessoa?[7]

Até mesmo o legislador do NDP, Raymond Côté, não conseguia entender direito o projeto de lei de seu próprio partido: "Em primeiro lugar, é importante destacar que a identidade de gênero e a expressão de gênero são basicamente um estado de ser, ou seja, algo que não pode ser totalmente explicado fora da experiência pessoal do indivíduo naquele estado."[8]

Claramente, ao menos alguns legisladores de ambos os campos políticos não estavam seguros das definições nem das implicações da emenda. Sua leitura simples dava a entender que qualquer um poderia ser condenado por dizer ou fazer quase nada que outra pessoa sentisse que fosse discriminatório. Presumivelmente, a OHRC decidiria quem estava errado.

Sem dúvidas, Jordan estava ciente das tentativas de seus antigos camaradas estendendo-se ao longo de muitos anos. Em 2005, o NDP apresentou o projeto de lei que denominaram de Uma Lei Para Emendar a Lei de Direitos Humanos do Canadá e o Código Penal (para Identidade de Gênero). O projeto fracassou. Eles o reapresentaram em 2006; fracassou de novo. Em 2009, tentaram acrescentá-lo às provisões de crimes de ódio no Código Penal. Fracassou. Em 2011, fracassou mais uma vez. Em 2012, junto do Partido Liberal, o NDP apresentou basicamente projetos idênticos, o C-276 e o C-279, muito possivelmente para sobrecarregar ou cansar o parlamento. Ambos fracassaram.

O que a aprovação do C-279 teria significado para Jordan era que, caso ele tivesse discriminado as mulheres ou os homens que sentiam profundamente que eram mulheres, ou vice-versa, por meio de seu encorajamento agressivo da masculinidade, ele poderia ter enfrentado um tribunal daquelas pessoas "impertinentes e ressentidas" que insultara quase quarenta anos atrás. Agora, eram administradores da OHRC e trabalhavam para o primeiro-ministro e a procuradora-geral do Canadá. Na verdade, com a crise do estupro no *campus* crescendo até se tornar uma epidemia, estava se aproximando rapidamente a hora em que a OHRC pediria para ter uma conversinha com seu camarada desleal.

Após a humilhante derrota final do C-279, em 2012, o NDP ficou uma confusão. Era necessário sangue fresco. O político liberal recém-saído do forno Justin Trudeau, com apenas 41 anos, serviria. Ele tinha um histórico, sendo filho do antigo primeiro-ministro Pierre Trudeau, um talento para o debate, além de duas características de que o NDP precisava desesperadamente: devoção a causas progressistas e ambição. Trudeau aspirava ser "uma influência positiva no mundo".[9]

Ele graduou-se na Universidade McGill em 1994, depois na Universidade de British Columbia em 1998, em literatura e educação, respectivamente. Passou a estudar engenharia na Montreal's École Polytechnique em 2002, e largou o curso em 2003. Em 2004, voltou para a McGill para estudar geografia ambiental, mas novamente parou o curso após um ano. Tinha sido conselheiro de acampamento, segurança de clube noturno e instrutor de snowboard, mas acabou encontrando um trabalho fixo como professor de francês e matemática na escola particular West Point Grey Academy. Foi então que sentiu o ímpeto de seguir os passos políticos do pai, e estava pronto para liderar o país.

Tendo chegado na hora certa, o jovem Justin alcançou rapidamente a liderança do NDP. Depois, surfando na onda do ultraje progressista, a respeito das derrotas consecutivas de sua agenda e contra as crescentes vozes tradicionalistas, como a de Jordan Peterson, ele conduziu o Partido Liberal em uma vitória nacional arrasadora em 2015. O Partido Liberal saiu do 3º lugar, com 36 assentos, para uma maioria de 184, o maior aumento na história do partido em uma eleição federal. Fez seu juramento como primeiro-ministro do Canadá no dia 4 de novembro de 2015.

Jordan viria a ter algumas coisinhas a dizer sobre o primeiro-ministro Justin Trudeau, dentre elas:

> Apenas balancei minha cabeça negativamente... [um] homem que ficou importante sem virtudes, por causa do nome do pai... é imperdoável. Devemos conquistar as coisas por nossos próprios méritos, especialmente se a intenção é fazer algo como ousar administrar um país. Há um dever moral, se você tem a vantagem de um nome, há um dever moral de superar as realizações da pessoa que carregava aquele nome e que deu a ele o peso que tem, antes de você ousar ganhar alguma coisa em cima dele na esfera política.
>
> Trudeau não fez nada disso... Ele sabe se comportar, sabe agir em público, foi educado para tanto. Fora isso, não há nada mais... Ele não é uma pessoa impressionante, na minha opinião.
>
> Ele estruturou seu gabinete com 50% de mulheres... e isso porque, disse ele, estamos em 2015. Seu trabalho era escolher as pessoas mais qualificadas, ponto, independentemente de seus genitais, porque estarão liderando o país. [Ele] constantemente abdicou de sua responsabilidade para tomar essas decisões difíceis e depois cobriu isso com sua casual virtude de, bem, vou promover as mulheres. Tipo, não, cara, você precisa promover pessoas competentes, seu patife.[10]

Já no cargo, Trudeau não perdeu tempo. Emitiu um decreto para a nova procuradora-geral, Jody Wilson-Raybould, exigindo que fizesse justiça ao C-279 com proteções federais mais estritas para as identidades de gêneros. A procuradora-geral colocou as mãos na massa acrescentando o discurso proibitivo denominado de *propaganda de ódio* à proposta da lei.

Em uma interpretação liberal, por exemplo, feita pela OHRC, isso poderia criar um conjunto completamente novo de valores na Common Law inglesa. Os canadenses que publicamente "negassem respeito" a certas identidades de gênero profundamente sentidas, recusando-se a valorizá-las suficientemente em sua escolha de palavras, poderiam acabar em uma prisão federal por cinco anos. Cada happy hour e cada bar do Canadá poderiam se transformar em um solo fértil de criminosos desrespeitosos. Os conservadores tinham que ser impedidos antes que alguém fosse seriamente desrespeitado.

Ainda aparentemente sem perceber as ondas de estupros e crimes de expressão a seu redor, Jordan iniciou 2015 lecionando Mapas do Significado: Objeto e Significado (Parte 2). No vídeo da aula, ele aparenta estar cheio de energia, bem fisicamente e um pouco mais magro que antes. Talvez de forma presciente, ele começa a apresentação examinando os motivos psicológicos de movimentos políticos, dizendo: "Nietzsche disse que Deus está morto e ele acreditava que as coisas entrariam em colapso em consequência disso."[11] E continuou:

> Então, as afirmações de Nietzsche e Dostoiévski foram muito diretas. Disseram que, uma vez que tiramos as bases de alguma coisa, ela cairá... Devemos ter muito cuidado antes de saltarmos à conclusão de que os valores são, ou podem mesmo ser, algo que as pessoas de fato criam... Um motivo pelo qual devemos hesitar ao fazer isso é que Hitler criou seus valores, digamos assim, e os comunistas soviéticos e os norte-coreanos também. Sabem, eles estavam tentando impor uma estrutura de valores racionalistas em uma sociedade... Enquanto os revisionistas marxistas fazem de tudo para trazer as crenças originais de volta, as estimativas continuam diminuindo, mas sabemos que foram dezenas de milhares de pessoas, e na China, vai saber, talvez tenham sido 100 milhões de pessoas [mortas]... assim, o ato de tentar construir racionalmente um sistema de valores, e depois o impor, parece que não dá muito certo.[12]

Porém, criar e impor um sistema racional de valores era exatamente o que o NDP e o Partido Liberal estavam tentando fazer. Proibir o discurso de ódio contra a proliferação de inúmeros gêneros tinha mais valor do que defender a própria liberdade de expressão. Em sua apresentação, ele mergulhava nas origens desses valores humanos:

> O que Jung fez... ele disse, bem, talvez tenhamos que voltar novamente para o substrato simbólico da psiquê humana para encontrar o lugar original das ideias que costumávamos considerar religiosas... a fonte do ritual, do símbolo e das ideias religiosas... que me parece ser uma abordagem mais sábia do que uma racional, que diz que podemos simplesmente criar nossos valores. Veja, tentamos isso. Não funcionou, *realmente* não funcionou.[13]

Parecia ficar claro que Jordan estava em uma rota de colisão com o governo canadense. Em abril, o 104º artigo acadêmico dele, *Why Do Conservatives Report Being Happier than Liberals? The Contribution of Neuroticism*, [Por que os Conservadores Informam que São Mais Felizes que os Liberais? A Contribuição do Neuroticismo, em tradução livre], escrito com Caitlin Burton e Jason Plaks, lançou um pouco de luz sobre por que Jordan e os progressistas, como os do NDP, tinham valores tão diferentes.

> Estudos prévios sugerem que os conservadores nos EUA são mais felizes que os liberais. Tal diferença foi atribuída a fatores que incluem diferenças no status socioeconômico, participações em grupos e crenças em sistemas justificadores. Sugerimos que as diferenças entre os liberais e os conservadores nos traços de personalidade podem oferecer um relato adicional para o "gap de felicidade". Especificamente, investigamos o papel do neuroticismo (ou, inversamente, a estabilidade emocional) para explicar o gap de felicidade entre os conservadores e os liberais... Em ambos os estudos, o neuroticismo esteve relacionado negativamente com o conservadorismo. Sugerimos que as diferenças individuais no neuroticismo representam um colaborador prévio subexaminado para a disparidade da satisfação com a vida entre conservadores e liberais.[14]

Fazia sentido que os insurgentes progressistas, como o NDP e o Partido Liberal, pudessem ser menos felizes do que as pessoas que estavam tentando substituir. Também fazia sentido que as pessoas infelizes fossem atraídas às causas insurgentes, reforçando as primeiras observações de Jordan sobre as pessoas "impertinentes e ressentidas" do NDP.

Também poderia ser deduzido que as pessoas irritáveis ficariam ainda mais irritadas em grupos. Como conseguiriam não irritar umas às outras? Como poderiam não se tornar ainda mais impertinentes ao compartilharem histórias sobre a corrupção e a injustiça do mundo? E como toda essa infelicidade não aumentaria muito a tensão e a retórica online, no *campus* e em todo o Canadá?

Perante tal infelicidade circundante, Jordan continuou oferecendo uma mensagem positiva e encorajadora a seus alunos. Ele testemunhara recentemente a tendência oposta em um simpósio de acadêmicos falando sobre o ambiente:

> Ouvi pessoas dizerem que os seres humanos são como um câncer no planeta... Um dos professores, que é um ambientalista radical... disse a todos os ouvintes, pessoas da idade de vocês, que se tivessem no mínimo um grama de ética, se tivessem quaisquer padrões éticos de alguma forma, eles não se reproduziriam... Achei aquilo patológico pra caramba, quando você se coloca na frente de um grupo de jovens que têm um futuro todo pela frente e diz, sabem como é, vocês são criaturas horrendas em sua essência e seria uma violação moral caso se propagassem.[15]

Apesar de seu horário tipicamente superapertado como professor de tempo integral, pesquisador, autor de artigos científicos, psicólogo clínico cuidando de vinte pacientes, arquiteto de presença online com tuítes, vídeos e ferramentas de avaliação online, consultor para escritórios de advocacia, autor e editor, escrevendo *Mapas do Significado*, criador de ferramentas de avaliação para a Examcorp e pai ativo de um filho adolescente, Julian, e de uma universitária, Mikhaila, Jordan também fora ativista por anos em políticas ambientais populares com um grupo chamado Marine Life Advocacy. O grupo havia enviado uma carta ao ex-primeiro-ministro Stephen Harper, que começava da seguinte forma:

1º de junho de 2014
Prezado primeiro-ministro Stephen Harper,

> Os oceanos canadenses ainda não estão sendo protegidos. Atualmente, o Canadá protege 1,1% de seu território oceânico, enquanto os Estados Unidos da América protegem 29,4%, e a Austrália, 27,9% (1) [...] A falta de proteção oceânica está comprometendo o setor pesqueiro, que emprega atualmente 120 mil pessoas (2) e exporta 4,1 bilhões de dólares canadenses (3) em produtos por ano.

Jordan falou em eventos para o grupo com os líderes ambientais proeminentes, incluindo o Dr. Arthur Hanson, membro da prestigiosa Ordem do Canadá. Ao responder uma pergunta sobre como é possível mudar a mente das pessoas com relação à proteção dos oceanos do Canadá, Jordan encorajou um engajamento político direto:

> O único meio realmente eficaz de mudar o comportamento individual que acredito que funcionaria de fato é que as pessoas escrevam aos MPs [membros do parlamento] e aos membros do gabinete, porque, acredite ou não, os políticos de fato prestam atenção às cartas... Nosso sistema político realmente funciona. Ele é muito mais permeável do que as pessoas pensam... Sabem, a maioria das pessoas realmente não participa do sistema político, deixando-o nas mãos de uma pequena minoria que participa. Porém, ele é surpreendentemente permeável, caso esteja interessado em permeá-lo.[16]

Ele estava, então, também falando regularmente para uma audiência nacional por meio da Canadian Broadcast Corporation (CBC), assim como aparecia regularmente para as audiências regionais de Ontário na Television Ontario (TVO). Era conhecido dos parlamentares devido às suas declarações públicas ocasionalmente controversas, bem como por sua plataforma online previamente mencionada, agora chegando a quase 1 milhão de visualizações no YouTube, e muitíssimo popular em suas contas no Twitter, no Quora e no Facebook.

Ele abordou o problema crescente da violência civil e política, tal como a ocorrida nos tiroteios nas escolas de Columbine e Sandy Hook, os recentes bombardeios em ônibus em Jerusalém e os assassinatos no caso Charlie Hebdo, durante um programa de rádio da CBC chamado de *Uma História da Violência: Ideias CBC*. O programa foi editado a partir da gravação do áudio realizada em sua participação ao vivo anterior no Festival Straford, em Ontário. A afirmação dele sobre as causas da violência parece ter sido baseada em sua leitura recente do Novo Testamento, da Bíblia cristã, e do livro de Gênesis, com referência à "palavra":

> O caos é transformado em ordem pela palavra, e todos vocês são falantes da palavra. Se quiser que o caos seja transformado em inferno, então minta. Se quiser que o caos seja transformado em paraíso, então diga a verdade... Acredito que se quiser consertar o mundo, deve consertar a si mesmo. É muito mais difícil do que imagina, certo? O Novo Testamento diz que é mais difícil governar a si mesmo do que governar uma cidade, mas por quê? Bem, o que acontece é que nós somos mais complicados do que uma cidade. Outra coisa é que somos mais importantes, em certo sentido, do que uma cidade.

Suas referências à ideologia cristã, cada vez mais presentes, não estavam lhe conquistando novos amigos na esquerda progressista, geralmente ateia. O NDP já o considerava um traidor. Ele era agora um relações-públicas ativo e um problema político. Um comentário postado na página da CBC que tem o programa dá uma resposta ateia possivelmente representativa:

> Inclua-me fora da espécie imaginada por Jordan Peterson. Felizmente, há boas evidências arqueológicas de que os primeiros seres humanos (que não foi Paulo, Caim ou Abel) não eram "sedentos" por violência, e tal comportamento derivou-se de condições específicas, como a posse de uma residência fixa, e não pelos "arquétipos" ocidentais de Peterson. Prestamos um desserviço à nossa espécie ao acreditarmos que somos piores do que somos, e nos colocamos em perigo quando não identificamos as causas de nossos problemas reais. Os argumentos de Peterson obliteram as experiências de nações inteiras da humanidade, e de partes completas da história.
>
> Isso é nojento e errado. Em geral, curto outras ideias, e fico triste em ouvir essas ondas de rádio carregadas de misantropia e uma desonestidade intelectual de uma falácia do espantalho.

Porém, a presença de Jordan na mídia nacional nem de longe estava criando tantos problemas para os progressistas quanto seus posts online, especialmente seus tuítes, como: "A universidade baniu o uso de 'Sr.' e 'Sra.' em todas suas correspondências."[17]

Isso levava o fogo diretamente ao Partido Liberal de Trudeau e às suas tentativas constantes para angariar apoio público para os códigos de fala de gênero. Aparentemente, Jordan estava pronto para enfrentá-los. Ele continuou com seus tuítes, citando artigos contra a regulação da liberdade de expressão:

"A universidade pública gasta US$16 mil em campanha para alertar os alunos a terem cuidado com o que dizem."[18]

"A polícia da Universidade do Missouri pede aos alunos que relatem o 'Discurso Ofensivo'."[19]

"Microagressão, Macroloucura, de Heather Mac Donald, Jornal da Cidade, verão 2015."[20]

"O curso online de 'ética' do gov. canadense mostra a suas vítimas um 'rosto feliz' cada vez que respondem corretamente."[21]

E, por fim, no encerramento de 2015, Jordan mudou de ares em seu tuíte, mostrando um link para um artigo engraçado em *The Onion* com o título *Woman's Parents Accepting Of Mixed-Attractiveness Relationship* [Pais de Mulheres Estão Aceitando Relacionamentos de Atratividade Mista, em tradução livre].[22]

Talvez estivesse cansado da política, ou apenas sentindo-se mais leve, visto que testemunhara um milagre em sua própria casa. Em novembro, após meses de um lento progresso, a depressão de Mikhaila, que a acompanhava havia quinze anos, desapareceu completamente. Na verdade, todas as suas aflições desapareceram. Ela interrompeu gradualmente o uso de suas medicações, incluindo a última, o ISRS para depressão. Após gerações de sofrimento tão desesperado na família Peterson, ela retornara de sua jornada de herói bem a tempo de celebrar o Natal.

Durante seu curto tempo de vida com um sofrimento constante, Mikhaila provara que era, pelo menos, tão obstinada quanto seus ancestrais, os primeiros colonizadores das pradarias congelantes ao norte de

Alberta. Suas inúmeras punições imerecidas não a arruinaram, nem a deixaram amarga ou autocomiserada. Pelo contrário. Ela recuperara por completo sua disposição radiante, divertida e bem disposta.

Mikhaila estava livre, mas a depressão ainda se agarrava a seu pai como uma sanguessuga, secando toda sua alegria e energia. Ele era cético quanto à dieta carnívora da filha e, por ora, surdo aos pedidos dela para que experimentasse. Ele hesitava, permanecendo vigilante contra outra recaída da depressão dela. Era então novembro, uma época potencialmente mortal para os depressivos.

Um mês se passou, e Mikhaila continuava a curtir a vida sem depressão e sintomas, aos 23 anos. Ela aplicou sua nova e exuberante energia perseguindo o pai insistentemente. Ele tinha que experimentar sua dieta. Talvez, como presente de Natal, ou porque ele estava simplesmente extasiado de alegria em ver sua preciosa filha saudável novamente, ele aceitou e começou a dieta dela, estritamente carnívora, no dia 21 de dezembro.

Com a chegada da primavera de 2016 [no hemisfério norte], Jordan estava sendo puxado diretamente para o debate público sobre gênero. A ideia previamente inimaginável de que o gênero, incluindo o comportamento e a psicologia específicos de gênero, era uma construção social ganhara uma credibilidade difundida. A TVO reagiu com um programa na série *The Agenda* chamado de *Gênero e o Cérebro*, destacando Jordan e as médicas Dra. Daphna Joel, da Universidade de Tel Aviv, e Dra. Margaret McCarthy, da Escola de Medicina da Universidade de Maryland. Jordan aparentava estar um pouco mais arrumado e saudável no geral, comparado com as participações recentes; vinha com um corte curto e o cabelo alisado e penteado para a frente, um estilo nunca antes visto. Talvez estivesse cobrindo a queda de cabelos que começava a aparecer do lado esquerdo de sua testa.

Depois de ouvir as evidências científicas vigentes sobre os padrões elétricos únicos no cérebro masculino e no feminino (horizontais de um hemisfério a outro para as mulheres e verticais da frente para trás, dentro dos hemisférios, para os homens), a Dra. Joel argumentou contra a linha política progressista sobre as diferenças de gênero com relação ao racismo:

Acredito que não deveríamos ficar obcecados pela questão. Estamos obcecados, por exemplo, pela questão de se há uma diferença essencial entre as pessoas com cor de pele clara ou escura? Estamos obcecados com isso? Não é politicamente legítimo até mesmo fazer essa pergunta, ou é?

Portanto, por que seria legítimo perguntar se homens e mulheres são fundamentalmente diferentes? Acredito que o único motivo para fazê-lo, e é o que justifica o fato de estarmos obcecados com isso, é que queremos dizer que há diferenças naturais, pois isso justifica o tratamento diferente para homens e mulheres em nossa sociedade.[23]

A Dra. McCarthy argumentou calmamente contra a afirmação de Joel de que não era sequer politicamente legítimo perguntar sobre as diferenças entre homens e mulheres, dizendo que havia muitos motivos legítimos para fazer a pergunta e buscar as respostas. Steve Paikin, o apresentador, puxou Jordan para uma discussão sobre pesquisas recentes que mostravam diferenças marcantes entre brincadeiras masculinas e femininas de crianças, muito antes que qualquer socialização pudesse ser aplicada. No entanto, Jordan foi atraído imediatamente de volta na sequência à questão política levantada por Joel:

> Em primeiro lugar, não acredito que haja domínios politicamente ilegítimos da pesquisa científica. Ou seja, com as diferenças raciais, por exemplo, o que acontece é que as causas da pressão arterial elevada, por exemplo, não são as mesmas em norte-americanos negros comparados com norte-americanos brancos.
>
> Os norte-americanos negros tendem a ter mais sensibilidade ao sal do que os brancos, e isso de fato acaba sendo algo importante, caso seja um norte-americano negro com pressão alta.[24]

Ele passou então a citar exemplos de diferenças importantes na biologia de muitos grupos de pessoas, incluindo os judeus e, mais especificamente, os judeus europeus, como a Dra. Joel. Na sequência, ele atacou educadamente o argumento ideológico dela e sutilmente a insultou por ter inserido sua política sobre gênero no debate sem ter qualquer evidência científica ou sociológica:

> Porém, parte do motivo pelo qual você quer estar certa é que as pessoas fazem suposições sobre as diferenças de gênero — que são geralmente formadas ideologicamente e, portanto, globais, não específicas e geralmente não se baseiam em quaisquer dados — e tomam decisões políticas baseadas nelas.[25]

Depois, ele colocou toda sua atenção fixamente em Joel para citar os dados científicos precisamente relevantes que derrotavam a posição dela. Também a acusou de promover coerção política, tudo usando o tom gentil de um debate profissional:

> Na Escandinávia, por exemplo, a premissa sempre foi a de que o motivo pelo qual há mais enfermeiras do que enfermeiros é devido a diferenças de socialização. E assim, há essas consequências. E talvez você pergunte, e daí? Mas a consequência é que há movimentos contínuos feitos por pessoas que são obcecadas pela igualdade de renda para garantir que isso não seja mais o caso e que você pense no fato como uma forma de coerção.[26]

O apresentador Paikin percebeu a rumada política da conversa e a levou de volta às diferenças de gênero. A Dra. Joel ignorou o exemplo desacreditador da Escandinávia, fazendo referência, em vez disso, novamente, a um estudo mencionado anteriormente sobre bebês e reconhecimento facial. Ela rejeitou tal estudo alegando que continha falhas, o que permitiu que reafirmasse seu "mosaico", ou a teoria da inexistência de gêneros, e a discussão caiu novamente nas minúcias de picuinhas científicas.

A Dra. McCarthy falou longamente sobre os diversos estudos que confirmavam o papel evidente da testosterona no comportamento masculino agressivo, e Jordan citou vários outros estudos de comportamentos masculinos específicos que estavam relacionados com a dominância e por que homens e mulheres, em momentos diferentes da vida, têm comportamentos específicos. A Dra. Joel, israelense, rejeitou os dois grupos de fatos científicos falando com um leve sotaque: "Acredito que essas histórias é

[sic] muito boa, mas não há boas evidências. Quer dizer, é muito descritivo, mas não mostra que a natureza é assim ou que há um componente biológico."[27]

A câmera não mostra a reação de seus dois colegas desacreditados. Ela continua e cita um estudo com chimpanzés e bonobos que mostra a criação cooperativa dos filhos entre primatas que têm múltiplos parceiros sexuais — um tipo de creche coletiva — e sugere que essa era uma adaptação pacífica que os humanos deveriam empregar.

Colocaram o rosto de Jordan em uma tela dividida, e ele estava, inicialmente, pensativo e prestando bastante atenção. Sua reação de descrença aumentou conforme a Dra. Joel continuava a admirar a sabedoria dos macacos. Ele balançou a cabeça e lentamente olhou para baixo, colocando sua cabeça apoiada em sua mão, como se tivesse acabado de testemunhar algo demasiado desalentador. A Dra. Joel continuou dando uma surra pós-moderna conflituosa no idioma, o que deixou Jordan momentaneamente atordoado, pousando sua cabeça nas mãos: "Estou presumindo que a forma como a sociedade é aparentemente construída é resultado da evolução e, necessariamente, o único resultado possível da evolução. Novamente, é um argumento político. Não é... nada faz disso um argumento científico."[28]

O apresentador observou Jordan recuperar-se de seu desânimo, tomando um copo d'água e preparando-se para atacar Joel. Ele disse: "Certo, Jordan, sei que você quer voltar à discussão, mas temos apenas quinze minutos para acabar..."

Paikin direcionou a discussão para "o debate mais significativo dos últimos vinte anos sobre a questão", que fora iniciado pelo presidente de Harvard, Lawrence Summers, quando Jordan estava lá em 2005. Paikin leu uma citação de Summers, que também apareceu na tela em formato de gráfico:

> "Há evidências relativamente claras de que, independentemente da diferença em significado, que pode ser debatida, há uma diferença no desvio-padrão e na variabilidade da população masculina e feminina."

Foi o que disse Lawrence Summers... sobre por que ele achava que os homens são melhores que as mulheres em matemática. E, é claro, quando ele disse isso, as professoras de

Harvard ficaram extremamente decepcionadas e chateadas, e acredito que algumas se levantaram e saíram durante a apresentação dele, quando disse isso.²⁹

Paikin estava correto. Após as mulheres terem abandonado a apresentação do presidente Summers, elas lideraram um movimento que o convenceu a sair antes de ser expulso. Jordan fez novamente referência à pesquisa escandinava confirmando que os homens certamente se diferenciavam amplamente de diversas maneiras das mulheres, especialmente, e contra as expectativas, em um ambiente político neutro em relação ao gênero, como a Escandinávia. A Dra. McCarthy acrescentou a confirmação de diferenças de gêneros pessoalmente como esposa e mãe de duas crianças, afirmando categoricamente, e a partir de observações pessoais, e não de estatísticas, que homens e mulheres têm tendências naturais distintas de se comportar como pais ou mães.

Uma vez mais, a Dra. Joel não acreditou, ou escolheu ignorar, no que sua colega acabara de dizer. Ela continuou insistindo que o gênero era totalmente determinado pela sociedade e não pela biologia, dizendo: "Então, o problema é novamente nossa estrutura social que reforça e cria tais diferenças. Se ainda teremos essas diferenças em uma sociedade neutra em relação ao gênero, ninguém sabe."³⁰

Só que as pessoas realmente sabiam, e Jordan tinha acabado de explicar, por duas vezes, a ciência que confirmava aquilo. Claramente, o argumento para a Dra. Joel e, presumivelmente, muitos outros progressistas, estava além do debate racional. Ficava então aparente que era uma questão de fé, praticamente religiosa, e, como no caso do presidente Summers, uma arma eficaz de coerção política.

O NDP vinha promovendo a mesma crença em gêneros não biológicos há anos.

Em 2014, eles distribuíram um folheto público que delineava os conceitos legalistas que planejavam usar em um projeto de lei futuro no parlamento. Lia-se o seguinte:

> O assédio (de pessoas de gênero não binário) é uma forma de discriminação. Ele pode incluir comentários sexualmente explícitos ou de outra forma inapropriados, perguntas, piadas,

apelidos, imagens, e-mails e mídia social, bully transfóbico, homofóbico ou de outro tipo, investidas sexuais, toques ou outro comportamento indesejável e contínuo que insulte, diminua, prejudique ou ameace uma pessoa de alguma forma.[31]

Na redação final do projeto de lei, trechos como "comentários [...] de outra forma inapropriados" seriam retirados por serem amplos demais, a palavra *piadas* seria retirada por possivelmente atrair resistência dos defensores da liberdade de expressão, e "comportamento [...] que insulte" seria alterado para "comportamento [...] que difame", por ser um conceito mais baseado na lei. Uma vez mais rejeitando a biologia e a ciência médica em prol de sentimentos "profundamente experimentados", o NDP sugeriu no folheto o conceito de que "as pessoas trans podem ter seus nomes ou designações sexuais alterados nos documentos de identidade e em outros registros. Os critérios e os processos não devem ser intrusivos ou baseados em medicina."[32]

Novamente, a ciência não teve lugar em seu argumento. Era o NDP que definiria o que era gênero. Eles planejavam controlar o que poderia ou não ser dito a respeito disso. E por meio de seus acólitos na OHRC, puniriam malvados e profanos.

Aparentemente, Jordan fez seu trabalho de pesquisas durante o primeiro semestre letivo, de setembro a dezembro. Isso incluía escrever sua pesquisa para a revisão de pares. Poderia levar vários meses antes que ela fosse avaliada e publicada em diversos periódicos científicos.

O primeiro a ser publicado em 2016 recebeu o título *Openness to Experience and Intellect Differentially Predict Creative Achievement in the Arts and Sciences* [Abertura à Experiência e ao Intelecto Preveem de forma Diferente a Realização Criativa em Artes e Ciências, em tradução livre]. Publicado em abril, o estudo concluía: "Confirmamos a hipótese de que, enquanto a Abertura prevê a realização criativa nas artes, o Intelecto prevê a realização criativa nas ciências."

Esse tema foi uma linha de pesquisa na qual ele vinha trabalhando há anos, desde que mudara o foco de seus estudos sobre alcoolismo, no final da década de 1990. Mas o que era notável então era a predominância de pesquisas politicamente orientadas. Dois dos quatro artigos publicados naquele ano tratavam de política.

O primeiro, *From Dispositions to Goals to Ideology: Toward a Synthesis of Personality and Social Psychological Approaches to Political Orientation* [Saindo das Disposições para os Objetivos e para a Ideologia: Rumo a uma Síntese das Abordagens da Personalidade e da Psicologia Social à Orientação Política, em tradução livre aqui e no próximo], foi publicado em maio; depois, *Ideological Reactivity: Political Conservatism and Brain Responsivity to Emotional and Neutral Stimuli* [Reatividade Ideológica: Conservadorismo Político e Responsividade Cerebral a Estímulos Emocionais e Neutros] foi publicado em dezembro. Os outros quatro falavam sobre a atuação de novos pesquisadores, sem qualquer relação com artistas criativos ou personalidades políticas. Sua pesquisa poderia ser lida praticamente como um guia psíquico para o ano seguinte.

No dia 12 de janeiro de 2016, ele apresentou um novo curso na universidade de Toronto, chamado de Psicologia 230, no qual pretendia incluir suas pesquisas mais recentes. O título de seu curso foi Apresentação sobre a Personalidade, 2016. Houve 13 apresentações na série, e todas foram gravadas com uma única câmera parada em um ponto à sua esquerda inferior, criando uma visão esquisita, claramente amadora e com ângulo ruim. Contudo, o primeiro vídeo da série viria a alcançar extraordinárias 223.997 visualizações, apenas com a divulgação boca a boca. A série terminou no dia 29 de março. Em poucas semanas, ela levou seu canal no YouTube a receber mais de 1 milhão de visualizações. Assim, tornou-se um genuíno fenômeno na internet.

A primeira apresentação na série com treze partes foi chamada de Abertura e Inteligência, fazendo referência à sua pesquisa mais recente sobre os traços dominantes de personalidade de artistas em comparação a cientistas. Em sua apresentação do curso, disse:

> Este curso é, realmente, muito amplo. Ele traz elementos da história cultural, da filosofia moral e elementos que eu consideraria sendo quase que completamente biológicos. E acontece nessa ordem para que vocês tenham uma visão multidimensional do que significa ser um humano.

Era uma descrição razoável do próprio Jordan àquela altura, de sua abordagem eclética saindo da filosofia, passando pela história, cultura e biologia, para finalmente chegar à sua busca eterna do que significava ser um humano.

Durante os três meses da série, ele aparentava estar saudável e cheio de energia. Podia-se dizer que seu humor estava um pouco mais leve. Seu cabelo estava mais uma vez naturalmente ondulado e penteado para trás. Seus cabelos alopécicos estavam imperceptíveis. Estava começando a sentir alguns efeitos muito estranhos da dieta carnívora de Mikhaila.

Primeiro, suas pernas estavam agitadas. Ele achou que poderia ser a síndrome das pernas inquietas. Por cerca de 20 anos, uma área com aproximadamente 10cm de largura, do joelho à coxa, ficara adormecida. Tammy fazia massagens na área, e ele voltou a senti-las um pouco, mas não muito. Alguns dias depois, a agitação começou, ele acordou pela manhã e o adormecimento desaparecera. Ambas as pernas estavam calmas, e a agitação também sumiu.

Ele percebeu que estava perdendo a barriga dos últimos anos, e seu peso estava diminuindo. Em toda sua vida, nunca se sentira sonolento antes de dormir; simplesmente caía no sono, geralmente de exaustão. Mas, agora, percebeu que enquanto estava lendo à noite, estava ficando com sono e poderia facilmente dormir.

As manchas em sua visão causadas pela inflamação frequente de suas pálpebras inferiores desapareceram. Os sintomas de uma overdose de antidepressivos de repente apareceram. O final dos nervos na ponta de seus dedos coçava, fazendo com que ficasse com vontade de esfregá-los em suas palmas. Então, cortou os antidepressivos pela metade; no meio do inverno, a coceira parou e não teve mais depressão. Ele não tinha explicações científicas para nada daquilo.

Em abril, ele e Mikhaila apareceram novamente no programa *The Agenda*, da TVO, para falar sobre o que acontecera. O segmento foi chamado de "Digerindo a Depressão". Foi transmitido e também visualizado 366.474 vezes no YouTube, com 1.768 comentários. Quando foi pressionado pelo apresentador Steve Paikin, Jordan informou que não faria recomendações dietéticas para seus clientes depressivos. Ele simplesmente não sabia o suficiente a respeito daquilo ainda. Contudo, estava maravilhado pelas mudanças extraordinárias em Mikhaila, especialmente pelo fato de que ela não dormia mais 17 horas por dia. Ressaltou o conhecimento da filha no assunto, mencionando que ela lera mais de 300 artigos sobre temas relacionados, como a relação entre inflamação e depressão, e a produção de químicos neurológicos por certos tipos de bactérias intestinais. Ele simplesmente levantou suas mãos e declarou: "Isso é... é um novo poço sem fundo de mistério."

Como era de se esperar, o primeiro-ministro canadense Justin Trudeau apresentou sua versão mais agressiva do projeto de lei C-279 no dia 17 de maio de 2016. Quem o escreveu foi a procuradora-geral Jody Wilson-Raybould, de modo a recuperar e ampliar as proteções propostas de gênero do C-279. A procuradora-geral manteve o nome antigo, Uma Lei para Emendar a Lei de Direitos Humanos do Canadá e o Código Penal, mas tirou a descrição entre parênteses (Identidade de Gênero). O projeto foi designado para a nova sessão do parlamento como C-16. Em resumo, dizia:

> Esta promulgação emenda a Lei de Direitos Humanos do Canadá para acrescentar a identidade de gênero e a expressão de gênero à lista de bases proibidas de discriminação.
>
> A promulgação também emenda o Código Penal para que estenda a proteção contra a propaganda de ódio estabelecida naquela Lei, para qualquer seção do público que seja distinguível pela identidade ou pela expressão de gênero e para estabelecer claramente que as evidências de que um delito foi motivado por discriminação, preconceito ou ódio com base na identidade ou na expressão de gênero constituem um agravante que o tribunal deverá considerar ao impor uma punição.

Também em maio, encerrou-se o semestre letivo na Universidade de Toronto. Novos formandos, abalados por rumores fabricados de estupros e discursos de ódio no *campus*, seguiram adiante para a vida adulta. Enfrentaram prospectos cada vez menores de carreiras e trabalhos. Nos EUA, muitos enfrentaram montanhas de dívidas estudantis imperdoáveis. Para deixar essa realidade deprimente ainda menos tolerável, não havia espaços seguros onde se abrigar nem professores solidários para protegê-los, caso algo desse errado. E as coisas estavam prestes a dar muitíssimo errado.

A internet estremecia de medo com os rumores de violência. Então, o mundo progressista retrocedeu em horror. No dia 16 de junho de 2015, Donald Trump, com seu cabelo dourado, desceu à Terra em sua própria escada rolante dourada. Ele era tudo que o mundo progressista desprezava: rico, branco, homem, hétero, desrespeitoso e casado com uma esposa troféu muito mais nova. Ele anunciou sua intenção em tornar-se presidente dos Estados Unidos, e quem conseguiu, deu risada. Trump então falou:

> Os EUA se tornaram o lixão para o problema de todo mundo. [*Aplausos.*] Obrigado. É verdade... Quando o México envia seu povo aqui, não estão enviando os melhores... mas pessoas que têm muitos problemas, e elas trazem esses problemas para nós. Estão trazendo drogas, crime, são estupradores, e algumas, presumo, são boas pessoas.[33]

Para alguns, isso era racismo puro embrulhado em um discurso de ódio. No mínimo do mínimo, mostrava um desrespeito intolerável. No Canadá, entre os integrantes do NDP, a candidatura de Donald Trump tornou-se uma crise potencialmente útil, mais gasolina para a fogueira que estavam fazendo na legislatura canadense. Porém, se por alguma terrível maldição ele fosse de fato eleito, a OHRC precisaria oferecer proteção jurídica para as diversas classes de cidadãos vulneráveis no Canadá.

Como para confirmar que era o diabo em pessoa, um fanfarrão e um bully, Trump continuou: "O tema para a nova campanha será Make America Great Again [Faça os EUA Grandes Novamente], que provável e possivelmente é o melhor tema na história da política."[34]

Medo e abominação começaram a seguir os rastros de sua campanha enquanto a civilização ocidental parecia estar se separando. O presidente Obama viria a confirmar a nova crise dizendo:

> O que sabemos é que temos um padrão agora de tiroteios em massa nesse país que não tem paralelo em lugar nenhum do mundo. Nunca deveríamos achar que isso é algo que acontece apenas no curso normal dos eventos, porque não acontece com a mesma frequência em outros países.[35]

Os tiroteios em massa nos EUA, envolvendo quatro ou mais pessoas por incidente, estavam acontecendo na taxa de quase um por dia. Uma manchete publicada em junho no jornal britânico *The Guardian* dizia: "Mil Tiroteios em Massa em 1.260 dias: Essa é a Realidade da Crise de Armas nos EUA", e começava: "O ataque de domingo no clube noturno Pulse, em Orlando, Flórida, foi o tiroteio em massa mais mortal na história dos EUA — mas houve outros cinco tiroteios em massa naquele país apenas durante o mesmo fim de semana."[36]

A legislação para calar a segunda emenda dos EUA estava sendo redigida rapidamente em Washington. As restrições sobre a posse de armas estavam em processo em diversos estados. A violência armada espalhou-se pela população em geral nos Estados Unidos, onde os tiroteios da polícia contra jovens negros eram passados diariamente na TV, e a organização Black Lives Matter [Vidas Negras Importam] protestava, em sua maioria pacificamente, nas cidades em todos os EUA e no Canadá.

Em Toronto, a ênfase era diferente. O Black Lives Matter Toronto (BLM-TO) não estava protestando contra a violência armada ou os tiroteios de policiais contra jovens negros, visto que o Canadá teve apenas um tiroteio em massa naquele ano e, aparentemente, nenhum tiroteio de policiais contra jovens negros. Estavam protestando para afirmar a interseccionalidade negra. No espírito da estação, o BLM-TO impediu o Orgulho (Gay) Toronto de completar sua caminhada anual no centro de Toronto, apresentando a eles uma lista de demandas. Alexandra Williams, cofundadora do BLM-TO, disse à CBC que queriam responsabilizar o Orgulho Toronto pela "antinegritude":

> Sempre é o momento adequado para garantir que as pessoas saibam sobre a marginalização dos negros, da juventude negra queer, trans e das pessoas trans.
>
> Não estamos tomando o lugar de ninguém. Quando falamos sobre homofobia, transfobia, passamos por isso também... Deveria ser uma unidade coesa, e não um contra o outro. A antinegritude precisa ser abordada, e isso pode ser feito no mesmo momento e nos mesmos espaços.[37]

Logo após o BLM-TO ter sido acomodado com um acordo assinado, o desfile continuou, mas pausou às 15h para homenagear aqueles que foram mortos no tiroteio no clube noturno em Orlando. Um carro alegórico lembrou as 49 vidas perdidas. Os organizadores do desfile não pensaram em respeitar nenhuma das 121 pessoas mortas nos tiroteios em massa desde então, ou todas as vítimas desde que a crise começou. Até mesmo o luto tornara-se político.

O problema real com a crise dos tiroteios em massa era que, assim como a crise dos estupros e da identidade de gênero, ela não aconteceu, de fato. A tragédia de Orlando e outros tiroteios em massa eram, sim, reais e mereciam uma intensa atenção pública, mas simplesmente não faziam parte de uma crise. Seria provado com fatos mais uma vez que o presidente Obama estava errado, mas não antes que a posse de armas fosse de alguma forma restrita nos Estados Unidos.

A verdade sobre a crise das armas apareceria no Centro de Pesquisa de Prevenção de Crimes, uma organização de pesquisa sem fins lucrativos, não partidária e educacional:

> Em nossos cálculos, os EUA constituem menos de 1,1% dos atiradores em massa públicos, 1,49% de seus assassinos e 2,2% de seus ataques. Todos esses são bem menos do que a fatia de 4,6% dos EUA da população mundial. Os ataques nos EUA são não apenas menos frequentes do que em outros países, mas também muito menos letais, em média.
>
> Dos 97 países nos quais identificamos a ocorrência de tiroteios em massa públicos, os Estados Unidos ficam em 64º na frequência per capita de tais ataques, e em 65º na taxa de letalidade.[38]

Os canadenses pelo menos tiveram o bom senso de não denunciar a crise das armas a respeito da qual não tinham fatos, mas entraram com tudo em outra: a crise de identidade de gênero, sobre a qual tinham apenas sentimentos profundos.

A ministra da justiça e procuradora-geral canadense Jody Wilson-Raybould completara seu mandato com o primeiro-ministro Trudeau em maio, apresentando o projeto de lei C-16. Em sua primeira leitura, houve diversas pequenas correções e uma calorosa recepção da excelentíssima Ginette Petitpas Taylor, que disse:

> Sr. presidente, hoje é o Dia Internacional Contra a Homofobia, Transfobia e Bifobia. Por favor, junte-se a nós na celebração da igualdade para todos os canadenses. Hoje, encorajo a todos os meus colegas a abrirem os braços uns aos outros, provendo que cada pessoa seja seu eu verdadeiro, independentemente de sua orientação sexual ou identidade de gênero.
>
> Tive o privilégio de trabalhar com organizações diferentes ao percorrer [minha região], como a UBU Atlantic, um grupo que está trabalhando duro para apoiar nossa comunidade ajudando alunos e adultos a compreenderem sua jornada, facilitando a transição e apoiando seus familiares.[39]

Os sentimentos maravilhosamente positivos e motivadores da parlamentar Taylor foram graciosamente recebidos sem quaisquer comentários no parlamento. Agendaram uma segunda leitura do projeto de lei para outubro.

Essencialmente, não havia comentários públicos além de grupos marginais conservadores, como o Partido da Herança Cristã, que nunca tivera um assento no parlamento em seus 29 anos de história até o momento. Seu último presidente, Ron Gray, ex-jornalista e prolífico comentarista, fora investigado pela Comissão Canadense de Recursos Humanos durante os dois anos anteriores com relação a uma queixa, posteriormente arquivada, de que ele postava textos na internet que teriam exposto os homossexuais ao ódio ou ao desprezo. Para Gray, parecia que o cerco linguístico estava se fechando conforme a OHRC escrutinava seus escritos em busca de "incitação de ódio". E, certamente, ele arriscou outra longa investigação ao postar este cenário perturbador dos possíveis efeitos do C-16 no dia de sua apresentação:

> Bem, analisemos o C-16 em ação. Imagine que uma garota magra, um "pau de virar tripa", olhe-se no espelho e pense: "Eca! Estou tão GORDA!" Nesse caso, provavelmente diríamos que talvez esteja sofrendo de anorexia nervosa e deveria fazer psicoterapia. Porém, se a mesma garota se olha no espelho e pensa que está vendo um garoto, o C-16 diz a ela: "Tudo

bem, rapazinho; estamos do seu lado. Seja a pessoa que quiser!" [...] Em breve será ilegal para qualquer um até mesmo sugerir que ela deveria buscar terapia. Não, pelo contrário, ela estaria qualificada para receber doses enormes de hormônios que farão guerra com seu DNA e possivelmente para uma cirurgia radical para remover partes perfeitamente saudáveis de seu corpo.

Gray não teve quase apoio nenhum ao discutir os possíveis efeitos da confusão masculino/feminino. Ele nem sequer começara a contemplar o turbilhão de confusão já no horizonte. Voltando a 2014, o Facebook, fórum mais popular do mundo, já tinha formulado uma lista de 58 possíveis distinções de gênero. Outras mais estavam a caminho.

O Facebook identificou os seguintes tipos de identidades de gênero disponíveis então para seus clientes (lista parcial):[40]

| | | | | |
|---|---|---|---|---|
| Agênero | Cisgênero Feminino | Gênero Queer | Trans* | Trans* Mulher |
| Andrógino | Cisgênero Masculino | Intersexo | Trans Mulher | Transfeminino |
| Androgynous | Cisgênero Homem | Homem para Mulher (MTF) | Trans* Mulher | Transgênero |
| Bigênero | Cisgênero Mulher | Homem para Mulher (MTF) | Trans Homem | Transgênero Feminino |
| Cis | Mulher para Homem (FTM) | Nenhum | Trans* Homem | Transgênero Masculino |
| Cisgênero | Mulher para Homem (FTM) | Neutrois | Trans Homem | Transgênero Homem |
| Cis Feminino | Gênero Fluido | Não Binário | Trans* Homem | Pessoa Transgênero |
| Cis Masculino | Gênero Não Conformista | Outro | Pessoa Trans | Transgênero Mulher |
| Cis Homem Cis Mulher | Gênero em Dúvida Gênero Variante | Trans Pangênero | Pessoa Trans* Trans Mulher | Transmasculino Transsexual |

No final de julho de 2016, Jordan começou uma campanha de arrecadação de fundos na Patreon, uma plataforma online de doação, para conseguir contratar uma empresa profissional de vídeo para gravar suas aulas e uma empresa de criação de sites para melhorar o seu, www.jordanbpeterson.com. A Patreon e seu site de mídia social integrada foram, em efeito, o orçamento e o arsenal de guerra dele. Em agosto, seu primeiro mês na Patreon, ele recebeu cerca de mil dólares em doações, um orçamento de guerra um tanto pequeno, considerando que ele pretendia atacar não apenas o C-16, mas também o departamento de recursos humanos da Universidade de Toronto e grande parte do pessoal administrativo da instituição, a Comissão de Direitos Humanos de Ontário, os partidos NDP e Liberal, o governo do Canadá e o movimento progressista global. Em setembro, com o que sobrou dos mil dólares, com seus vídeos profissionais e site social prontos, ele aventurou-se para fora dos muros de sua fortaleza, como São Jorge, e atacou os dragões do caos.

Seu estratagema de abertura incluía três vídeos; o primeiro, com o inócuo título "Professor Contra o Politicamente Correto: Parte 1", desencadeou um turbilhão de ódio global contra ele, um cidadão comum que não buscava cargos públicos ou notoriedade pessoal, que provavelmente não tinha precedentes na história humana. Ele começou humildemente:

> Então, fui informado sobre algumas coisas essa semana que realmente estão me incomodando e pensei que... não estava seguro sobre o que fazer a respeito delas. Tenho me comunicado com alguns de meus amigos e colegas a respeito, mas não foi o suficiente... Há coisas que estão acontecendo continuamente, incluindo na administração aqui [Universidade de Toronto] e no mundo político mais amplo que me deixam muito nervoso. Gosto de atribuí-las ao fato de que sei alguma coisa a respeito de como os estados totalitários e autoritários se desenvolvem, e não consigo parar de ficar pensando que estou vendo um pouco disso bem agora.

Havia decepção em sua voz. Tendo trabalhado a vida inteira contra as ideologias do totalitarismo, ele as via em funcionamento em sua própria universidade e nos mais altos níveis de seu governo. Ele observou que 20%

dos professores nas ciências sociais agora identificavam-se como marxistas. Ele falou mais especificamente:

> Fiquei sabendo de dois eventos nessa semana, um de fato é datado do último [*sic*] maio... um projeto de lei chamado C-16, que é uma tentativa de alterar a Lei de Direitos Humanos do Canadá e está atrelado à outra organização... chamada Comissão de Direitos Humanos de Ontário. Até onde posso dizer, o que acontece nessa Comissão está se tornando rapidamente política nas diversas províncias em todo o Canadá, e talvez ainda mais no nível federal.[41]

Tendo reconhecido o método pelo qual aquela visível ideologia doentia espalhara-se, ele trouxe outras más notícias. Não estava oferecendo um inspirador chamado à guerra nem um grito de batalha. Era mais um grito pessoal de socorro:

> Então, estou fazendo este vídeo porque realmente não sei mais o que fazer.
>
> As mudanças na lei me assustam porque elas colocam na subestrutura jurídica da cultura certas premissas sobre a natureza humana básica que acredito serem não apenas falsas, acredito que também são perigosas e ideologicamente motivadas. Também não acho que os motivos para as mudanças jurídicas sejam os que foram declarados... As doutrinas por trás das leis me apavoram... Há um conjunto de pensamentos que estão associados a um conjunto de interpretações, que dão corpo à lei.[42]

Ele deu o primeiro golpe com sua espada:

> Para mim, muito disso parece ser motivado por departamentos de recursos humanos, que acredito ser, de forma geral, os elementos mais patológicos das grandes organizações, e digo isso porque realmente tive uma boa experiência lidando com departamentos de recursos humanos. Acredito que o

treinamento do RH é demasiado politicamente correto, como muitas disciplinas.[43]

O primeiro golpe extraiu sangue e causaria um contra-ataque quando o departamento de RH da universidade emitiu uma carta de aviso e reprimenda a ele. Ele golpeou novamente, de forma ainda mais profunda:

> As pessoas por trás das doutrinas também me assustam. Acredito que em geral são uma má combinação de ressentidos e desinformados. E também acho que seus objetivos são destrutivos e não construtivos. Eles alegam ter objetivos construtivos, mas obviamente, todos fazem isso... As alegações são sempre em favor da igualdade e da diversidade, e esse tipo de coisa e essas palavras são muito fáceis de se dizer, mas muito mais difíceis de colocar em prática.[44]

Ele então avaliou sua posição precária ao citar os comentários inquietantes de seus colegas. Parecia estar claro que estava totalmente por conta própria e tinha parcas esperanças de qualquer ajuda nessa luta.

> Estou assustado pela reação de meus colegas na universidade. Vários deles são inquietantes com a movimentação contínua em direção ao politicamente correto, e vou lhes dizer algumas das respostas que recebi recentemente de pessoas que acredito serem muito corajosas, a propósito, mas preocupadas em fazer uma declaração, colocar suas carreiras em risco, preocupadas em serem torturadas até a morte pelas pessoas online, com a resposta exagerada da administração.[45]

Ele passou a colocar na tela alguns daqueles comentários. O mais revelador foi:

> Realmente tenho me dado conta de que estou censurando coisas que normalmente diria aos alunos, e não estou seguro de como parar essa autocensura. A censura me leva a não os ensinar realmente, de tal feita que sinta que fiz meu trabalho bem. Não é nem tanto a administração ainda, mas os alunos.[46]

Para esse professor, a cultura já se transformara de uma sociedade aberta e livre em algo próximo da Alemanha Oriental dos anos 1970, onde um em cada três cidadãos era um informante do Stasi, a assassina polícia federal. Não dava para confiar em ninguém, especialmente nos alunos. Embaixo dessa citação havia outra ainda mais assustadora, de um colega de Jordan em uma universidade na Califórnia. Ela dizia: "As consequências pessoais da objeção são enormes. O efeito de minha objeção na sociedade é minúsculo. Não vale a pena o risco. Deveríamos ter agido dez anos atrás."[47]

Jordan passou então a fazer referência a seu trabalho como psicólogo clínico, fora da universidade, onde os efeitos do mundo real do clima político estavam tendo um impacto significativo e destrutivo. É difícil imaginar como, com tal preponderância de evidências contra ele, Jordan comprometera-se e continuava a desferir seu ataque. Como poderia arriscar tudo que construíra e todos a quem amava naquela batalha tóxica que parecia trazer uma derrota certa? Contudo, continuou pressionando. Havia muito em jogo. Ele disse: "Sou psicólogo clínico. Isso está começando a afetar meus clientes. Tive três clientes nos últimos dois anos que foram levados próximo da insanidade por ocorrências do politicamente correto no trabalho."[48]

Uma das clientes atormentadas dele era funcionária de um banco e envolvera-se em uma longa discussão dentro da agência sobre o racismo estrutural ao usar o termo *flip chart*, sendo "flip" uma corruptela para filipino. O banco decidiu não usar mais o termo flip chart para fazer referência ao grande bloco de papel que usavam para apresentações. O nível de confusão social que esse pequeno incidente implicava enfraqueceu seriamente a confiança dela em um mundo ordenado. Tudo, até mesmo coisas pequenas e inocentes, estava de repente tremendo com o caos.

O segundo cliente de Jordan seriamente perturbado era profissional de recursos humanos, e o terceiro era assistente social. Todos eram pequenas molas na enorme engrenagem de uma sociedade que estava começando a estremecer sob a força do politicamente correto. Como psicólogo, Jordan poderia ajudá-los a administrar aquela vaga ameaça, mas no fim das contas, era seu próprio problema pessoal também. Ele sentia a mesma ameaça:

Estou nervoso para fazer esta apresentação, e também fiquei nervoso a respeito de algumas das coisas que estou lecionando... acredito que algumas coisas que digo em minhas apresentações podem ser ilegais agora. Acho que podem ser, acho até que podem ser suficientes para ser levado perante a Comissão de Direitos Humanos de Ontário, sob suas emendas de leis sobre discurso de ódio, e isso me apavora.[49]

A série de três vídeos de uma hora cada passou a examinar a ameaça política nos mínimos detalhes. O que Jordan esperava que os vídeos conseguissem, além de formalizar seus argumentos, nunca esteve tão claro nesse primeiro vídeo: "Realmente não sei mais o que fazer." Ele lera e discutira a lei proposta cuidadosamente com seu conselho de quatro ou cinco assessores, colegas e família, incluindo Tammy, a irmã Bonnie e seu cunhado Kim Keller. Porém, um alarme distante estava soando, e isso talvez o tenha abalado tanto quanto qualquer outra preocupação imediata consigo mesmo. Uma história específica estava se repetindo.

Em 1935, as Leis de Nuremberg da Alemanha nazista ordenavam que um cidadão deveria demonstrar "por sua conduta que está disposto e preparado para servir fielmente ao povo alemão e ao Reich". Aquilo significava que os oponentes políticos poderiam ter seus direitos legais e sua cidadania arrancados. As leis foram aprovadas alguns meses depois de uma queimada nacional de livros ofensivos, semelhante à expurgação progressista em todo o país dos livros escritos por "velhos homens brancos", como Shakespeare, Jung e Chaucer, das universidades.

Com uma ansiedade crescente, Jordan dedicou semanas para criar seus três vídeos. Mas, a certa altura, no dia 27 de setembro de 2016, o verdadeiro momento da decisão chegara. Era seu momento no jardim do Getsêmani, antes de sua crucifixão certa. Ele poderia fugir, interromper sua pregação e salvar a si mesmo. Ninguém saberia e ninguém o culparia. Seu dedo pairou sobre a tecla ENTER no computador. Estava arriscando tudo, incluindo o futuro de sua família. Era um ataque direto a centenas de milhares de poderosos inimigos desconhecidos e implacáveis. Ele pressionou a tecla. Agora, estava fora de seu alcance. Lá longe no horizonte, as nuvens da tormenta se mexeram. Os ventos da guerra vieram para ele como um guepardo, forçando-o a ir longe oceano adentro em seu novo e minúsculo barquinho.

## CAPÍTULO QUATORZE

# RETALIAÇÃO

Toda vez que você conta uma mentira para si mesmo, está agindo em falsidade, perturbando a integridade pristina de seu sistema nervoso, e, como consequência disso, o retrato sobre a natureza do mundo que isso lhe trará estará distorcido. Então, sim, você tem uma obrigação moral de seguir os ditames de sua consciência, mas também tem uma obrigação moral de garantir que sua vida seja reta o suficiente de modo que possa confiar em seu próprio julgamento e não consiga separar uma coisa da outra.

— JORDAN PETERSON, APRESENTAÇÃO SOBRE A
REALIDADE E O SAGRADO

A reação aos vídeos dele foi rápida. Urros de nojo e fúria foram postados em blogs e mídias sociais, jornais e em programas de rádio e TV. Uma manifestação abalou o *campus* da Universidade de Toronto. O *Toronto Star* contou a história:

> A coorganizadora da manifestação, Cassandra Williams, disse que a educação foi uma parte importante do evento.
>
> "Obviamente, há ainda muitas pessoas que não estão muito bem informadas sobre essas coisas, mas Peterson está espalhando informações erradas para pessoas que simplesmente não sabem muito mais que isso... Queremos corrigir muitas

dessas informações", comentou ela. A manifestação também está "tirando satisfação" com a Universidade de Toronto, "por ter apoiado e permitido que pessoas causassem danos tremendos à comunidade trans".

Com os discursos vituperando o vídeo de Peterson, os manifestantes também entregavam folhetos aos transeuntes com títulos como "De quem é o gênero, afinal?" e que explicavam o espectro do gênero e das identidades trans, intersexo e não binária.[1]

Um grupo chamado Fundação Egale de Direitos Humanos do Canadá postou uma animação muito sofisticada denominada The Genderbread Person usando o tema do homem de gengibre, amigo das crianças, diagramado para mostrar a identidade de gênero, a atração e o sexo como partes da expressão de gênero. A apresentação destacava o desenho de um homem amigável que colocava maquiagem e uma mulher que colocava gravata. A explicação que fizeram do C-16 apelidou o projeto de lei como Projeto de Lei de Identidade de Gênero, em vez do popular nome derrogatório Projeto de Lei do Banheiro, dizendo: "Previamente conhecido como projeto de lei C-279, o Projeto de Lei de Identidade de Gênero foi criado com o objetivo de disponibilizar o direito de proteção às pessoas transgênero e de gênero diverso no Canadá."[2]

De acordo com a Egale, a única oposição ao projeto de lei era que havia pessoas que o consideravam desnecessário. Indo contra a condenação global, muitos dos principais jornalistas canadenses apoiaram a posição de Jordan. A Postmedia Network, mantenedora de 140 jornais canadenses, também veio em seu apoio. De repente, ele não estava mais sozinho nas barricadas. Os comentários em seu primeiro vídeo mostravam que ele acertara um nervo profundo e muito pessoal. Alguém com o nome de usuário Bondade do Mercado Negro escreveu:

> Tive que pedir demissão ano passado por causa desses problemas (sou psicoterapeuta e, de repente, fui inundado com adolescentes mentalmente frágeis afirmando que eram transgênero). Estava aguardando suas ideias sobre essa questão e agradeço enormemente sua disposição em falar — sem brincadeiras. Tenho ouvido suas palestras dia e noite nos últimos

meses — minha filha também, e ela as encaminha para as amigas —, e o motivo pelo qual adoro seus vídeos é porque você parece ser uma espécie em extinção — você fala o que pensa —, sua liberdade [para] fazê-lo tem impedido que eu fique louco — você tem preservado minha coerência —, e o que você disse sobre o assunto ter sido transformado em ferramenta ideológica realmente acertou a questão em cheio — não somos mais valorizados por pensar, mas por oferecer nossa mente, e em serviço do quê? Vou deixar que outros respondam.³

O primeiro vídeo teve 438.464 visualizações e 1.968 comentários.

Um dos primeiros YouTubers, chamado Gad Saad, detentor de um doutorado, colaborador para a revista *Psychology Today*, professor de marketing na Universidade de Concordia e escritor, foi o primeiro a fazer uma entrevista com Jordan após o lançamento dos três primeiros vídeos. Jordan tinha entrado em contato com ele como parte de sua campanha para desenvolver uma oposição pública ao C-16 e protegê-lo no processo.

Saad não estava familiarizado com o projeto de lei C-16 e pediu que Jordan explicasse a questão. Jordan começou com exemplos de pacientes em sua prática clínica, como a bancária que entrou em pânico, cujas vidas foram severamente perturbadas porque o politicamente correto tinha ido à loucura.

Ele explicou, na sequência, como algumas semanas antes de postar os vídeos ele recebeu e-mails sobre o C-16 e sobre o fato de o departamento de RH da Universidade de Toronto ter feito um treinamento obrigatório sobre antirracismo e antidiscriminação para os funcionários do setor. Ele ofereceu seu contexto pessoal de modo a colocar suas reações em perspectiva com o contexto dessas notícias:

> Minha linha fundamental de pesquisa, a propósito, é sobre o autoritarismo e a ideologia, e sobre as raízes profundas da crença ideológica e o papel que ela desempenha na estruturação das emoções e das motivações das pessoas, então tenho inúmeros motivos para estar interessado no assunto.⁴

Ele recordou sobre sua surpresa com as reações predominantemente positivas que os vídeos receberam e como as reações minoritárias, mas veementemente negativas e até ameaçadoras, por exemplo, a pequena manifestação em seu discurso no Smith Hall, fizeram com que o diretor do departamento de psicologia da Universidade de Toronto (UT) o chamasse e o relembrasse de que tinha a responsabilidade de seguir as normas internas da UT e da lei. Uma advertência por escrito veio em seguida.

Para Jordan, a comunicação da UT era "lixo", pois havia algo no ar, um problema que precisava ser debatido. Não havia animosidade em seu comentário. Ele esclareceu que era agradecido por sua afiliação com a universidade e que tinha sido muito boa com ele ao longo dos anos "de todas as formas possíveis".

Saad mergulhou na psicologia social do assunto, lendo em um de seus próprios livros:

> Alguns teóricos propõem que a heterossexualidade é uma norma imposta. Ou seja, argumenta-se que a heterossexualidade não deveria ser construída como uma orientação inata. Curiosamente, quando a questão é a orientação homossexual, muitos lobistas gays postulam que nasceram com a mesma preferência sexual, daí que ao juntarmos ambas essas premissas, teremos os "fatos" de que a heterossexualidade não é inata, mas a homossexualidade é; certamente, é uma cosmovisão extraordinária para a espécie sexualmente reprodutora.[5]

Jordan percebeu um sério problema potencial de publicidade no comentário de Saad. Ele não precisava de mais alegações de homofobia vindo para cima dele. Então, começou a esclarecer seu refinado argumento, mesmo que ainda estivesse incompleto:

> As pessoas da esquerda me acusaram e até mesmo afirmaram que estou matando a mosca com bala de canhão, e que não deveríamos nos esquecer de todas as coisas positivas que os partidos de esquerda fizeram ao longo dos últimos cinquenta anos. E sabe de uma coisa? As pessoas da direita radical estão tentando... me incorporar ou identificar, talvez, como um de seus acólitos... uma pessoa que tem esse tipo de cosmovisão

e, desta forma, tenho que ter muito cuidado para diferenciar tudo isso.[6]

Jordan, ao vivo no ar, analisou cuidadosamente seu dilema básico. Era a conversa cultural ou a atividade política que permeava a conversa? Ele enfrentou a questão mitologicamente, como se fossem dois monstros. Seu problema era o seguinte: qual era o mais perigoso dos dois? Estava claro que aquilo não estava decidido em sua mente, então seu caminho adiante estava confuso. Parecia que atacava a conversa cultural como o maior dos problemas. Era a fonte de todos os problemas.

Eles mudaram de assunto, passando a falar sobre estudos de motivação política com relação à personalidade. Era exatamente o que Jordan vinha pesquisando recentemente. Saad mencionou a descoberta de uma pesquisa sobre a correlação entre força física e a tendência em relação ao conservadorismo. Jordan relacionou isso com uma demonstração de dominância e expôs sua própria pesquisa mostrando como o igualitarismo radical está relacionado com a amabilidade, a conscienciosidade e a ordem. Essas últimas duas normalmente previam um "autoritarismo de direita", mas, "na verdade, a relação entre... a habilidade cognitiva verbal e a propensão de ter pontos de vista que fossem desejosos por controle da linguagem era superior à relação entre a habilidade verbal e as notas acadêmicas".[7]

Em outras palavras, as pessoas com maiores habilidades cognitivas verbais queriam muito controlar o que era dito. As entrelinhas aqui parecem claramente insinuar que essas pessoas são as mulheres, as mais "agradáveis" e as mais verbais dos dois sexos, de acordo com a pesquisa anterior de Jordan. Poderia ser interpretado disso, e certamente o seria, que, ao promover o igualitarismo radical, o desejo por justiça e igualdade, as mulheres estavam mandando ver. Resumindo, não eram os autoritários de direita, mas as mulheres quem mais queriam controlar a liberdade de expressão.

Talvez isso seja uma interpretação equivocada ou muito genérica dos dados e da posição de Jordan. Porém, uma separação decisiva de apoiadores homens e detratoras mulheres rapidamente se formou ao redor dele. De certa forma, parece que as mulheres viram uma mensagem misógina e reagiram com fúria.

Saad interrompeu sua teoria sobre os papéis masculino e feminino entre os guerreiros da justiça social:

> Você conhece, na zoologia, vou dizer o termo mesmo, então me perdoem o linguajar, a Estratégia do Comedor Furtivo? Sabe o que é isso?
>
> Isso ocorre em muitas espécies, muito frequentemente nas de peixes, mas em outras também, onde há, veja, dois fenótipos principais de machos; um é o dominante, muito territorial, que garante que nenhum outro macho invada seu território. E o outro fenótipo é no qual os machos de fato se parecem com fêmeas, de modo que, quando se aproximam do macho dominante, ele é enganado e os deixa passar, e daí acontece a Estratégia do Comedor Furtivo. Assim, conseguem acesso às fêmeas.
>
> Então, peguei essa ideia e argumentei que os guerreiros masculinos da justiça social estão, em última instância, buscando algum tipo de manifestação da Estratégia.[8]

Jordan deu risada e acrescentou:

> Todos os filmes de Seth Rogen têm esse tipo de ideia no fundo, certo?... Todos esses filmes sobre caras que não cresceram falam sobre os caras que usam o "estar do seu lado" fazendo referência ao... Sim, é a estratégia do acasalador amigável.[9]

Ele acrescentou detalhes à teoria de Saad sobre os elementos masculinos e femininos dos guerreiros da justiça social:

> As mulheres têm uma amabilidade maior do que os homens, e para vocês, jovens, que estão ouvindo e acham que todos esses tipos de coisas são apenas construções sociais, pois não o são, porque o fato se comprova na Escandinávia também. E os dados sobre isso são claros.
>
> Então, as pessoas não amáveis... se estiver lidando com uma pessoa não amável, as chances estão mais do lado delas do que do seu. E assim, indo aos extremos da não amabilidade, encontramos homens nas prisões, mas se formos ao extremo da amabilidade, encontramos guerreiros da justiça social, falando de modo geral.[10]

Jordan revelou a divisão entre homens e mulheres nas reações aos seus vídeos:

> O que aconteceu comigo foi que tive 98% de apoio, sendo 95% de pessoas sensatas. Então, diria que dentro do grupo de apoio há uma vasta gama de afiliações políticas, levemente voltadas à direita, mas não tanto assim como talvez imaginemos.
>
> Há diversas pessoas da esquerda radical que me escrevem e falam sobre suas experiências de serem reprimidas em sua liberdade de expressão por seus compatriotas. E também muitas pessoas que estão preocupadas com o encerramento precoce do debate em torno da sexualidade humana. Não parece que será universalmente bom para as pessoas que estão empurrando isso adiante.[11]

Ele ofereceu sua perspectiva psicoanalítica. Começou a falar mais rapidamente, com mais energia, visto que o assunto suscitava seus medos pela sociedade ocidental:

> Sob a superfície, veja, quero dizer, se você está falando com alguém e faz um comentário ao qual a pessoa reage de forma muito emocional, é uma indicação, sob a perspectiva psicoanalítica, da existência de um complexo sob a superfície e podemos considerar um complexo como uma massa de experiências altamente emocionais não digeridas ou articuladas, demandando uma expressão para que possam se libertar. Bem, é a situação em que estamos nesta sociedade.
>
> Porque estamos empurrando com muita força na direção da esquerda radical em todas as frentes e todos os níveis da sociedade, e estamos perigosamente confundindo grandes segmentos da população que estão tendo dificuldades para articular suas perspectivas.[12]

Ele continuou, ficando mais animado à medida que sua situação atual espreitava à sua frente:

> De repente, bum, só tem barulho em tudo quanto é lugar, não é? Veja, é doido! Apareceu no noticiário nacional na CTV e na CBC, e acho que todos os principais jornais, os nacionais, fizeram a cobertura em detalhes. E sabe, houve 65 mil visualizações no primeiro vídeo [nas duas primeiras semanas] e, tipo, foi uma explosão real.
>
> A pergunta é: bem, por quê? E posso lhe dizer que não é apenas por causa do uso de um pronome em relação às pessoas transgênero. Embora fosse ótimo se pudéssemos simplificar totalmente o argumento assim, definir-me como intolerante e fazê-lo desaparecer. Oras, isso não vai acontecer, ele não vai desaparecer.[13]

Então, assumiu um tom sério, como uma confissão, uma afirmação de sua motivação central:

> Qualquer um que conhece meu trabalho sabe que vivo esse etos, certo? Quero dizer, enfrento questões que são muito mais perigosas para meu próprio bem-estar e para o dos meus filhos do que simplesmente esse transgenerismo, certo? Então, sim, há monstros muito maiores por aí do que o ativismo pelo transgenerismo. Contudo, faço isso porque meu comprometimento com a verdade ou, pelo menos, o que gostaria de compreender como sendo a verdade, é mais importante do que qualquer outra coisa e, portanto, minha pessoalidade única me compele a agir das formas como ajo... é simples para mim.[14]

Saad permaneceu em silêncio, ouvindo atentamente enquanto Jordan abria seu coração em uma torrente de ideias, um fluxo de consciência. Ele foi dos sonhos à resolução milagrosa de "uma crise muito longa em minha família" (com referência à recuperação da saúde de Mikhaila por seguir uma dieta carnívora), chegando a seu destino.

> Minha esposa teve um sonho sobre isso outro dia que vou, de fato, postar. Porque o analisei a respeito de onde estamos neste debate. E ele indicava que a porta ainda está aberta para

uma solução pacífica para tudo isso, mas se dará muito mais adiante do que as pessoas pensam, o que também acredito.

Falei muito com minha família sobre isso durante as últimas duas semanas porque, é claro, acabamos de passar por uma crise muito longa em nossa vida que conseguimos resolver. E daí, apresentei tudo isso.

O que sugeri à minha esposa foi que, bem, posso brigar agora sob minhas próprias condições ou posso esperar cinco anos e fazer com que venham para cima de mim, correto?... Às vezes, temos escolhas que não são ideais, tipo frigideira ou fogo.[15]

Por fim, Jordan lançou sua "ideia brilhante". A animação cresceu em sua voz até que a força dela o balançou na cadeira, fazendo Saad cair na risada. É a ideia totalmente concretizada sobre a qual vinha escrevendo, lecionando e pesquisando por mais de 35 anos. Era uma revelação, uma visão muito pura e pristina de uma senda para o paraíso:

> Significado é o instinto biológico que nos diz que estamos adequadamente situados na linha entre o território explorado ou inexplorado. E é um bom lugar para se estar, porque temos um pé na ordem, então ficamos estáveis, e o outro pé no caos, então estamos explorando, e assim, obtemos os benefícios de estarmos em ordem e estáveis, e os benefícios de atualizar constantemente nosso conhecimento. E fazemos isso por meio de uma fala claramente articulada. Pois bem, essa é uma ideia brilhante, tipo, sério, é brilhante, não é?
>
> Especialmente a ideia de que, sabe, somos evoluídos. E acredito que os territórios explorado e inexplorado são os domínios fundamentais da existência. É para isso que evoluímos! E nosso sentido de significado é o que nos orienta para a posição adequada dentro desses metadomínios. Cara, vou te dizer, é uma ideia brilhante![16]

Saad interveio, dando risada e dizendo: "É uma pena que você fale tão sem paixão!"

Jordan gargalhou da piada feita à sua custa, mas continuou em seguida:

Bem, quero acrescentar mais uma coisa. Veja o seguinte, há outra verdade religiosa profunda aqui. A vida é sofrimento. É a máxima fundamental budista, os judeus sabem muito bem disso, e os cristãos também. É por isso que o crucifixo é o símbolo central, correto? A vida é sofrimento, certo? Tudo bem. E isso pode nos deixar ressentidos, pode nos encher de ódio, e, meu camarada, não é de se estranhar.

Mas há uma contraproposta. Precisamos de algo para contra-atacar o sofrimento da vida, e para isso, precisamos de significado, e de um significado que seja tão profundo, que possamos dizer que o sofrimento é uma pré-condição, pois tudo isso vale a pena; vale a pena de modo que isso faz com que o próprio sofrimento valha a pena. Veja, encontramos isso na franca articulação da verdade; não há nada mais significativo do que isso, e aí temos o antídoto para o sofrimento. A segurança não é o antídoto para o sofrimento, não há segurança na vida. A verdade é o antídoto para o sofrimento, então [esperamos que]... [17]

Saad interrompeu novamente: "Então, nada de aviso de gatilhos, é isso?" Jordan deu risada e balançou a cabeça concordando, depois parou e disse: "Não". E continuou:

Então, você diz o que pensa de forma adequada. E isso o orienta em um mundo de sofrimento. Isso também impede que você fique ressentido e cheio de ódio também, algo que não queremos. E isso, sabe, é o que vejo que está acontecendo com a direita radical.[18]

Saad, após não ter conseguido diminuir o ritmo de Jordan por duas vezes com piadas, finalmente interrompeu-o pelo motivo de tempo. Jordan foi claramente cortado, mas balançou a cabeça em deferência ao apresentador, encerrando elegantemente sua participação. Saad admitiu que acabara de passar por algo mais próximo de um sermão do que uma entrevista. Ele disse:

Continue falando a verdade, meu irmão. Ótimo trabalho, foi um grande prazer falar com você. Permaneça online, vou postar um link para seu site e seu canal no YouTube para que as pessoas possam assistir a sua excelente série recente. Muito obrigado.[19]

Alguns dias depois, após os primeiros manifestantes na UT terem acusado Jordan de "causar um enorme prejuízo à comunidade transgênero", ele encontrou a primeira organização voluntária em seu apoio, The Rebel Media, uma editora conservadora de notícias e ativismo online em Ontário, liderada pelo autoproclamado "comandante rebelde" Ezra Levant. O grupo organizou a estreia de Jordan na mídia global no mesmo lugar que os manifestantes usaram em frente ao Sidney Smith Hall no *campus* da UT.

Eles enviaram a repórter millenial Lauren Southern e uma equipe de vídeo para fazer a cobertura do evento.

No Smith Hall, cerca de cem estudantes e professores juntaram-se em um semicírculo, e a câmera do Rebel Media virou-se em direção de Jordan, que estava parado no centro da multidão, segurando um microfone na mão. Na multidão, também estava outro jovem, um YouTuber que usava o nome online de genuiNEWitty, e que também começou a gravar.

Jordan ergueu seu microfone para falar, e sua apresentação ao mundo começou com os manifestantes gritando: "Vergonha! Vergonha! Vergonha!" Os apoiadores na multidão reagiram gritando: "Peterson! Peterson! Peterson!" Jordan disse "Ok" para acalmar os ânimos.

No mesmo instante, um ruído branco amplificado e estridente abafou tudo que ele estava falando O ruído branco crepitou.

GenuiNEWitty fez um giro com sua câmera e captou um jovem usando um suéter verde puxando o cabo do som no amplificador e brigando com uma jovem ruiva sobre o caso. O barulho parou. Jordan começou com um leve puxão de orelha:

> Bem, como podem ver, os opositores da livre expressão são capazes de fazer um bocado de ruído desarticulado. Sem problemas. Sendo assim, quero lhes dizer algumas coisas sobre o que realmente está acontecendo, até onde eu saiba. Não vou falar sobre políticas sexuais, não é minha preocupação principal. Vou, sim, falar a respeito da liberdade de expressão...

Venho pensando sobre isso muito cuidadosamente nas últimas duas semanas, em parte por causa dos vídeos que fiz.[20]

O ruído branco estourou novamente, e ele baixou sua cabeça em frustração. Novamente, a câmera de genuiNEWitty acompanhou a ação até a jovem ruiva e uma pessoa de sexo indefinido com diversos piercings no rosto ao lado do amplificador do ruído branco, protegendo-o. Um jovem usando uma bandana azul saiu da multidão e arrancou o cabo da parte de trás do amplificador, derrubando-o na ação. O cara de suéter verde pegou o cabo da mão do cara com a bandana azul e, desta vez, meteu-se no meio da multidão com o cabo. O bandana azul arrumou respeitosamente o amplificador caído e berrou para a multidão: "Precisamos de alguns homens aqui, pessoal! Precisamos de alguns homens aqui que possam interromper essa idiotice! Ele é brilhante!"[21]

Ele voltou ao seu lugar na multidão, recebendo um punhado de aplausos. Jordan abaixou seu microfone e fechou suas mãos atrás de suas costas. Falaria sem amplificação. Começou a caminhar como um general inspecionando suas tropas e ecoou: "Sem problemas. Então, eis um motivo pelo qual estou defendendo a livre expressão..." Um pequeno aplauso da multidão. Ele parou sua caminhada e voltou-se de frente para todos. De repente, iniciou um discurso furioso, rosnante, com os dentes à mostra conforme sua compassada parecia a do general George Patton acusando suas tropas de covardice, de tremerem perante o inimigo, "e o motivo disso é muito *claro*! O motivo pelo qual estou defendendo a liberdade de expressão é porque é *assim* que as pessoas com opiniões diferentes em uma sociedade *civil* conseguem *resolver* suas diferenças!"[22]

Um grande aplauso e gritos de entusiasmo eclodiram. As veias de seu pescoço saltaram conforme continuou a gritar e andar de um lado para outro, totalmente no comando. Apontou seu dedo indicador estendido para o chão, pontuando sua fala:

> *Agora!* Vejam o que aconteceu com o projeto de lei C-16 e a legislação em torno dele. A *liberdade* de expressão é o mecanismo pelo qual mantemos nossa sociedade funcionando. A consequência da liberdade de expressão é a habilidade de *falar*, de modo que as pessoas possam *apontar* os problemas,

articular quais são eles, resolvê-los e chegar a um *consenso*! E estamos arriscando perder isso!²³

A multidão fez um silêncio total. Ele desacelerou sua fúria, mas sua voz ainda estava gritando.

Muito bem! Vocês podem dizer que deveria haver restrições racionais à liberdade de expressão. E faz sentido. Não podemos permitir que alguém grite "Fogo!" em um teatro lotado. E as pessoas sensatas conseguem discutir e debater quais deveriam ser essas restrições. Mas não dá para debater que o fato de colocar restrições à liberdade de expressão é algo perigoso e além de nossa compreensão. E é exatamente isso que estamos enfrentando... É a primeira vez na história de nossa legislação que as pessoas estão tentando *nos fazer falar a língua delas*!²⁴

Suas mãos, baixadas a seu lado, tremiam pelo esforço de enfatizar as palavras. Ele tinha ido um pouquinho além da conta; uma discussão violenta estourou atrás dele, e parou. Ele continuou reclamando que a esquerda estava buscando transformar o argumento em política sexual, mas ele insistia que a questão era "a linguagem que é projetada para controlar nossa liberdade de expressão!" Um aplauso geral e gritos de apoio se seguiram. Ele continuou, mencionando seus muitos amigos e colegas que o criticavam pelo que dizia. Admitiu: "Não é de se espantar, não falo perfeitamente. E meus argumentos não são perfeitamente formulados. E os de ninguém são."²⁵

Afastou-se mais da multidão e caminhou diretamente em direção à câmera de genuiNEWitty, sua voz estava subindo novamente até que estourou em um grande berro de fúria, seu rosto contorcendo-se e sua boca aberta em ira. Seu corpo estava todo tenso, os punhos fechados, direcionando toda sua força para as palavras: "E temos que dizer o que é necessário, *urgentemente*! Ou não conseguiremos nem pensar! E sei muito bem onde isso vai parar. Estudei o totalitarismo por quatro décadas e sei como ele começa!"²⁶

Caminhou de volta para o final da multidão. A câmera de genuiNEWitty não captou tudo que ele disse, mas ele gritou suas palavras finais, batendo suas mãos abertas nas coxas naquele esforço. Gritos de apoio de seus apoiadores apareceram, enquanto os fãs do C-16 gritaram contra.

A câmera do Rebel Media gravou as pessoas se empurrando, gritando umas com as outras e brigando. Aquela pessoa cheia de piercings no rosto os atacou e derrubou a câmera. Uma jovem que usava uma toca amarela de tricô e estava em pé ali disse levianamente para Lauren: "Não vi nada. Não vi nada que aconteceu."[27]

A cobertura do Rebel Media cortou para Jordan sendo entrevistado por Lauren Southern. A manifestação dissipara-se, como registrou, após a chegada da polícia. Jordan estava recomposto, e disse:

> A liberdade de expressão é a alternativa à violência. E há muitas pessoas que gostam da violência e que só estão esperando pela oportunidade de usá-la. E espero que possamos resolver tudo isso conversando... As pessoas comentaram e fizeram isso hoje também, sobre minha coragem, mas não é bem assim que vejo a coisa. Entendo que estou seguindo pelo caminho da menor resistência.
>
> Estou mesmo aterrorizado pela outra alternativa. E é real. Há uma tempestade horrível se formando. Muito horrível mesmo, se formando.[28]

Seu discurso fuzilante e a pequena e amarga manifestação que ele causara alcançaram toda a internet por meio do YouTube. O vídeo de genuiNEWitty obteve 620.813 visualizações e 3.632 comentários. O vídeo do Rebel Media conseguiu 995.719 visualizações e 9.347 comentários.

Em poucos dias, o departamento de recursos humanos da Universidade de Toronto enviou uma carta de advertência a Jordan, sugerindo que parasse de falar publicamente sobre o assunto. Na esperança de acalmar as coisas, David Cameron, reitor da faculdade de artes e ciências da UT, estabeleceu a data de 21 de novembro para um debate público e mediado sobre o C-16 para ser transmitido ao vivo pela internet. Seria Jordan contra a Dra. Brenda Cossman, professora de direito e diretora do Centro de Estudos de Diversidade Sexual Mark S. Bonham, e a Dra. Mary K. Bryson, professora de línguas da Universidade de British Columbia e vice-presidente do Grupo de Trabalhos Trans, Two-Spirit e Diversity.

O repúdio continuou caindo sobre ele vindo de fontes progressistas e liberais, conforme seus seguidores online aumentavam em dezenas de milhares e o apoio público crescia exponencialmente. Seus outros dois vídeos conquistaram mais 240.686 visualizações. Agora, tinha mais de 100 mil seguidores no YouTube, enquanto as doações no Patreon, nas duas primeiras semanas após a postagem de seus vídeos, saltaram de US$1 mil para US$2,5 mil por mês. Quando chegou o debate da universidade em novembro, eram mais de US$7,6 mil.[29]

Às 15h35 do dia 18 de outubro na Casa dos Comuns, com referência à aprovação do projeto de lei C-16 para uma segunda leitura, o presidente da casa, Geoff Regan, anunciou: "Declaro o requerimento aprovado. Em conformidade, o projeto permanece encaminhado para a Comissão Permanente de Justiça e Direitos Humanos."

A votação foi de 248 a favor e 40 contra. O C-16 parecia invencível. Havia uma coalizão com maioria esmagadora por trás, juntando os partidos NDP, Liberal, Bloc e Verde.

Alvo do escárnio de Jordan há muito tempo, a Comissão de Direitos Humanos de Ontário [OHRC], controlada pelo NDP, fortaleceu-se com o nível de apoio que o C-16 tinha agora no parlamento. Foram onze anos e sete fracassos desde a primeira vez que a lei foi apresentada pelo NDP. Agora, com a OHRC totalmente infiltrada e uma maioria do governo à mão, não seria um professor falastrão que arruinaria seus planos. A OHRC fez uma ameaça velada a Jordan por meio de sua nova diretora, Renu Mandhane, falando ao *Toronto Sun*, que estava fazendo a reportagem sobre a controvérsia Peterson/C-16. O jornal perguntou: "É uma violação do Código não tratar as pessoas pelo pronome de escolha delas? E, em caso afirmativo, em quais cenários?"[30]

Mandhane respondeu:

> Recusar-se a tratar uma pessoa trans por seu nome de escolha e por um pronome pessoal que se encaixe em sua identidade de gênero, ou errar deliberadamente o gênero da pessoa, é discriminação quando ocorre em uma área social com jurisprudência do Código (emprego, casa e serviços, como educação).[31]

Porém, acrescentou um floreio típico de advogada experiente:

> A OHRC reconhece o direito à liberdade de expressão sob a Constituição. No entanto, os legisladores e os tribunais consideram que nenhum direito é absoluto. A expressão pode ser limitada pelo direito penal quando ela passa a ser um discurso de ódio, quando se transforma em assédio, discriminação ou quando cria um ambiente envenenado sob o Código.[32]

Se a ameaça velada e incrivelmente ampla da OHRC sobre um "ambiente envenenado" abalou Jordan, ele não demonstrou publicamente. Mas, em privado, estava na hora de buscar a melhor assessoria jurídica que pudesse encontrar.

Jared Brown, advogado em Toronto e especialista em direito empresarial, ficou perturbado pelo que viu no crescente debate sobre o C-16, especialmente pelos comentários e vídeos de Jordan. Ele começou a investigar. No conjunto relevante de precedentes vinculantes, ele descobriu dois casos resolvidos perante a Suprema Corte do Canadá que pareciam contradizer as intenções do C-16, afirmando o seguinte:

> Qualquer coisa que force alguém a expressar opiniões que não sejam suas próprias é uma "punição totalitária e, como tal, estranha à tradição de nações livres como o Canadá, mesmo para a repressão dos crimes mais sérios". Banco Nacional do Canadá x Sindicato Internacional dos Funcionários do Varejo *et alii* (1984) SCC; Slaight Communications Inc. v. Davidson (1989) SCC.[33]

Brown viria a ser o aliado jurídico mais importante de Jordan, comparecendo com ele perante o parlamento para fazer objeção à lei. Ele postou em seu blog, logo após o projeto de lei ser encaminhado para uma segunda leitura:

> Talvez alguns percebam as exigências forçadas de expressão inerentes no Código [de Direitos Humanos] e no Projeto de Lei C-16 como sendo insignificantes, especialmente ao considerarmos a opinião geral de que a não obediência de tais

estipulações forçosas de expressão não resultará em uma sanção penal grave.

Tal opinião pode muito bem ser corrigida, mas não porque a legislação não tem a habilidade de apresentar uma sanção penal grave. De fato, falhas em decisões do Tribunal de Direitos Humanos podem resultar (em nível federal) e já resultaram em detenção.

Colocando-se o foco nos Tribunais de Direitos Humanos e especialmente na OHRT, o caminho para a prisão fica muito fácil.[34]

No primeiro evento patrocinado pela universidade e com transmissão ao vivo sobre a lei, Jordan estava alerta e calmo, vestido casualmente com uma camisa amarela abotoada, mangas enroladas e calças jeans. Estava magro novamente, tendo perdido quase todos os prejudiciais 25kg extras.

O reitor David Cameron fez a abertura do debate reconhecendo e agradecendo por estarem fazendo uso da histórica terra tribal nativa que a universidade ocupava. Na sequência, apresentou a Dra. Mary Bryson — cujos cabelos estavam *à la* militar, bem curtos, e vestia um casaco esporte masculino e camisa polo —, comentando sobre as muitas realizações conquistadas por seu trabalho sobre gênero fora da universidade. Ele mencionou os prêmios e os livros sobre o feminismo e direito da Dra. Brenda Cossman. E apresentou Jordan e seus muitos prêmios, livros e realizações.

Jordan começou pedindo que todas as mulheres na plateia se levantassem, e depois os homens. Depois pediu que todos se sentassem. Falou calmamente e sem qualquer anotação.

> Muito obrigado. Há cerca de dois homens para cada mulher aqui, e pensei em destacar isso porque é meio que interessante para mim, sendo psicólogo da personalidade. E este debate é a respeito de ideias. Há um traço de personalidade chamado de abertura, que está associado ao intelecto e à criatividade. E há diferenças marcantes de gênero na abertura, como, por exemplo, que os homens têm um intelecto mais alto, o que abrange o interesse em ideias, e as mulheres têm uma estética

mais alta, o que abrange o interesse em, bem, arte e literatura, e esses tipos de coisas.³⁵

Ele passou para seu ponto introdutório:

> Apenas queria destacar que há uma divisão natural de gêneros que ocorreu automaticamente e sem qualquer compulsão neste caso em especial, o caso deste debate. E que quanto mais nossa sociedade força suas exigências cada vez mais absurdas por igualdade para todo mundo, menos provável tais divisões naturais poderão se manifestar em nossa sociedade para mantermos as diferenças pronunciadas e profundas entre os gêneros.³⁶

Bum, aí estava. Seu movimento inicial, completo e com o insulto do absurdo nivelado no que possivelmente era o foco do trabalho de suas oponentes. E ficou pior.

> Venho acompanhando o politicamente correto por um longo tempo e também fiquei muito chateado com a decisão do departamento de recursos humanos e igualdade ao fazer com que o treinamento de antirracismo, ou assim denominado antirracismo e antidiscriminação, fosse obrigatório para os funcionários do setor, o que considero como sendo uma intrusão inaceitável no direito de os funcionários terem suas opiniões políticas.
>
> Bem como venho notando que não há absolutamente nenhuma evidência de que o treinamento obrigatório de antirracismo e antidiscriminação tenha o impacto alegado. De fato, a evidência empírica sugere exatamente o contrário. Quando se obriga algo desse tipo, na verdade, o que se causa é que as pessoas sofram mais preconceito. Isso também se baseia no que diria ser uma forma bem perniciosa de pseudociência que está sendo promovida por psicólogos sociais, um grupo com o qual tive alguns probleminhas. E isso foi transformado em um tipo de fascismo educacional que não tem, de jeito nenhum, qualquer base na literatura empírica.³⁷

Foi um ataque frontal com fatos, insultos e ridicularização. Obviamente, o medo que tinha quanto a começar uma guerra havia desaparecido. Não haveria consenso nem polidez acadêmica. Tendo acusado suas oponentes de serem integrantes de uma seita absurda, pseudocientífica e fascista de educadores desencaminhados, ele claramente não esperava misericórdia no contra-ataque. Continuou:

> Portanto, que diabos está acontecendo aqui, exatamente? E por que infernos estamos tão perto de trucidar uns aos outros? Veja o que aconteceu nos Estados Unidos uma semana e meia atrás [a eleição de Donald Trump, manifestações e a Marcha das Mulheres].
>
> Há algumas coisas aqui para debatermos e comecei a tentar falar sobre elas, e diria que minha liberdade para tanto foi rapidamente cerceada, minha carreira foi posta em risco e considero isso absolutamente inaceitável.[38]

Ele fez referência à primeira das duas cartas que viria a receber da administração da universidade alertando-o de que pudesse estar violando o Código de Direitos Humanos do Canadá. A carta sugeria que ele pedisse desculpas aos grupos ofendidos e, basicamente, calasse sua boca sobre o assunto. Com base em suas observações de abertura, agora ficava claro que aquilo não ocorreria.

Ele passou a mencionar o tsunami de publicidade que seus vídeos causaram, afirmando que cerca de 140 artigos tinham sido publicados falando sobre ele nos últimos dois meses, dezenas de entrevistas no rádio e na TV, além de manifestações, haviam ocorrido, enquanto milhões de pessoas acompanhavam a muvuca online.

Ele aprofundou-se no discurso emocional em frente ao Smith Hall que ressaltou a importância de podermos falar mal, cometer enganos, receber feedback sem filtros e, de forma muito natural, corrigir nossas ideias erradas:

> Não acredito que a liberdade de expressão seja apenas outro valor. Acho que é um absurdo. Penso que se alguém afirma isso, então a pessoa não sabe nada sobre a civilização ocidental... É o mecanismo pelo qual mantemos nossas psiquês e

> nossas sociedades organizadas, e temos que ter muitíssimo cuidado quanto a infringirmos isso, visto que estaremos infringindo o processo pelo qual mantemos o caos e a ordem em equilíbrio... E se o caos e a ordem perdem o equilíbrio... daí as portas do inferno se abrem... Graças a Deus que a universidade concordou em ter este debate, sabem, porque há coisas que precisam ser conversadas. E se não falarmos sobre elas, então partiremos para a briga.[39]

Ele mencionou os problemas em questão, a "ordem hiper-repressiva da direita radical e o caos absolutamente devorador da esquerda radical".[40] Depois, sugeriu que a sociedade tinha perdido suas âncoras, seu caminho, e a única coisa que poderia salvá-la era o diálogo sobre o qual ele expunha. E disse que as questões tratavam a respeito de inclusão versus intolerância, esquerda versus direita, sobre quem está livre para escolher as palavras que usa e o grau de respeito que oferece aos outros. Foi ao âmago da ameaça, em sua compreensão, e detalhou as identidades mitológicas:

> Está implícito no C-16, e estou dizendo que há um ataque contra a ideia da própria objetividade, um ataque contra a ideia da própria biologia, e se a universidade pensa que as ciências ficarão imunes à doutrina ideológica que está incorporada nessas legislações, pois que pense melhor, porque os problemas virão... Percebemos que Ken Zakhar foi expulso de seu trabalho apenas alguns anos atrás, muito embora fosse um cientista e clínico totalmente confiável... Há um lance de mãe contra pai acontecendo aqui também... vimos isso no embate entre Hillary Clinton e Donald Trump. Eu diria que isso representou a Mãe Devoradora superprotetora contra o pai tirano.[41]

Trazendo a discussão de volta ao problema, concluiu:

> Pensando sobre o momento no qual vivemos, acredito que estamos enredados em uma guerra em cada uma dessas dimensões e em muitas outras que não tive tempo de mencionar. E a evidência de que estamos nesse tipo de guerra é exatamente o fato de que isso atraiu tanta atenção.

Digo, apenas fui [ao] diacho do meu escritório em casa, joguei alguns vídeos amadores na rede, mais ou menos tentando articular meus sentimentos a respeito de algumas políticas, e, tipo, os portais do inferno se abriram. E por quê? Veja, porque esse inferno está logo abaixo da superfície. Termino por aqui.⁴²

A Dra. Cossman argumentou que:

> As provisões para o discurso de ódio no código penal têm um limiar muito, mas muito alto. A Suprema Corte do Canadá definiu, repetidamente, o discurso de ódio como sendo apenas aquele que inclui as formas mais extremas de expressão. A corte disse repetidas vezes, e faço a citação aqui: "As emoções geralmente fortes e profundas experimentadas por causa da difamação e do ódio." A corte afirmou que não é o desdém, o não gostar ou a ofensa. E tem outra coisa que é geralmente esquecida: as penas criminais para o discurso de ódio não podem ser conferidas sem a aprovação da procuradora-geral.⁴³

A Dra. Bryson começou com um comentário sugerindo seu nojo com relação a Jordan:

> Para tentar entender o sentido de estar aqui hoje, deparei-me voltando com frequência ao debate de 1989 na Western [Universidade de Ontário ocidental] sobre o assunto de raça e QI, entre Philippe Rushton e David Suzuki. O que está em jogo agora e lá naquele debate é algo muito familiar. Pego emprestadas as palavras de David Suzuki em sua abertura naquele dia: "Não quero estar aqui. Não quero dignificar este homem e suas ideias em um debate público."⁴⁴

Bryson atacou Jordan ao ler a transcrição editada por ela das palavras dele em seu primeiro vídeo, deixando de fora as frases preliminares e esclarecedoras, para causar um efeito de provocação:

> "O Projeto de Lei C-16 me deixa apavorado", diz o Dr. Peterson em sua apresentação, "a Comissão de Direitos Humanos de

Ontário é uma organização especialmente patológica, esses guerreiros da justiça social têm uma representação excessiva e não consigo parar de pensar que isso se dá porque nossa premier atual é lésbica, e o fato em si não me incomoda de qualquer forma, não acredito que seja relevante para o debate político... A comunidade LGBT ficou extremamente boa em se organizar e tem uma vantagem radical bem pronunciada e muito, mas muito sofisticada... A identidade de gênero e a expressão de gênero não são ideias válidas. Há uma ideia e há um espectro de gênero, mas não acredito que seja uma ideia válida. Não acho que exista qualquer evidência quanto a isso."[45]

A Dra. Bryson passou a fazer referências a um conjunto de dados científicos, mas não fez qualquer citação que pudesse apoiar sua posição ou refutar as afirmações de Jordan. Ela encerrou com outra referência à opinião nociva que o Dr. Suzuki emitiu sobre outro cientista, insinuando que Jordan deveria receber o mesmo desdém.

Jordan respondeu, ignorando as referências que Bryson fizera da pesquisa dele, do nojo pessoal e da edição seletiva que ela fizera de suas palavras. Em vez disso, resumiu o princípio perigoso no C-16 e citou pesquisas científicas que refutavam a ideia de um espectro generalizado de gênero:

> Quero lhe dizer um pouquinho sobre o que a lei faz, e isso em relação à interpretação a partir das diretrizes políticas. Ela prova o construcionismo social em nosso sistema jurídico. Precisamos entender o que isso significa... ela transforma em doutrina jurídica que o sexo biológico, a identidade de gênero, a expressão de gênero e a orientação sexual variam de forma independente, mas não é assim que funcionam. Pois bem, o motivo pelo qual não funcionam assim é que 98% das pessoas, a propósito, são 99,7% das pessoas, pelo menos considerando as estatísticas mais confiáveis, têm uma identidade de gênero que é basicamente idêntica ao seu sexo biológico. E quase todo mundo que é homem ou mulher, de acordo com o sexo biológico e a identidade de gênero, usa suas roupas de acordo com seu sexo, e é basicamente isso que define a expressão de gênero.[46]

A Dra. Cossman refutou, dizendo que as construções sociais na lei eram comuns e a expressão de gênero era apenas uma delas. Seus comentários continuaram por um tempo, falando sobre leis anteriores que eram semelhantes, e afirmou que o C-16, em última instância, poderia tirar todos os bens de um violador, mas não poderia colocar essa pessoa na cadeia. Sem dúvidas, isso foi de pouca consolação para Jordan ou a plateia, que foi orientada a ler o relato de Soljenítsin sobre as leis aparentemente inofensivas do "construcionismo social" e que destruíram milhões de vidas na história recente.

A Dra. Bryson voltou a injetar uma interpretação — aparentemente pós-modernista, muito incompreensível ou surrada — de uma experiência científica a respeito de gêneros:

> Na verdade, a coisa se resume ao fato de que a ciência, falando sobre a causalidade, basicamente sobre o sexo estar ligado e ser o gerador do gênero, exige que saiamos da caixinha. Tudo que temos em nossa caixinha é um quase experimento. Na verdade, não é possível fazer estudos onde manipulamos o ambiente dos cromossomos ou hormônios e, assim, não há como removermos o sexismo e a misoginia da produção do gênero. Podemos de fato chegar a conclusões sobre o que consideramos ser diferenças de gênero.[47]

Aparentemente, o desempenho de Jordan no debate não convenceu ninguém. Pelo menos, nenhum dos colegas próximos a ele que estavam mais propensos a ser diretamente afetados. Jordan recebeu uma petição assinada por quase duzentos professores da UT e membros dos departamentos solicitando que ele pedisse demissão. Foi um choque e um golpe deprimente em sua confiança. Ele achava que, pelo menos, apresentaria uma visão racional.

Em casa, Julian, agora com 22 anos, músico e fã de hóquei, e com muitos amigos, apareceu para uma visita. Jordan desabafou com ele. Posteriormente, Jordan daria risada ao contar a história:

> Meu Deus, Julian, sabe como é, tipo, duzentas pessoas, membros dos departamentos... fizeram uma petição à Associação Docente, daí enviaram a petição à administração para me

despedirem. Foi a Associação dos Docentes, é meu sindicato! Eles nem falaram comigo.[48]

Julian disse: "Não se preocupe com isso, pai. Foram só duzentas pessoas."[49]

Finalmente, Jordan perdera todos os 25kg que ganhara nos últimos anos. Estava pele e osso novamente; sua energia, sempre altíssima, estava então constante e praticamente inesgotável. Não precisava mais tirar seu cochilo diário. Sua dieta era de carne, um pouco de sal e água, três vezes por dia. Todos os sintomas autoimunes desapareceram, e continuava com meia dose dos antidepressivos, mesmo sendo o ápice do inverno, perto do Natal. Apesar das pressões e das ameaças vindo de todas as direções, seu humor continuou positivo, pelo menos considerando como aparecia em seus vídeos.

Tammy fez os preparativos para as festas, como mãe e mãe adotiva, deixando seu lar, agora repleto de artes soviéticas e tribais nativas, um lugar acolhedor e relaxante. Também permaneceu em seu cargo como conselheira mais confiável de Jordan. Seus conselhos valorosos, e até mesmo seus sonhos, como na tradição tribal nativa, eram uma diretriz essencial para ele.

Um terceiro piso foi construído na casa seguindo o estilo de um lugar de encontro tribal dos nativos Kwakwaka'wakw, principalmente para abrigar a coleção de arte indígena de Jordan. Toda ela representava os sonhos e as visões do artista e seu amigo, o cacique Charles Joseph.

Sua coleção de arte soviética ecoava um passado terrível, mas felizmente, os quadros do cacique lhe davam consolo e esperança por um futuro mais pacífico.

Porém, mesmo no descanso de seu lar, longe das manifestações de ideologias conflitantes do lado de fora, Jordan trabalhava duro. Seu novo projeto, com base em melhorias que fez ao *Mapas do Significado* e à série de apresentações chamada Personalidade, era um livro de interesse mais popular, com o tentador título *As 12 Coisas Mais Valiosas que Todos Precisam Saber*. Como sempre, ele precisava de um silêncio completo e ininterrupto enquanto escrevia. Mas com Julian cheio de energia vindo visitar com seus amigos, Mikhaila tentando se acertar na vida com seu namorado, Andrey Korikov, e Tammy cuidando da criança que adotara, o nível de barulho deve ter sido um tema ocasional de discussão.

Mikhaila tinha uma presença online cada vez maior conforme os resultados positivos e constantes da dieta que ela e seu pai faziam impulsionavam sua confiança. Tornou-se uma defensora declarada da dieta e postava fotos de si mesma com uma pele impecável e uma silhueta enxuta no Instagram. Ela e o namorado Andrey eram aparentemente felizes juntos, agora que estava seguramente sem depressão e no controle de seus impulsos para comer ou fazer experimentos. Até mesmo se permitia um burbom de vez em quando, sem efeitos colaterais, como alegava ela.

A casa cheia dos Peterson ressoava com a atividade das crianças e amigos. Era um porto seguro em relação à tempestade da vida profissional de Jordan. Suas doações online no Patreon, que eram de US$7,6 mil por mês em novembro, agora em dezembro chegavam a mais de US$12 mil. As coisas estavam prestes a ficar ainda mais felizes. Mikhaila estava grávida de uma menina, a primeira neta de Jordan, que se chamaria Elizabeth Scarlett.

Porém, isso não ajudou nada a situação em que rapidamente foi envolvido, com o pânico generalizado a respeito da eleição de Donald Trump em novembro. Hillary Clinton fora decisivamente derrotada e, para piorar ainda mais as coisas, fora ridicularizada por Trump com o desrespeitoso apelido "Crooked Hillary" [Hillary Vigarista/Desonesta] conforme seus comícios trovejavam a frase *Prenda ela!* As mulheres do mundo todo levaram isso para o lado pessoal e juraram vingança.

Acusações de racismo, misoginia e homofobia caíam como uma saraivada sobre todos os perversos, como Jordan, que atacavam a esquerda. A Marcha das Mulheres televisionava discursos furiosos e milhares de mulheres indignadas exigindo resistência contra tudo e todos que estivessem até mesmo remotamente associados à política conservadora. A divisão política nos EUA e no Canadá ampliara-se tanto, que se transformara em um abismo intransponível.

O projeto de lei C-16 era então urgente, uma necessidade absoluta para lidar com a nova crise de transfobia, intolerância e racismo desenfreados. De fato, durante a participação seguinte de Jordan agendada pela

Universidade McMaster, perto de Hamilton na província de Ontário, ele foi calado pelos berros de jovens mulheres. Cerca de cem delas juntaram-se em uma sala de apresentações onde Jordan deveria falar em um painel com outros três participantes. Um ou dois rapazes jovens juntaram-se às moças tocando sininhos, soprando cornetas e repetindo o seguinte grito em um megafone: "Transfóbico de merda! Transfóbico de merda! Transfóbico de merda!"[50]

Os outros três participantes aparentemente pensaram duas vezes antes de aparecer ao lado de Jordan. Não tomaram seus assentos reservados ao lado dele. Jordan sentou-se calmamente na frente da sala, tentando falar em um microfone para cerca de setenta alunos sentados em silêncio nas fileiras descendentes em sua frente, esperando ouvi-lo falar. Embora mal se pudesse ouvi-lo, ele mencionou que um benefício da liberdade de expressão era a exposição da intolerância e da ignorância, apontando para os manifestantes. As jovens mulheres não aceitariam isso. Uma delas, com um megafone, saiu do fundo da sala e dirigiu-se à frente. Atrás dela, trouxeram uma faixa, feita por profissionais, que dizia, NÃO HÁ LIBERDADE PARA O DISCURSO DE ÓDIO, LEVANTE-SE, REVIDE!, com os símbolos biológicos dos sexos modificados, indicando um terceiro sexo, que combinava os símbolos do masculino e do feminino. Dentro do círculo central dos símbolos, estava a imagem soviética e comunista do punho cerrado da revolução. Obviamente, elas tinham se preparado para o evento. A faixa tomou o espaço à direita de Jordan; uma buzina a ar, usada para alertar velejadores à longa distância, foi disparada muito perto, causando danos auditivos em algumas pessoas da plateia. Reações raivosas começaram a confrontar os manifestantes. Colocaram a faixa na frente de Jordan, cobrindo-o totalmente de vista.

Gritos violentos de retaliação surgiam, dizendo: "A liberdade de expressão importa! A liberdade de expressão importa! A liberdade de expressão importa!"[51]

A plateia que estava sentada, composta basicamente por jovens rapazes, levantou-se e juntou-se ao grito de revide. Ela oprimiu os manifestantes, como gravado pelo YouTuber eggplantfool, que teve sua câmera atingida pelas ondas de ar geradas pelos homens. A gravação tremia com as entoações das palavras *importa*!

Jordan saiu de trás da faixa e continuou se esforçando para ser ouvido. Os homens pararam o grito para ouvi-lo. Ele continuou dando suas opiniões sobre o barulho dos manifestantes. Os jovens rapazes, e algumas moças, que estavam sentados, aplaudiram seus pontos de vista à medida que conseguiam ouvi-lo. Um funcionário da administração entrou e disse algo a Jordan, que abaixou o microfone por um momento; parecia que os manifestantes venceriam. Gritos de vitória ecoaram. Jordan viu que a derrota se aproximava e pegou o microfone novamente. Ele sugeriu que todos fossem para o lado de fora. Foi uma manobra tática e astuta.

Os últimos resquícios de neve estavam pelo chão. Jordan conseguiu falar para a grande multidão ao seu redor, que agora incluía dezenas que estavam nos corredores da sala de apresentação. Muitas dessas pessoas eram jovens mulheres que não estavam protestando. Ele falou sem microfone, sua voz sobressaindo-se aos agora distantes gritos de protestos e sinos. As mulheres revoltadas foram marginalizadas pelos jovens rapazes e pelas moças que estavam interessados na liberdade de expressão.

Ele não demonstrou nada daquele ardor que tornou seu primeiro discurso no Smith Hall tão memorável. Mas falou, de novo sem anotações, calmamente, mas forçando a voz para ser ouvido, por cerca de trinta minutos, sempre tentando responder às perguntas. Claramente, ganhou seu dia e passou a mensagem.

Em um vídeo que postou na noite seguinte, leu e comentou a respeito de uma mensagem que recebera após sua presença na McMaster, escrita pelo presidente do Comitê Consultivo para o Desenvolvimento de uma Comunidade Inclusiva. No vídeo, a imagem mostra seus ombros e sua cabeça, meio mal iluminados, sentado em um quarto escuro, presumivelmente no escritório de sua casa. Antes da leitura, apresentou seus comentários pessoais:

> Quero ler a mensagem para vocês porque, de fato, ela quase me matou de irritação. Vou lê-la para vocês, e podem tirar suas próprias conclusões. Meu Deus, é quase impossível ler isso.

"Então, não há nada de novo a respeito do posicionamento do Dr. Peterson. Milhares de outros tomaram a mesma posição antes dele. Prevemos que a apresentação do Dr. Peterson causará, e deveria causar, oposições críticas a suas ideias, incluindo a oposição pública sobre como ele vem tratando as pessoas trans e de gênero não conformista, que podem tomar a forma de protesto público.

"Sob o presente clima, os proponentes da liberdade de expressão podem tentar retratar tal oposição como apenas outro indicador de que a liberdade de expressão do Dr. Peterson está, de fato, sob ameaça."[52]

Então, ele passa a dar sua resposta e lançar seu desafio:

Vejam, vou dizer o seguinte sobre isso. Para os membros do PACBIC, senhor presidente do Comitê Consultivo para o Desenvolvimento de uma Comunidade Inclusiva. Se vocês quiserem debater comigo sobre a questão de gênero e sexualidade, estou disposto a fazer isso, com quantas pessoas quiserem, no horário que quiserem e onde escolherem. Apenas espero que seja logo.

Se não quiserem fazer isso, e forem ficar escrevendo cartinhas covardes como esta e tornando-as públicas, permita-me sugerir que se não estão dispostos a defender suas ideias em público, então vocês devem apenas calar a boca e retirar-se. E permitam-me sugerir também que vocês deveriam parar de ensinar aos alunos os disparates que andam ensinando.

De qualquer forma, não tenho muito mais a dizer do que isso, a não ser repetir o que disse. Não tenho problema nenhum em defender minhas ideias sobre gênero e diferenças sexuais. E se vocês acham que sabem sobre que diabos estão falando, então por que não aparecem na minha frente, em vez de ficarem enviando alunos em seu lugar para reclamar sobre mim quando apareço na sua universidade para tentar defender minhas ideias?

Acho que vocês são horrendamente covardes. Sim, estou chamando vocês. Venham debater comigo, quando quiserem.[53]

Na sequência, o vídeo mostra um trecho do filme *Três Homens em Conflito*, no qual Clint Eastwood aparece em um confronto de pistoleiros. O trecho foi adaptado, com o título "Vá em frente... vou ganhar meu dia", misturando as cenas metafóricas dos filmes de Clint Eastwood com seu outro filme, *Perseguidor Implacável*, mas que parecia Jordan curtindo sua vitória.

O projeto de lei C-16 teve sua segunda leitura no Senado no dia 2 de março de 2017, e a terceira e última leitura foi marcada para o dia 15 de junho. O depoimento de Jordan perante o Senado foi marcado para o dia 17 de maio. Jared Brown estaria ao lado de Jordan como seu advogado, assim como testemunha para depor especificamente sobre os problemas jurídicos que encontrara no projeto de lei. Enquanto isso, Jordan aproveitava cada oportunidade, e houve muitas, para falar sobre sua oposição e potencial desacato ao projeto de lei e à legislação envolvida.

Uma semana depois, ele falou para uma plateia acolhedora na Universidade de Ontário ocidental, basicamente composta por jovens rapazes, organizadas pela Jovens Canadenses em Ação. Seu desempenho lá foi bem tranquilo, até mesmo despreocupado.

Possivelmente, àquela altura já sabia da gravidez de Mikhaila e seu ânimo estava nas nuvens. Talvez tenha sido por isso que começou sua apresentação com um brinquedo de criança, um fantoche de mão do Sapo Caco [ou Kermit]. Caco começou falando enquanto olhava para Jordan da ponta de seu braço direito. Caco falava exatamente como Jordan: "Há diferenças entre homens e mulheres?"[54]

Jordan respondeu, com risos gerais da plateia: "Sim, Caco, há."

Jordan esquecera de fazer a voz de Caco e desculpou-se por sua péssima habilidade como ventríloquo. Deixou o fantoche de lado e olhou para sua audiência, dizendo:

> Então, a primeira coisa que percebi, e de fato mencionei isso no debate na Universidade de Toronto, que provavelmente alguns de vocês assistiram, é que, e venho pensando sobre isso durante um bom tempo, havia uma maioria esmagadora de homens na sala. E se observarem aqui também, verão que temos, provavelmente, 90% de homens, e isso é muito

notável, porque agora há mais mulheres do que homens nas universidades.

Sendo assim, para mim, tem sido muito interessante ver que, nas apresentações públicas, a vasta maioria de pessoas é de homens. E também as pessoas que estão assistindo os vídeos no YouTube, temos 90% de homens. E não sabemos ao certo por que isso se dá assim, embora penso que talvez ninguém esteja falando adequadamente aos homens.

Talvez eu esteja fazendo isso, de certa forma, e diria que é também muito bom para as mulheres, porque se os homens não estão indo muito bem, podem ter certeza de que as mulheres também não irão. Porque, o que acontece, é que realmente precisamos uns dos outros.[55]

Ele passou a falar sobre as falhas do C-16. A primeira delas era o conceito fluído de expressão de gênero como um grupo protegido. Segundo, que a lei seria interpretada pela tendenciosa Comissão de Direitos Humanos de Ontário. E, por fim:

Não há nenhum tipo de motivo pelo qual seu empregador, não importa quem seja, deveria estar se metendo com as estruturas perceptuais fundamentais de sua psiquê. Especialmente quando o assunto são coisas que não acontecem nem mesmo voluntariamente. Então, é estarrecedor em múltiplas dimensões.

E uma das coisas que recomendo seriamente a todos vocês é que, se qualquer um começar a sugerir que algum de vocês precisa passar por um retreinamento obrigatório a respeito de seus preconceitos raciais inconscientes, se concordar com isso, estará imediatamente admitindo que é o tipo de preconceituoso que precisa ser retreinado. Eu pensaria muito cuidadosamente antes de admitir isso... Na verdade, se você é um psicólogo clínico usando testes desse tipo para diagnosticar as pessoas, estaria em violação dos estatutos que regulam a prática adequada. Então, tenho meus motivos para me opor a essas coisas.

Sabem de uma coisa? O que eu realmente não gosto no projeto de lei C-16 e as políticas ao seu redor é que ele traz para nossa lei uma sequência de pressuposições que são, na verdade, falsas. E foi o fato de eu apontar que são falsas que me deixou nesse problema todo em que me encontro, e gerou as acusações de tais coisas como transfobia e racismo por causa das pessoas insanas que organizam o Vida Negras Importam em Toronto.[56]

Ao abordar tanto a raça quanto o gênero, ele batia com força nas fundações de um mundo melhor que os progressistas estavam construindo. Em público e online, eles saíram do nojo para o ódio. O argumento lógico virou superstição cega.

Haters anônimos online se esforçavam para encontrar novos xingamentos. Enviavam e-mails, deixavam recados por telefone e mandavam cartas com as piores imagens e acusações que poderiam imaginar. Ele foi chamado de direitista alternativo, nazista e fascista, bem como de "transfóbico de merda". Responsabilizaram-no por diversas depravações e males.

Não eram coisas que passavam sem efeito, especialmente as entrevistas conflituosas e os eventos, como o ataque que sofrera na Universidade McMaster. Ele admitiu que esse tipo de coisa o afetava durante dois ou três dias após o ocorrido. Ele nunca se acostumaria. As confrontações sempre o continuariam chateando.

Contudo, manteve a disciplina e continuou a atacar. Considerava os antagonistas da raça e do gênero um bando unificado, mentiroso e que não merecia misericórdia. E enquanto a coisa permaneceu, ainda bem, uma batalha apenas de ideias e palavras, sua melhor arma contra aqueles opositores eram as próprias palavras que usavam contra ele. Era seu dever, portanto, sofrer o impacto daquelas palavras.

Ele falou para os Jovens Canadenses em Ação por mais de uma hora e dez minutos sem pausas, demonstrando fluidez e continuidade em seus argumentos, e maestria do material, que variava de biologia a psicologia, política, direito e ciências sociais. Parecia um lutador premiado que estava dando uma exibição pública de seu treinamento para os fãs.

Não importava o que viesse, ele parecia estar mais preparado do que nunca.

Agora, levava uma equipe profissional de vídeo para todos os lugares com ele, bancada pelas doações no Patreon, que chegavam quase a US$31 mil por mês. Novamente, como um atleta em treinamento, analisava os mínimos detalhes dos vídeos dessas práticas de batalha buscando fraquezas em sua técnica. Outra coisa: quase tudo que postava agora chegava aos trending vídeos do YouTube. A palestra para os Jovens Canadenses chegaria a ter 272.666 visualizações. Não tinha como estimar o alcance e o impacto potenciais de cada nova visualização, então ele postou o vídeo da palestra com links para estudos relevantes sobre a personalidade, incluindo *Gender Differences in Personality Across the Ten Aspects of the Big Five* [Diferenças de Gênero na Personalidade nos Dez Aspectos das Cinco Grandes, em tradução livre aqui e nos próximos títulos];[57] *Gender Differences in Personality Traits Across Cultures: Robust and Surprising Findings* [Diferenças de Gênero nos Traços de Personalidade em Diferentes Culturas: Descobertas Surpreendentes e Sólidas];[58] *Gender Differences in Personality and Interests: When, Where, and Why?* [Diferenças de Gênero na Personalidade e Interesses: Quando, Onde e Por quê?];[59] e *Cross-Cultural Studies of Personality Traits and their Relevance to Psychiatry* [Estudos Interculturais sobre os Traços de Personalidade e sua Relevância para a Psiquiatria].[60]

Até abril de 2017, ele falava em todos os lugares que lhe convidavam, conseguindo manter seu horário integral de aulas a lecionar, formadas por 22 apresentações de sua séria agora chamada de, simplesmente, Personalidade. Essas aulas foram gravadas, editadas e postadas por profissionais, com um logo animado e um ícone pop-up que levava para o site de doação Patreon. Portanto, agora estava de corpo e alma nos negócios online de produção de conteúdo. Continuava lecionando e dando consultorias enquanto preparava seu depoimento para o Senado canadense no dia 17 de maio.

Ele também continuava a alienar e enfurecer a esquerda, especialmente a esquerda das radicais feministas, enquanto encorajava a direita. No dia 9 de maio, apenas uma semana antes de sua presença perante o Senado, esteve no podcast *The Joe Rogan Experience*. Rogan apareceu, como era a moda entre muitos empreendedores online de sucesso, de forma completamente informal, vestindo um moletom com capuz preto e um logo estampado, barba por fazer e tatuado. Jordan manteve sua versão casual, porém mais formal, do acadêmico baby boomer, vestindo um paletó esporte e camiseta e estando bem barbeado.

Eles conversaram durante três horas, começando com o C-16 e o antagonismo que Jordan estava recebendo.

Em especial, Rogan mencionou uma bolsa enorme de pesquisa que fora recentemente negada a Jordan, entendendo que tal cancelamento era um ataque e uma denúncia públicos da esquerda. Jordan não sabia dizer ao certo, mas arriscou: "Não tem como não suspeitar de que o fato de que uma inscrição para a bolsa de pesquisa concentrada no delineamento das características da personalidade da crença no politicamente correto pode ter alguma coisa a ver, sim."[61]

Depois, falaram sobre o argumento de gênero que progredira no Canadá, de modo a incluir materiais educacionais no ensino fundamental, como a Genderbread Person sexualmente amorfa. Jordan destacou outros materiais sancionados pelo governo, ainda mais perturbadores:

> Dá uma olhada no *unicórnio do gênero*... É um pequeno símbolo feliz que está sendo divulgado às crianças, sabe, no ensino fundamental, descrevendo para elas o fato de que o sexo biológico, a identidade de gênero, a expressão de gênero e a propensão sexual variam de forma independente, o que obviamente não é verdade, nem com uma imaginação fértil.[62]

Jordan dominava a conversa, falando sobre a corrupção do Black Lives Matter, alguns homens feministas que participavam das manifestações com as ativistas feministas e que ele descreveu como "eles têm olhos meio que frios, parecem olhos de peixe", a filosofia "estéril e caótica" dos jovens progressistas e os "professores pós-modernos patológicos que estão por trás deles".[63]

Eles lançaram-se ao âmago da filosofia de significado de Jordan como sendo a chave para uma vida menos trágica e com mais sucesso. Deram umas boas risadas sobre o monstro mitológico que Rogan, comediante, incorporou enquanto tirava sarro das Kardashians e de Caitlyn Jenner.

Jordan passou a falar sobre o significado simbólico da Virgem Maria no cristianismo. Voltou à estupidez total daqueles que estavam tentando reestruturar a sociedade sem qualquer compreensão do que estavam destruindo. Falou com apreço das pessoas que agora o paravam na rua e o agradeciam. Não era por causa da fama em ser reconhecido, mas por causa do acolhimento daquelas pessoas e de suas histórias cativantes.

Rogan finalizou, após 2 horas e 57 minutos de conversa ininterrupta, dizendo: "Foi fantástico. Poderia dizer que foi meu podcast favorito de todos os tempos... Acredito que você tocou em alguns assuntos que me fizeram pensar de forma única hoje, então lhe agradeço muito por isso. Vou ouvir este novamente algumas vezes."[64]

O vídeo desse podcast no YouTube teve mais de 4 milhões de visualizações. As doações no Patreon chegavam agora a US$38.474 por mês e não demorariam a passar de US$60 mil mensais.

Os conservadores nos EUA estavam incrédulos e profundamente enfurecidos com um evento da Faculdade Estadual Evergreen no estado de Washington que ocorreu no dia 16 de março de 2017, oito semanas antes da data marcada para o C-16 no parlamento canadense. Em um espasmo de discriminação racial pública, o professor Bret Weinstein foi abordado pelos estudantes da Evergreen, exigindo que fosse embora do *campus* e não voltasse mais naquele dia, com todas as outras pessoas brancas. Weinstein recusou-se.

O *dia de ausência* era observado na Evergreen há anos. Uma minoria específica de alunos e professores era convidada a tirar um dia de folga do *campus*, um dia por ano. Isso era feito para convidar todos os que permaneciam a reconhecer e celebrar a contribuição única para a escola e a sociedade da cultura que estava ausente. Porém, em 2017, o professor Weinstein sentiu que a exclusão das pessoas brancas do *campus* por um dia, *por causa* da cor de sua pele, não era a celebração de uma cultura relativamente obscura, pelo contrário, era uma difamação da raça branca predominante. Ele enviou uma carta para a administração e foi denunciado por seu intuito. Ele escreveu: "Em um *campus* universitário, o direito de expressão, ou de ser, de alguém nunca deve ser baseado na cor da pele."[65]

Em maio de 2017, a carta de Weinstein causou enormes manifestações no *campus* da Evergreen, em Olympia, estado de Washington. Ameaças online abundaram. Como Jordan, o professor Weinstein virou de repente um fenômeno global da mídia, atraindo manchetes internacionais. A polícia do *campus* disse ao professor que não poderia protegê-lo. Ele foi aconselhado a ficar longe de lá. Obedecendo, o professor retirou-se para o Parque Sylvester, no centro de Olympia, para dar sua aula de biologia. Ficou logo claro que ele nunca mais poderia retornar em segurança para sua sala de aula, nem colocar os pés no *campus* novamente.

Em setembro de 2017, o acordo de um processo contra a universidade por ter falhado ao proteger o professor e sua esposa adequadamente deixou Weinstein US$500 mil mais rico, porém, desempregado. A petição inicial fora de US$3,8 milhões por danos cometidos pelo ex-empregador.[66]

Após sua saída da Evergreen, Weinstein juntou-se às barricadas com Jordan e dezenas de outros professores e intelectuais que defendiam a liberdade de expressão, atacando os estudos sobre injustiça, diversidade não biológica de gêneros, interseccionalidade e o velho disparate do privilégio branco. Teve várias participações online, passando pelos podcasts de Joe Rogan e Sam Harris. Também abriu seu próprio canal no YouTube e tornou-se produtor de conteúdos online, como Jordan e muitos outros.

O caso todo era desorientador, porque os progressistas, como chimpanzés territoriais, voltaram-se contra um de seu próprio grupo e fizeram pedacinhos dele. O professor Weinstein fora liberal sua vida toda e defensor público dos direitos civis há anos. Contudo, vieram para cima dele: os filhos furiosos e desrespeitosos de seus colegas e, futuramente, seus irresponsáveis colegas também. Chamaram-no de racista e muito pior. O irmão de Weinstein, Eric Weinstein, destacado matemático e diretor-gerente da Thiel Capital, foi citado com relação à perseguição de seu irmão:

> Se me perguntassem quem é um dos inimigos mais poderosos do racismo, diria que é Bret Weinstein... Há algo parecido com a série *Além da Imaginação* em relação a um dos comentaristas mais cuidadosos sobre a raça, em uma das escolas mais progressistas do país, ao ser chamado de racista.[67]

De forma improvisada, Eric também cunhou o termo *dark web intelectual* para identificar um grupo solto de acadêmicos e personalidades da mídia que incluíam seu irmão Bret, Jordan, Ayaan Hirsi Ali, Sam Harris, Heather Heying, Claire Lehmann, Douglas Murray, Dennis Prager, Maajid Nawaz, Steven Pinker, Joe Rogan, Dave Rubin, Ben

Shapiro, Lindsay Shepherd, Michael Shermer, Debra Soh e Christina Hoff Sommers. Eric explicou:

> É preciso entender que a DWI [Dark Web Intelectual] surgiu como uma resposta ao mundo onde intelectuais perfeitamente sensatos estavam sendo, de forma regular e errônea, rotulados por ativistas, instituições e jornalistas da corrente dominante por toda sorte de epítetos que acabariam com a carreira de qualquer um, desde "islamofóbico" até "nazista". Quando o pessoal da DWI percebeu que pessoas, como Ben Shapiro, eram geralmente inteligentes, altamente informadas e saíam-se nobremente em conversas difíceis, ficou mais fácil de entender que, ocasionalmente, alguns sapos foram beijados aqui e acolá à medida que alguns membros da DWI saíram em busca de outros príncipes difamados.[68]

Bret Weinstein viria a depor perante o Congresso dos EUA, como Jordan, no Canadá, dizendo que uma crescente conspiração para desestabilizar e destruir os princípios fundamentais do Ocidente estava em curso. Seu depoimento foi praticamente uma confirmação de cada ponto da agenda progressista e de suas táticas, que também estavam sendo empregadas no Canadá.

A audiência, transmitida pela TV, para o projeto de lei C-16 no Senado canadense começou no dia 17 de maio de 2017, com a fala do presidente do Senado, Bob Runciman:

> Boa tarde e bem-vindos, caros colegas, convidados e membros do público geral que estão seguindo os trabalhos de hoje da Comissão Permanente do Senado sobre Assuntos Jurídicos e Constitucionais.
>
> Hoje, continuamos nossa consideração quanto ao projeto de lei C-16, Uma Lei para Emendar a Lei de Direitos Humanos do Canadá e o Código Penal. Com este último dia de audiências sobre o projeto, passaremos à consideração de cláusula por cláusula amanhã. Conosco hoje para a primeira hora estão Jordan B. Peterson, professor do departamento de psicologia da Universidade de Toronto, e da Corporação

Profissional D. Jared Brown, seu advogado D. Jared Brown. Senhores, obrigado pela presença. Cada um de vocês tem até cinco minutos para as considerações iniciais.[69]

Jordan começou calmamente, sem anotações, com os cotovelos sobre a mesa e os dedos entrelaçados à sua frente:

> Então, acredito que a primeira coisa que gostaria de mencionar é que não fica óbvio, ao considerarmos uma questão deste tipo, qual é o nível apropriado de análise. Se lermos qualquer documento, podemos analisar as palavras, as expressões, as frases ou o documento completo. Ou podemos analisar o contexto mais amplo no qual provavelmente será interpretado.
>
> E a primeira vez que me deparei com o projeto de lei C-16 e as políticas ao seu redor, pareceu-me que o nível adequado de análise seria analisar o contexto de interpretação em torno do projeto, que foi o que fiz quando fui e vasculhei todas as páginas online da Comissão de Direitos Humanos de Ontário, e examinei suas políticas.[70]

Sua voz começou a ficar mais forte e rápida à medida que soltou seus dedos e começou a esfregar as palmas de suas mãos com a ponta dos dedos, talvez uma reação reflexiva ao estresse, que parecia uma reação à overdose de antidepressivos. Parou rapidamente e retomou à posição com os dedos entrelaçados.

> Fiz isso porque, àquela altura, o Departamento de Justiça tinha indicado muito claramente em seu site, em um link que foi posteriormente retirado, que o projeto de lei C-16 seria interpretado dentro das políticas precedentes já estabelecidas pela Comissão de Direitos Humanos de Ontário. Então, quando vi o site, pensei, veja, há questões mais amplas em jogo aqui, e tentei delinear algumas dessas questões mais amplas logo no início, talvez saibam ou não, mas fiz alguns vídeos criticando o projeto de lei C-16 e várias políticas ao redor dele.[71]

Olhou para baixo, em suas anotações, e continuou:

E acredito que os elementos mais egrégios das políticas são que há a necessidade da expressão forçada. A Comissão de Direitos Humanos de Ontário afirma explicitamente que a recusa a se referir a uma pessoa por seu nome autoidentificado e pronome pessoal adequado, que são os pronomes aos quais fiz objeção, pode ser interpretada como assédio. E assim, isso está definido explicitamente nas políticas relevantes. Portanto, acho que é terrível.

Em primeiro lugar, porque nunca antes houve uma única legislação que exigisse que os canadenses utilizassem determinada forma de tratamento que tem implicações ideológicas específicas, e acredito que é um limite que não deveríamos ultrapassar.[72]

Começou a dobrar as mãos. Olhou para cima novamente e dirigiu-se ao Senado, como o fazia em sua própria sala de aula:

Assim, acredito que a definição de identidade resguardada nas políticas marginais está mal definida e pobremente planejada, além de estar incorreta. É incorreta no sentido de que a identidade não é e nunca será algo que as pessoas definem subjetivamente, porque nossa identidade é algo que realmente possuímos para atuar no mundo como um conjunto de ferramentas procedimentais que a maioria das pessoas aprende. E estou sendo técnico a respeito disso. Entre as idades de 2 e 4 anos, é uma realidade humana fundamental, é bem reconhecida pelas autoridades relevantes da psicologia de desenvolvimento.

E, portanto, a ideia de que a identidade é algo que definimos de forma puramente subjetiva não possui status, até onde eu saiba.[73]

Falou diretamente ao senador Runciman:

Também acredito que seja incrivelmente perigoso para nós irmos em direção à representação de uma visão construcionista social da identidade em nosso sistema jurídico. A visão construcionista social insiste que a identidade humana não é nada além da consequência da socialização... E há quantidades exorbitantes de evidências científicas que sugerem que isso não se dá dessa maneira.

E assim, a razão pela qual isso está sendo instanciado como lei é porque as pessoas que estão promovendo tal tipo de perspectiva, ou pelo menos em parte, porque as pessoas que estão promovendo tal tipo de perspectiva sabem perfeitamente bem que perderam totalmente a batalha no campo científico.[74]

Começou a enumerar nos dedos os motivos pelos quais o C-16 deveria ser derrotado, sem perder o ritmo e enchendo com o máximo de informações possível os dois minutos que lhe restavam:

Está implícito nas políticas da Comissão de Direitos Humanos de Ontário que a identidade sexual, o gênero sexual biológico, a identidade de expressão de gênero e a propensão sexual variam todos de forma independente, e simplesmente não é assim que acontece. E é a ciência que diz que não é assim que acontece, são os fatos, e certamente isso é algo que não deveria estar sendo cada vez mais ensinado para as pessoas nas escolas de ensinos médio e fundamental, que é o que está acontecendo.[75]

Ele pegou e mostrou uma folha com o Unicórnio do Gênero, dizendo:

E isso está sendo ensinado. Incluo este personagem de desenho, que acho especificamente repreensível, direcionado obviamente... para as crianças com cerca de 7 anos, que carrega implicitamente consigo... afirmações como uma consequência de seu modo gráfico de expressão, de que esses elementos de identidade são, primeiro, canônicos e, segundo, independentes. E o fato é que isso não é verdade.[76]

A imagem foi cortada e apareceu uma longa tomada por trás de Jordan e Jared Brown, mostrando os treze legisladores da comissão, e depois voltou de frente para Jordan.

> Acredito que a inclusão da expressão de gênero no projeto de lei é algo extraordinariamente peculiar, considerando-se que a expressão de grupo não é um grupo, e de acordo com a Comissão de Direitos Humanos de Ontário, ela trata de coisas tão triviais quanto o comportamento e a aparência exterior, tais como a roupa, o cabelo, a maquiagem, a linguagem corporal e a voz, que agora, até onde eu sabia, permitem que as pessoas sejam indiciadas por crime de ódio sob o projeto de lei C-16, caso ousem criticar a maneira como alguém se veste, o que para mim é uma questão totalmente voluntária.[77]

Pegou um copo d'água para beber, mas colocou-o de volta na mesa, prosseguindo com o resumo de sua fala:

> Portanto, acredito que a atitude da Comissão de Direitos Humanos de Ontário com relação à responsabilização indireta está projetada especificamente para ser punitiva no sentido que ela responsabiliza os empregadores por assédio ou discriminação, incluindo a não utilização de pronomes preferidos; eles são responsabilizados indiretamente por isso, não importa se saibam ou não o que está acontecendo, se o assédio... foi ou não pretendido. E vou impedir isso. Muito obrigado.[78]

O advogado Jared Brown foi chamado na sequência. Ele mencionou o aumento que viu nas alegações de discriminação em todas as queixas trabalhistas no tribunal. Disse que seu telefone "está agora tocando semanalmente com questões do Tribunal de Direitos Humanos". Então, fez uma observação muito perturbadora:

> Em agosto do ano passado, fiquei sabendo do Dr. Jordan Peterson. Ele estava discutindo sobre o que entendia como sendo uma lei problemática, muito mal escrita. Foi quando observei a coisa mais estranha acontecer.
>
> Advogados, acadêmicos de direito, pessoas importantes começaram a dizer que ele tinha entendido tudo errado sobre a questão jurídica, que não havia nada de incomum sobre este projeto de lei. E eles também disseram que ninguém será preso se descumprir uma ordem do Tribunal de Direitos

Humanos. O que estava acontecendo era que eles não estavam defendendo a lei, mas minimizando seus efeitos.

Pois bem, sendo eu advogado em exercício de minha profissão, toda vez que outro advogado, e, especificamente um acadêmico, diz "Olhe para lá, não há nada para ver aqui", fico com as antenas ligadas. Então, fiz algumas pesquisas, que podem ser encontradas nos arquivos que enviei anteriormente hoje. Ela revela o caminho para a prisão com base neste projeto.[79]

Passou então a dizer que, como advogado comercial, sabia que qualquer pessoa poderia acabar na cadeia se descumprisse uma ordem do tribunal. A questão era, então: o que faremos com as liberdades fundamentais de pensamento, crença, opinião e expressão escritas na Constituição canadense? Perguntou:

> E se, em vez de restringir o que não pode ser dito, o governo de fato ordenasse o que você deve dizer? Ou seja, em vez de legislar que não se pode difamar alguém, por exemplo, o governo disser que quando falamos sobre determinado assunto, digamos, gênero, devemos usar esse conjunto de palavras e teorias aprovadas pelo governo?... No Canadá, a Suprema Corte enunciou o princípio de que "qualquer coisa que force alguém a expressar opiniões que não sejam suas próprias é uma punição totalitária que, como tal, é estranha à tradição das nações livres, como o Canadá".[80]

Brown passou a citar o conjunto de precedentes vinculantes e opiniões jurídicas registradas que indicavam que, se o C-16 fosse aprovado, ficaria a cargo da Comissão Federal de Recursos Humanos preencher os detalhes de como a lei seria executada, exatamente como o fora pela Comissão de Recursos Humanos de Ontário. A Comissão poderia — e provavelmente o faria — incluir instauração de processos por causa de usos de termos vagos e genéricos como, "criar um ambiente venenoso", como fora publicamente afirmado pela diretora da OHRC, Renu Mandhane, em sua velada advertência a Jordan por meio do jornal *Toronto Star*.

A comissão agradeceu o advogado Brown e iniciou o período de perguntas e respostas. Em vez de fazer perguntas, o primeiro membro da comissão, senador George Baker, relembrou Jordan e Brown de que já havia leis como o C-16 em todas as nove províncias do Canadá. As coisas só pioraram dali em diante.

O membro seguinte da comissão, senador Donald Neil Plett, questionou Jordan sobre como ele tratava seus alunos atualmente. Jordan respondeu em parte:

> Nós não começamos uma interação com as pessoas, falando de forma geral, usando uma demonstração mútua de respeito. Geralmente fazemos isso por meio de uma demonstração mútua neutra, que é a forma apropriada para começar uma interação com alguém, porque o respeito é algo que conquistamos como consequência de interações recíprocas que dependem de algo como a reputação, que também é uma consequência de interações repetidas.
>
> E assim, a noção de que se dirigir a alguém por meio da autoidentidade pelas quais se autoidentificaram não é necessariamente uma indicação de respeito humano básico para com elas. Acredito que é um argumento completamente espúrio, especialmente considerando que não há evidências de que mudar a linguagem de maneira forçada nessa direção trará qualquer efeito benéfico. Querem que venhamos a pressupor que, simplesmente porque, hipoteticamente, a intenção seja positiva, o resultado será positivo também, e qualquer cientista social que se preze sabe perfeitamente que raramente este será o caso.[81]

As perguntas e respostas se estenderam por outros 30 ou 40 minutos antes do encerramento. A comissão se reuniu novamente no dia seguinte, 18 de maio, para considerar — possivelmente emendar — e votar sobre o futuro do projeto de lei. Jordan postou a gravação completa da audiência em sua conta no YouTube naquele mesmo dia com uma mensagem logo abaixo do vídeo: "Atualizando: no dia 18 de maio, o C-16 passou por todo o Senado canadense sem nenhuma alteração."[82]

Ele não conseguiu parar, nem mesmo diminuir o ritmo. No mês seguinte, em 15 de junho de 2017, o parlamento votou pela adoção do projeto de lei, que foi oficialmente registrado no dia 19 de junho, tornando-se imediatamente lei. Para os progressistas canadenses, sua longa luta jurídica pelo controle da expressão no Canadá encerrara-se. Para Jordan, era apenas o início. Ele preparou-se para a retaliação.

A reação da mídia foi febril, visto que quase todos os canais escolheram um lado político para apoiar, e aquele foi um momento decisivo na luta por dominância. Jordan seguiu em frente, tecendo muitas manchetes para eles, em vez de baixar a guarda na esperança de evitar uma intimação da Comissão de Direitos Humanos do Canadá. Ele aproveitou o recesso de verão na universidade para continuar a pressionar sua posição.

Os seguidores de seu canal no YouTube chegavam agora a quase 2 milhões, ele tinha quase 1 milhão de seguidores no Twitter, e as doações em sua conta no Patreon atingiram US$61.417 por mês.[83]

Era uma celebridade global, um membro exemplar da dark web intelectual e um marco para a detonação de todas as guerras completas entre a esquerda e a direita. Tinha atraído a febre de guerra dos progressistas ao demonstrar seu apoio aos conservadores há muito tempo suprimidos, jubilando pela recente eleição de Donald Trump.

Jordan encontrara a editora Penguin Books para seu novo livro, antigamente chamado de *As 12 Coisas Mais Valiosas que Todos Precisam Saber*, agora com o novo título *12 Regras para a Vida: Um Antídoto para o Caos*. O telefone tocou, e a Creative Artists Agency, uma das agências de intermediação de talentos mais poderosas no mundo, fez uma proposta bem-sucedida para representá-lo. Eles o apresentaram à Rogers & Cowan, uma das agências de relações públicas mais poderosas do mundo, que também rendeu um contrato de publicidade a Jordan. No dia 7 de agosto, sua neta, Elizabeth Scarlett, nasceu. Não demorou até que a segurasse em seus braços.

Talvez então, mesmo apenas por um momento, os estresses extraordinários de sua guerra pessoal foram aliviados. Foram férias de verão interessantes. Ele teve muito o que dizer aos calouros em suas aulas no novo ano letivo.

A primeira vítima amplamente divulgada do C-16 foi uma aluna de pós-graduação, professora assistente de 22 anos, Lindsay Shepherd, na Universidade Wilfrid Laurier, cerca de 80km a oeste de Toronto. No início de novembro de 2017, quatro meses após o C-16 ter sido transformado em lei, Shepherd teria supostamente cometido o crime de apresentar em sua aula de comunicação um trecho editado do vídeo do debate entre Jordan e o Dr. Nicholas Matte sobre a nova lei.[84]

Shepherd foi levada perante um tribunal encorajado do gabinete de Diversidade e Igualdade na universidade. Os integrantes do tribunal eram Nathan Rambukkana, professor assistente de estudos de comunicação; Herbert Pimlott, professor associado de estudos de comunicação; e Adria Joel, gerente interina do gabinete de Diversidade e Igualdade. Rambukkana tomou a liderança, dizendo a Shepherd que reproduzir um videoclipe de Jordan "era basicamente como... reproduzir neutralmente um discurso de Hitler".[85]

Ele não disse qual era o problema em reproduzir um discurso de Hitler, mas explicou à Shepherd que ela estava "legitimando" Peterson e suas visões prejudiciais, algumas das quais eram agora consideradas ilegais. Afinal, ele havia se recusado publicamente a usar os pronomes multigênero sancionados pelo estado.

Rambukkana disse que os alunos reclamaram da apresentação dela. Ele não disse exatamente quantos, mas deixou a entender que eram diversos. Disse que Shepherd criara um "clima tóxico". Como punição, foi informada de que deveria enviar previamente os planos de aula a ele, que ele poderia assistir as próximas aulas dela, e ela não deveria "apresentar quaisquer outros vídeos controversos dessa categoria".[86]

Curiosamente, Shepherd e seus acusadores compartilhavam basicamente das mesmas visões políticas. Ela era liberal, vegetariana e pró-escolha. Apoiava um sistema público e gratuito de saúde para todos e era ambientalista dedicada.[87]

Conquistara seu mestrado em análise cultural e teoria social na Wilfrid Laurier, portanto, eram todos seus colegas veteranos. A única diferença entre eles parecia ser a de que ela apoiava absolutamente a liberdade de expressão e sabiamente gravou aquela reunião em seu celular escondido.

Shepherd desafiou seus acusadores:

A coisa é a seguinte: vocês conseguem blindar as pessoas dessas ideias? Será que eu deveria confortá-los e garantir que estejam isolados disso? Tipo, é este o assunto aqui? Porque para mim isso é muito contra o propósito de uma universidade, totalmente contra. Eu não estava tomando partido, estava apresentando os dois argumentos.

Rambukkana respondeu:

Então, a questão sobre este assunto é a seguinte: se estiver apresentando alguma coisa como essa, ela, é... você precisa pensar sobre o tipo de clima de ensino que está criando. E isso é, na verdade, esses argumentos são contra o, é... o Código de Direitos Humanos do Canadá desde então, e sei que você falou sobre o C-16.

Desde que ele foi aprovado, torna-se discriminatório ficar visando alguém por causa de sua identidade de gênero ou expressão de gênero. Da mesma forma, também o é trazer algo como isso para a aula, sem ser de forma crítica. E entendo que você estava tentando, tipo...

Shepherd: Era crítico. Apresentei o assunto de forma crítica.

Rambukkana: Como fez isso?

Shepherd: Como disse, foi no espírito do debate.

Rambukkana: Certo, no espírito do debate é levemente diferente do que ser, tipo... certo. Isso é, isso é, tipo, uma ideia problemática que talvez queiramos analisar.

Shepherd: Mas isso seria tomar partido.

Rambukkana: Sim.[88]

Sim. Seus superiores estavam dando ordens a ela para que tomasse partido; considerada antiética por ensinar seus alunos a pensar, agora recebia ordens para dizer a eles o que pensar. O método socrático de educação estava então sendo substituído pelo método soviético.

Eles estavam dizendo-lhe que a política era mais importante do que a educação. Estavam acusando-a de violar a nova lei. Diziam que ela deveria promover as visões políticas deles ou ser denunciada à OHRC por crime federal. Estavam silenciando-a.

Ela não podia acreditar e segurou as lágrimas de choque e ira. Provavelmente parecia um pesadelo orwelliano tornando-se realidade, mas continuou lutando. Para deixar aquela inquisição perante o tribunal ainda mais desorientadora, Rambukkana abriu o verbo com a nova linguagem orwelliana: "Tudo bem, entendo a posição de onde você está saindo e o seu posicionamento, mas a realidade é que isso criou um clima tóxico para alguns alunos."

Shepherd respondeu: "Quem? Sabe, quantos? Um?"

"É... posso falar?" O professor não estava concordando que um aluno reclamara; estava reconhecendo a preocupação dela. Rambukkana foi evasivo e parecia não estar seguro de si mesmo, mas manteve-se extremamente comprometido com aquela realidade de Big Brother. Shepherd começou a perder o controle. Sua voz começou a embargar na medida em que continuava a interromper: "Não tenho noção de, tipo, quantas pessoas reclamaram, qual foi a reclamação deles. Você não me mostrou a reclamação."

Aparentemente, ele não tinha que mostrar nada para ela. Estava informando-a da decisão do gabinete de Diversidade e Igualdade. Ele desviou-se das perguntas dela sobre o número de alunos que tinham reclamado e qual, exatamente, era a reclamação. Rambukkana continuou: "Sim, entendo que isso a está chateando, mas também há confidencialidade, assuntos confidenciais."

"O número de pessoas é confidencial?", questionou Shepherd.

"Sim. Consegue ver como isso não é, não é algo, tipo, isso é intelectualmente neutro, meio que 'para debater'? Isso, digo, é a Carta dos Direitos e das Liberdades", respondeu Rambukkana.

O professor mentira sobre o número de pessoas ser confidencial. Ele a alertou que talvez tivesse violado a constituição canadense. Aquilo também era uma mentira, e Shepherd não engoliria mais nada: "Só que *é sim* para debater."

O professor sibilou exasperado: "Mas, quero dizer, você é perfeitamente bem-vinda para ter suas próprias opiniões, mas quando as está trazendo para o contexto da sala de aula, isso pode se tornar problemático e pode se tornar algo que é, que cria um ambiente inseguro de aprendizagem para os alunos."

Shepherd devolveu: "Mas quando eles saírem da universidade, estarão expostos a essas ideias. Então, não vejo como estou prestando um desserviço para a turma ao expô-los a ideias que realmente estão aí fora. E sinto muito se estou chorando. Estou estressada porque, para mim, isso é muito, mas muito errado."

A gerente do gabinete, Adria Joel, interveio: "Posso mencionar a Violência de Gênero, a Política de Violência de Gênero e Sexo?" Porém, Rambukkana ignorou-a, decidido em sua perseguição de Shepherd, dizendo: "Você entende que o que aconteceu foi contra, desculpe, Adria, qual era a política?"

"Política de Violência de Gênero e Sexo", respondeu Adria.

Shepherd apelou então a Joel para que apresentasse a evidência contra ela: "Desculpe, o que foi que violei nessa política?"

Joel ficou sem resposta. Então, surgiu uma: "É... [*pausa*] então, violência com base em gênero, transfobia, nessa política. Causando danos, é... para alunos trans ao, é... [*longa pausa*], considerar suas identidades como inválidas. Ou seus pronomes como inválidos."

Rambukkana interrompeu: "Ou algo do tipo potencialmente —" Joel o cortou: "Potencialmente inválido..."

"Portanto, causei danos sob o Código de Direitos Humanos de Ontário?", argumentou Shepherd.

"Que é, sob o Código de Direitos Humanos de Ontário, algo protegido e também algo que Laurier considera como de valor", Joel apontou.

"Certo, então por representação, por mostrar um vídeo do YouTube, sou transfóbica e causei danos e violência? Que seja. Não há nada que possa fazer para controlar isso."

Rambukkana atacou sua rebeldia: "Certo, então isso não é algo com o qual você tem problemas? São alunos muito jovens, e algo dessa natureza não é apropriado para a idade deles porque eles não têm —"

"Dezoito?"

"Sim."

"São adultos."

"Sim, mas são jovens adultos. Eles não têm as ferramentas críticas básicas para conseguirem separar as coisas ainda. Isso é uma das coisas que estamos ensinando a eles e, portanto, é por isso que se torna algo que precisa ser feito com um pouco mais de cuidado."

Shepherd levantou a voz: "Em uma universidade, todas as perspectivas são válidas!"

"Isso não é necessariamente verdade, Lindsay."[89]

Não é necessariamente verdade. A escritora de opinião para o *National Post*, Christie Blatchford, descreveu a reunião inteira da seguinte forma:

> Na reunião, que durou 35 minutos, onde eram 3 contra 1, Shepherd defendeu-se vigorosamente, explicando que tinha sido escrupulosamente equilibrada entre os lados, sem tomar partido ou endossar as opiniões de Jordan antes de mostrar o vídeo, e que seus alunos pareciam estar engajados o assistindo, tendo expressado uma vasta gama de opiniões.
>
> Mas isso era parte do problema, foi o que lhe disseram — ao apresentar a questão de forma neutra, sem ter condenado as visões de Peterson como sendo "problemáticas", ou, pior, ela estava cultivando "um espaço onde tais opiniões podem ser cultivadas".[90]

Blatchford continuou descrevendo a natureza agressivamente suspeita de Rambukkana e Pimlott:

> Os dois professores pareciam suspeitar de que, talvez, Shepherd fosse uma espiã para Peterson e estavam alertas para qualquer dica de que era apoiadora secreta do temido movimento "direita alternativa" que ambos mencionaram.
>
> Rambukkana perguntou a ela despretensiosamente se não era da Universidade de Toronto, ao que Shepherd respondeu negativamente.

"Ah", exclamou Rambukkana, "então você não é uma das alunas de Jordan Peterson".

Então, ele disse que Peterson estava "altamente envolvido com a direita alternativa", que fazia bullying contra seus próprios alunos, e perguntou: "Entende por que isso não é algo... para se debater?"

Pimlott parecia obcecado com as qualificações acadêmicas — suas próprias e as que Peterson supostamente não tinha — e, a certa altura, expressou divertimento pela forma como Peterson caracterizava a esquerda como estando no poder da academia e quando disse que "você será preso" se não usar os pronomes preferidos das pessoas ou se não professar lealdade ao marxismo cultural.

"Todo mundo tem o direito de ter opiniões", colocou Pimlott, porém a universidade tem o "dever de garantir que não estejamos promovendo... Jordan Peterson."

Ficaram alheios ao fato de que eles próprios estavam provando que ele [Jordan] estava certo ao realizar, em 2017, o equivalente às "sessões de luta" tão adoradas na China de Mao.[91]

Após a reunião, Shepherd passou a ser evitada por seus pares progressistas. Foi chamada — na cara e por escrito — de transfóbica e heroína da direita alternativa. Então, ela disse que tinha "cerca de 70% de certeza que deixaria Wilfrid Laurier após o final daquele semestre".[92]

O clamor público crescia conforme a notícia sobre o incidente se espalhava. Sob pressão, a universidade examinou a reprimenda a Shepherd e descobriu que o tribunal estava errado. Na verdade, não houve reclamações vindas de nenhum aluno dela. Era tudo uma mentira criada pelos professores e pela administradora Adria Joel, com base na reclamação de uma pessoa que tinha ouvido algo sobre o incidente no *campus*. Contudo, apesar de tal reconhecimento, a universidade não puniu os três inquisidores nem apresentou qualquer pedido de desculpas a Shepherd ou reconhecimento de que fez algo errado. Eles não levantaram as sanções impostas contra Shepherd. Pelo contrário.

A presidente Deborah MacLatchy apareceu no programa *The Agenda*, da TVO, e defendeu o tribunal. Ela se recusou a admitir que Shepherd agira corretamente, apesar das repetidas perguntas do apresentador Steve Paikin sobre esse assunto em específico. A ira pública finalmente entrou em erupção em defesa de Shepherd e contra a universidade.

Com o fervilhar da ira pública, MacLatchy e o professor Rambukkana emitiram uma não desculpa contrita no boletim de imprensa, com o texto de MacLatchy:

> Por meio da mídia, tivemos agora a oportunidade de ouvir a gravação completa da reunião que ocorreu na Universidade Wilfrid Laurier. Após ouvirmos a gravação, um pedido de desculpas faz-se necessário. A conversa que ouvi não reflete os valores e as práticas aos quais a Laurier aspira. Sinto muito que isso tenha ocorrido da forma como ocorreu e lamento o impacto que causou em Lindsay Shepherd.[93]

Ela disse que um pedido de desculpas se fazia necessário. Disse que sentia muito pela forma como o incidente ocorrera. Até mesmo lamentou o impacto que o fato causou em Shepherd, mas, impressionantemente, não pediu desculpas a Shepherd. Rambukkana foi ainda mais evasivo, escrevendo: "Queria escrever para pedir desculpas... não pude fazê-lo devido a preocupações com confidencialidade... Tudo que aconteceu desde a reunião me proporcionou a oportunidade de repensar não apenas minha forma de discutir as preocupações daquele dia, mas muitas das coisas que disse em nossa reunião também."[94]

Longe do olhar público, também não houve pedidos de desculpas e nenhum outro esforço para tentar aliviar o suplício de Shepherd. Não houve punições para os três acusadores. Shepherd passou a ser evitada e tornou-se uma pária na Wilfrid Laurier. As sanções que a impediam de falar livremente para seus alunos permaneceram.

Na primavera seguinte, Shepherd chegou ao seu limite. Estava óbvio que sua carreira acadêmica estava efetivamente acabada, aos 22 anos. Em junho, ela processou seus três acusadores, a universidade e o aluno, ou a aluna, de pós-graduação do Centro Arco-íris, a comunidade de apoio LGBTQ, que tinha ouvido uma discussão do julgamento de Shepherd e entrou com uma reclamação contra ela no gabinete de Diversidade e

Igualdade. Assim, essa única pessoa, aparentemente uma das muitas progressistas impertinentes e ressentidas do *campus*, reclamara sobre a aula de Shepherd. O único detalhe é que a pessoa, de fato, não estava lá para testemunhar.

Shepherd processou o grupo e cada um individualmente pedindo US$500 mil no processo de assédio, US$500 mil por imposição intencional de choque nervoso, US$500 mil por negligência, US$100 mil por demissão indireta, US$500 mil por indenização de agravamento, US$500 mil por indenizações gerais e US$1 milhão por indenizações punitivas — totalizando US$3,6 milhões.

Jordan aproveitou a oportunidade para expor e denunciar o incidente completo em detalhes. Ele leu sua longa queixa em um vídeo de 37 minutos.[95]

Estava processando a Wilfrid Laurier por "falsidade injuriosa e danos punitivos". A quantia era de US$1,5 milhão.

A universidade emitiu outro boletim de imprensa imponderado. Talvez não conseguissem mais segurar seu ressentimento impertinente para com aquele líder transfóbico da direita alternativa.

O boletim de imprensa do dia 31 de agosto afirmava que o processo de Jordan estava "sendo usado como um meio ilegítimo de limitar a expressão em questões de interesse público, incluindo a identidade de gênero".[96]

Ops! O advogado de Jordan, Howard Levitt, discordou: "[Laurier] achou que emitir um boletim de imprensa os ajudaria, mas, pelo contrário, eles o difamaram novamente."[97]

Jordan entrou com um segundo processo contra a universidade por difamação. Desta vez, a quantia era de US$1,75 milhão. A universidade estava agora enfrentando processos que somavam US$6,85 milhões.[98]

Em vez de se retirar, após sua derrota quanto ao C-16, Jordan lançou uma série de contra-ataques, sendo esse contra a Wilfrid Laurier apenas o mais recente. Ao invés de estar encerrada, a batalha pela civilização ocidental estava agora praticamente em fúria total. As armas principais estavam sendo posicionadas.

A moderadora da BBC, Cathy Newman, nunca soube o que a atingiu. Eram só ataques e defesas, "então o que você está dizendo é que", tentando colocar palavras na boca de Jordan até receber aquela resposta amigável que a desarmou. Ela perguntou por que ele tinha o direito de ofender as pessoas trans. Ele respondeu que era pelo mesmo direito que ela tinha de ofendê-lo, e ele não se importava com aquilo. Ela ficou paralisada, com o rosto torto enquanto pensava, claramente tentando alinhar uma réplica que simplesmente não colaria mais. Então, ela gaguejou alguma coisa, ganhando tempo para se recompor. O Channel 4 News, o programa de notícias mais popular da Inglaterra, não gostou nada daquilo — péssima apresentação, querida. Na sequência, Jordan desferiu o golpe de misericórdia: "Ha! Peguei você!"[99]

Ele continuou:

> Vejo que entendeu meu ponto de vista... Você está fazendo o que deve fazer, que é cavucar um pouco para ver que diabos está acontecendo. E é isso que deveria fazer, porque está exercendo sua liberdade de expressão e certamente corre o risco de me ofender, e tudo bem. Por mim, mais poder para você.[100]

O argumento acalorado dela, de que ele não deveria ter o direito de ofender as pessoas, especialmente as pessoas transgênero, ficou em pedaços ao redor de seus ouvidos.

Era o fim do show para Cathy Newman por ora. O canal posteriormente alegou que ela fora ameaçada por apoiadores de Jordan, gerando certa compaixão em favor dela. No entanto, foi um bom programa, chegando a receber mais de 17 milhões de visualizações no YouTube do Channel 4, e mais de 130 mil comentários. Infelizmente, muitos deles, talvez a maioria, não estavam do lado de Cathy.

Para Jordan, era uma vitória total. Ele mitigara o ataque de Newman e transformara-o em uma derrota constrangedora. Ele derrotara, ao vivo em um canal de TV internacional, uma das líderes mais expressivas e divulgadas do movimento progressista.

E ao vencedor, os despojos da guerra. Fama, poder e riqueza choveram sobre ele. Parecia que todos no mundo de repente queriam falar com ele. Competiam por um lugar na fila. Enormes carros pretos abriam suas portas para levá-lo a cafés da manhã e depois para entrevistas, reuniões no almoço e de volta ao hotel em alguma cidade, indo sempre para mais longe de Toronto.

Cada vez mais, Tammy e Mikhaila administravam os detalhes das recepções e da organização nos bastidores. Tammy também garantia que o único alimento de Jordan, carne bovina, fosse orgânico, da melhor qualidade e perfeitamente cozido. Ele descobriu que dava para acrescentar água com gás à sua dieta composta por três ingredientes. Foi um agradinho inacreditável somado à sua carne e sal. A dieta carnívora de Mikhaila estava se tornando rapidamente o milagre mais chato que ele poderia imaginar. A pura chatice daquilo garantia que nunca comesse demais. Após um ano na dieta, fez seu exame completo de sangue, que encontrou tudo nas mais perfeitas condições médicas. Os resultados dos exames podem tê-lo mantido interessado, mas seu menu certamente não.

Mikhaila e a pequena Elizabeth Scarlett posteriormente juntaram-se à caravana com Tammy, e às vezes com Julian, conforme os convites levavam Jordan por todo o Canadá e os Estados Unidos. No começo, foi divertido, depois ficou um pouco assustador, à medida que cada vez mais estranhos se aproximavam dele na rua, nos elevadores e nos aeroportos. Sem exceção, esses estranhos eram, na verdade, fãs amigáveis, muitos com histórias comoventes sobre como as palestras dele tinham melhorado suas vidas e, em alguns casos, até as salvado. Jordan sempre tirava um tempo para ouvi-las. Ficava profundamente tocado, quase sempre ao ponto de chorar. Considerando toda a luta e conflito, ele ainda tinha um coração extremamente tenro, de terapeuta. Para alguns, ele tornara-se um messias.

Mas isso foi em janeiro. Chegando maio, ele não aguentava mais. Estava acabado. Passado. Bem quando sua fama estava no auge e sua vida caótica estava acalmando-se em uma rotina, o *New York Times* chamou-o para uma entrevista. Parecia que aquela era a hora.

O principal jornal dos EUA retrataria Jordan para milhares de pessoas que entendiam inglês ao redor do mundo. Estava entrando para a história.

A repórter Nellie Bowles foi a Toronto e passou dois dias fazendo amizade com Jordan.

Ele estendeu um caloroso convite a ela, recebendo-a em seu lar, compartilhando seus pensamentos com ela, permitindo que ela ouvisse as ligações de negócios e participasse com ele de um compromisso local onde faria uma apresentação.

Nellie voltou a Nova York, consultou seus editores e revisou suas anotações. Então, ela enfiou gentilmente um estilete jornalístico entre as costelas de Jordan. Foi um ato de pura e impenitente traição, do tipo que ele apenas lera nos contos de fadas. Mas lá estava, em tinta preta com respingos de veneno. Sua amiga escreveu:

> A maioria de suas ideias surge de uma ansiedade corrosiva em torno do gênero. "O espírito masculino está sob ataque", disse ele. "Isso é óbvio."
>
> No mundo do Sr. Peterson, a ordem é o masculino. O caos é o feminino. E se uma overdose da feminilidade é nosso novo veneno, o Sr. Peterson tem a cura.
>
> Daí, o subtítulo de seu novo livro: "Um Antídoto para o Caos."[101]

Não estava transbordando de veneno; Nellie era esperta demais para não ter feito isso. Era o suficiente para deixar a vítima doente, e foi o que aconteceu. A notícia se espalhou, Jordan Peterson era bruto e misógino, assim como Trump — o mesmo cara, sotaque diferente. As reportagens objetivas tinham tirado férias, e Cathy Newman teve sua vingança.

> A casa do Sr. Peterson tem uma cuidadosa curadoria do horror. Ele a encheu com uma extensão de arte que cobre as paredes do chão ao teto. A maior parte é composta por propaganda comunista da União Soviética (cenas de execução, soldados com aparência de nobres) — um lembrete constante, diz ele, das atrocidades e da opressão. Ele quer sentir o aprisionamento deles, embora viva aqui em uma calma rua residencial em Toronto, e tenha plena liberdade.[102]

O *New York Times* pronunciara-se. Sem recursos. Ele estava acabado. Mas isso foi em maio. Agora, já era setembro. O livro de Jordan *12 Regras para a Vida: Um Antídoto para o Caos* vendera mais de 2 milhões de exemplares.[103] Esteve no topo da lista de best-sellers internacionais durante semanas. Curiosamente, nunca apareceu na lista dos mais vendidos do *New*

*York Times*. Eles alegaram que o motivo era que o livro fora publicado no Canadá.[104] Ele estava viajando o mundo com sua família e lotando teatros e salas de palestras sistematicamente. Dave Rubin, um comediante popular, apresentador de podcast e um dos pilares da DWI, viajava junto com Jordan, fazendo o ato de abertura. Rubin ficou meio que perplexo com a resistência e a força mental de Jordan no palco, dizendo:

> Ele é incrível. Nunca o vi fazer a mesma apresentação duas vezes.
>
> Cada noite é única, completamente, visto que ele nunca usa anotações. É espontâneo. Ele dá perspectivas 100% novas, todas as noites. Nunca vi nada parecido.[105]

A participação paga do público chegava à marca de 200 mil pessoas, e todas as plateias eram uniformemente atenciosas e acolhedoras. Basicamente, não houve perturbações. Mesmo do lado de fora, onde poderia haver manifestações, essas foram extremamente raras.

Centenas de pagantes desembolsavam US$200 adicionais para fazer uma foto, ter uma conversa de 15 segundos e participar de uma sessão de perguntas e respostas por determinado período com Jordan após cada evento. As plateias ao vivo, diferentemente de seu canal no YouTube e no feed de seu Twitter, que eram geralmente 90% homens e 10% mulheres, tinham aproximadamente 70% de homens e 30% de mulheres.

Quando não tinham que viajar no dia seguinte, as apresentações, que começavam às 20h, esticavam-se até a meia-noite. Após todas as fotos terem sido tiradas, Jordan sentava-se na beira do palco, pacientemente conversando e respondendo perguntas enquanto Mikhaila, a gerente da turnê de apresentações, ficava de prontidão ou sentada na parte de trás da plateia, esperando pacientemente até que a última pessoa tivesse terminado a conversa. Ela era responsável por supervisionar a equipe de palco para embalarem e despacharem o set, formado por um pequeno tapete, uma cadeira e uma mesa, para o próximo destino.

Mikhaila às vezes abria o evento, quando Rubin não estava disponível, compartilhando sua opinião amigável e despretensiosa sobre o turbilhão de fama ao redor de seu pai no momento. Ela respondia perguntas, a maioria sobre sua dieta carnívora, às vezes sobre seu pai. Não havia qualquer indicação de nervosismo ou fingimento perante a plateia. Era apenas a amigável e humilde Mikhaila.

Apesar dos rumores de sua morte pela publicidade no *New York Times*, seu poder e influência continuaram a crescer. Em um intervalo das viagens, de volta a Toronto, ele tuitou corajosamente para o premier de Ontário, Doug Ford, enviando um ataque sobre a Comissão de Direitos Humanos de Ontário e um segundo alvo: "Quanto antes a Comissão de Direitos Humanos de Ontário for abolida, melhor @fordnation. Não há nenhuma outra organização no Canadá que seja tão perigosa, com a possível exceção do Instituto para Estudos em Educação de Ontário: [link] j.mp/2C7nuhf."[106]

Isso foi em resposta à participação de Renu Mandhane no programa de rádio da CBC *Metro Morning with Matt Galloway*, naquele mesmo dia, 10 de outubro. Mandhane tinha falado sobre a intenção da OHRC em dar apoio a um processo que buscava injetar as novas teorias da diversidade de gênero e dos direitos dos alunos LGBTQ no currículo das escolas de ensino fundamental na província. Oito dias após seu tuíte, ele teve uma reunião secreta com o presidente Ford. O fato foi descoberto meses depois pela CBC por meio de uma petição da Liberdade de Informação dizendo que "Ford se reuniu com Peterson 'para discutir a liberdade de expressão nos *campi* das universidades e faculdades de Ontário', disse a assessoria de imprensa do premier na sexta-feira em um e-mail para a CBC News."[107]

Mesmo com a provocação direta de Mandhane, da OHRC e com o incendiário apelo público para o premier de Ontário, Ford, ficava óbvio que a OHRC não estava preparada para ir atrás de Jordan por seus vários insultos e desafios à teoria da diversidade de gênero. Também ficava óbvio que Jordan estava cutucando a onça com vara curta desde o início. Ele afirmara claramente, muitas vezes e de muitas formas:

> Acredito que o Tribunal de Direitos Humanos de Ontário está obrigado por sua própria teia emaranhada a me levar perante si. Se me multarem, não vou pagar. Se me colocarem na cadeia, farei greve de fome. [*Enfaticamente*]. *Não vou fazer isso. E ponto final.* Eu *não* vou usar as palavras que outras pessoas exigem que eu use. Especialmente se forem inventadas pelos ideólogos da esquerda radical.[108]

Contudo, a OHRC permaneceu muda e imóvel. Por quê? Com todos os novos poderes emanados pelo C-16, logicamente eles iriam querer usá-lo para derrotar antagonistas como Jordan Peterson. A reticência deles possivelmente se dava porque a teoria da diversidade de gênero e as leis ao redor dela não resistiriam a um desafio perante a Suprema Corte do Canadá, e a experiente advogada Mandhane sabia disso. E ela também sabia que Jordan e Jared estavam subindo pelas paredes para ver a OHRC lá.

Juridicamente, a OHRC estava bloqueada pela constituição do Canadá, que garantia a liberdade de expressão, e pela nova lei de Liberdade de Expressão patrocinada pelo gabinete do premier Ford. Ironicamente, foram as universidades canadenses que identificaram a derrota prática do C-16 no mundo real. O apresentador da TVO, Steve Paikin, que vinha entrevistando Jordan há mais de dez anos, escreveu no dia 4 de março de 2019:

> Algumas universidades estão preocupadas que a nova política de liberdade de expressão nos *campi* trará desafios para que a Constituição siga em frente: alunos podem alegar que os direitos de expressão de um palestrante foram violados por manifestantes e, em última instância, pela administração de sua universidade. A província também ameaçou as universidades com cortes não especificados de orçamento, caso não venham a aderir à nova política de liberdade de expressão.
>
> "Mesmo que os desafios à Constituição não obtenham sucesso, poderia custar milhões para nos defendermos", diz um representante da universidade, que pediu para não ser identificado.[109]

Aparentemente, a conversa particular de Jordan com o premier de Ontário, Doug Ford, finalmente derrotara o C-16, principalmente por motivos práticos. Quando a lei do premier Ford de Liberdade de Expressão ameaçou cortar o orçamento das universidades, o C-16 caiu. Não haveria expressões adicionais proibidas ou expressão forçada em Ontário e, por extensão, em todo o Canadá. Jordan vencera. Por ora. Isso não significava que a OHRC tinha perdido todas as suas presas. Eles ainda atacariam alvos ocasionais, como a trabalhadora Lindsay Shepherd ou o proprietário de uma pequena empresa que não conseguiria pagar um processo contra o governo. Jordan viria a postar tuítes em defesa deles, além de muitos incidentes em seu site.

No dia 14 de abril de 2019, o tour de divulgação de seu livro *12 Regras* levou-o ao Teatro Beacon, em Nova York. Mikhaila abriu o evento com suas ideias divertidas sobre como era ser filha de Jordan Peterson. Depois, apresentou seu pai. Ele entrou com a plateia aplaudindo-o em pé.

Durante sua apresentação, que durou uma hora, caminhava confortavelmente pelo palco, indo e voltando, ocasionalmente parando para conferir suas palavras. Tornara-se ainda mais cuidadoso do que o normal para usar uma linguagem precisa. Muitos amigos e apoiadores da OHRC estavam escrutinando cada uma de suas palavras públicas. Ele movia-se com fluidez entre os temas dos diversos capítulos de seu novo livro, dizendo:

> É uma responsabilidade moral controlar a si mesmo... Soljenítsin sentia que o tempo que passou no gulag era expiação por seu papel na Segunda Guerra Mundial... Quando nos apaixonamos, vemos o que o outro poderia ser... A descoberta do futuro antecipa a gratificação. A recompensa [a gratificação atrasada] no futuro é a descoberta do próprio tempo... Os ressentidos reclamarão a Deus mesmo se não acreditam nele... O ressentimento de Caim é a causa-raiz da degeneração da civilização... É o fracasso do indivíduo, no nível moral, que perpetua os horrores do mundo... A habilidade de falar a verdade estabiliza o mundo... As pessoas não estão fazendo filas na fronteira para escapar dos Estados Unidos... O indivíduo é imputado com a responsabilidade pelo mundo... Nunca escapamos com nada, nunca... Em Gênesis, Deus usa a verdade para criar o mundo... Algo divino que confronta o potencial cria algo bom... A mentira deixa a vida pior... O maior arrependimento das pessoas mais velhas é pelas oportunidades perdidas, e não pelo que fizeram... Se for verdadeiro consigo mesmo, pelo menos terá a aventura de sua vida... Você tem a responsabilidade de exercer seu papel na construção da realidade do mundo. Se não fizer isso, deixará um buraco na estrutura do mundo... Somos todos velejadores condenados nos mares tempestuosos. Tudo que podemos fazer é definir um curso por meio das estrelas... A virtude é

a combinação de muitas virtudes... Estude o cartunista R. Crumb e entenderá a motivação de um estuprador.[110]

Ele recomendou cinco livros: *O Arquipélago Gulag*, *Crime e Castigo*, *O Caminho para Wigan Pier*, *Affective Neuroscience* [Neurociência Afetiva, em tradução livre] e *The Neuropsychology of Anxiety* [A Neuropsicologia da Ansiedade, em tradução livre].

Agradeceu a plateia e curvou sua cabeça. A reação foi espetacular. Todos se levantaram juntos e aplaudiram, assobiaram e gritaram: "Uhull!" A comoção continuou, e ele curvou-se novamente. A coisa não parou, parecendo estender-se por minutos, nunca diminuindo a energia. Curvou-se uma terceira vez. Então, lá estava ele, sorrindo, olhando para todos os camarotes e o mezanino. Finalmente, levantou seus braços em vitória e saiu.

Mikhaila apareceu e deu instruções orientando as pessoas que tinham comprado a foto com Jordan e a participação na sessão de perguntas e respostas a fazerem uma fila no corredor ao lado direito do palco. Um fundo para as fotos foi levado à frente da plateia. Durante a hora seguinte, mais de duzentas pessoas tiraram suas fotos com Jordan. Ele cumprimentou e conversou brevemente com cada uma. Claramente, gostava de conhecê-las; cada conversa variava em duração e tom, de acordo com suas expressões. À medida que cada pessoa terminava, eram direcionadas para a frente da seção central dos assentos da orquestra.

O fundo para as fotos foi retirado. Jordan subiu ao palco novamente e cruzou o palco. Parou por um momento, sorrindo, desfrutando de seus fãs de carteirinha ali reunidos. Foi até a borda e sentou-se ali, com as pernas balançando no ar. Agora, ele fazia parte deles, estava entre eles. Durante os noventa minutos seguintes, respondeu paciente e gentilmente a cada pergunta. Era de se imaginar que ouvira algumas daquelas perguntas centenas de vezes recentemente, mas ninguém recebeu uma resposta rude ou desconsiderada. Mikhaila aguardava em silêncio, sentada nos degraus da saída de emergência no lado esquerdo do palco, bem ao centro da casa de eventos, enquanto seu pai falava livremente sobre seus pensamentos e suas preocupações.

# EPÍLOGO

No dia antes de sua participação no Teatro Beacon, conheci Jordan pessoalmente, em um pequeno café na Sexta Avenida, em Manhattan. Ele me cumprimentou com seu habitual sorriso amplo e sem mostrar os dentes, seguido por curto aceno de cabeça. Foi uma apresentação amigável, e eu queria muito parecer ser um amigo para ele, e não um biógrafo intrometido e controlador.

Sentamo-nos a uma pequena mesa. Eu pedi chá e croissant, ele foi ao balcão para pedir uma garrafa de água enquanto eu revisava minhas poucas anotações. Eu queria que aquele fosse um momento casual para nos conhecermos, um encontro pessoal, sem pressões. Ele retornou, e falamos amenidades sobre Nova York, visto que eu morava lá há quase vinte anos, e a cidade era novidade para ele.

Uma senhora mais velha estava tentando passar por Jordan em direção a um assento individual junto à parede distante.

Ela estava equilibrando seu café e pãozinho em uma das mãos, enquanto com a outra segurava seu andador de alumínio. Jordan não percebeu, então pedi a ele que, por favor, deixasse-a passar.

Ele levantou-se imediatamente e desculpou-se, abrindo caminho para ela. Algumas estudantes perto da cadeira à qual se dirigia colocaram de repente suas pilhas de livros sobre o assento. A senhora ficou perdida. Convidei-a a sentar-se conosco. Jordan sorriu com a ideia, e ela aceitou.

Eu disse a ela que estávamos apenas tendo um bate-papo de negócios e que seria bem chato para ela. Ela deu de ombros, desenrolou o pãozinho do guardanapo e disse: "Tanto faz, não consigo ouvir mesmo."

Jordan e eu achamos graça da típica resposta nova-iorquina.

Retomamos nosso bate-papo em seguida, e as apresentações encerraram-se. Após uma pausa, ele me perguntou: "Que perguntas você tem para mim?"

Ele inclinou-se para trás, com os olhos semicerrados, e analisou minha linguagem corporal. Levou suas mãos à frente da boca e as fechou. Sua linguagem corporal me dizia que ele teria muito cuidado com suas palavras. Não era nada do que eu queria. Eu sabia que tinha meses de pesquisa pela frente e não fazia muito sentido aprofundar-me nos detalhes ou buscar citações que pudesse usar depois já no primeiro encontro. Eu preparara algumas perguntas gerais, mas apenas queria conhecê-lo, como pessoa, um homem em uma situação incomum de repentina fama mundial e grande riqueza. Eu já tinha escrito um rascunho do primeiro capítulo deste livro de modo a vender a ideia da obra para a editora. Perguntei: "Antes de começarmos, pensei que seria uma boa ideia você dar uma lida na primeira página do livro. Veja se gosta."

Lentamente, tirou as mãos da frente da boca e acenou em concordância. Meu editor me dissera de forma incisiva e repetida para que eu não fizesse isso. Se não desse certo, poderia ser o fim do projeto. Talvez eu tenha herdado a mentalidade de meu pai, apostador em jogos muito improváveis, mas que foi notório e muito bem-sucedido. Eu também tinha um respeito muito grande por Jordan e seu trabalho. Se eu estivesse meio fora, se ele odiasse minha escrita, queria saber logo de cara. Sempre havia a possibilidade de conseguir outro emprego como vendedor de seguros.

Como você já leu, o primeiro capítulo, especialmente a primeira página, foi o mais pessoalmente intrusivo sobre Jordan, revelando-o como um jovem rapaz à beira da loucura e da violência. Ele leu cuidadosamente, acenando em aprovação, e depois ergueu os olhos em minha direção com um aceno positivo final de reconhecimento, talvez de aprovação. Pressionei: "Está aprovado?"

Ele estava hesitante, ainda cuidadoso: "Bem, sim."

Com meus dados lançados e os pontos conquistados, ele retornou à postura de entrevista. Queria saber se eu tinha perguntas para ele.

"Com seu novo poder e posição, o que fará para não se tornar corrupto?", perguntei.

"Bem, tenho cerca de trinta pessoas agora me observando. Verificando tudo o que faço", respondeu.

"Deveria trazer todo mundo com você, como uma gangue, com umas correntes grandonas de ouro e vestindo roupas de corrida. Ficaria legal."

Ele riu um pouco. Eu realmente não queria fazer uma entrevista. Apenas queria conversar, senti-lo um pouco, ver se daria para trabalharmos juntos. Perguntei algumas outras coisas genéricas, como o que achava da mídia, abrindo minha guarda, caso ele quisesse atacar. Ele previu a "morte da mídia mainstream" e da "academia". Elas tinham ido longe demais, de acordo com ele, estavam se suicidando. Não senti qualquer animosidade contra mim. Obviamente, eu não era um repórter investigativo, e talvez não fosse um amigo assassino também, como a repórter do *New York Times*. Ele me perguntou: "Há quanto tempo faz isso [escrever]?"

Levei um tempinho para calcular. "Quarenta e dois anos."

Acenou novamente; seu rosto demonstrou respeito pelo comprometimento. Perguntei, arriscando um pouquinho: "Como está indo com a depressão?"

"Nada mal, nada mal", informou.

*Por que diabos eu disse isso?!* Percebi rapidamente e passei a compartilhar a história da minha própria família com a depressão, incluindo um membro atual que tinha começado com as medicações mais recentes, mesmo antes do ISRS. Mencionei como achava que os remédios o deixavam instável, aparentemente calmo e agradável em um momento, bravo e frustrado no outro. Acho que me empolguei ou perdi o contato visual com ele por um momento, perdido que estava em minha própria pequena dor. Olhei para cima e ele estava me encarando com lágrimas nos olhos. Pensei: *Agora já era. Atingi seu ponto mais fraco e o machuquei.*

A coisa se transformava rapidamente em um desastre. Pressionei: "Sei que pagou um preço terrível, com as pessoas vindo a você de todas as direções. Sem saber em quem confiar. Deve ser difícil. Eu também, de certa forma. Tive que pagar muito para poder falar e pensar do meu jeito."

Tinha em mente minha conversão à filosofia conservadora e tradicionalista, tendo saído de uma família e uma educação liberal e progressista. Ele ficou calmamente curioso: "O que você pagou?"

Agora, eu estava sob o microscópio. Conseguia ver o livro, meu grande momento, minha reputação, todos queimando em chamas conforme eu revelava como era fraco e sem esperanças. A verdade era que meu emocional estava em trapos. Minha esposa, após vinte anos de casamento, tinha falecido recentemente, e eu estava mais isolado e deprimido do que nunca estive na vida. Olhei para ele, esperei um momento e disse: "Perdi meus amigos e família."

Ele olhou para longe, ignorando minha preocupação, como se eu tivesse perdido a receita de biscoitos da minha avó, e soltou: "Ah, isso."

Foi engraçado! Um humor macabro. Éramos homens condenados, as cabeças baixadas na guilhotina, tirando sarro do sapato do algoz. Ele sabia exatamente do que eu estava falando.

Uma jovem mulher, com trinta e poucos anos, parou junto à nossa mesa. Ela encarou Jordan por um momento. Ele sorriu e disse olá.

"Com licença, Dr. Peterson. Só queria dizer o quanto você me ajudou, de verdade."

De repente, os olhos dela se encheram de lágrimas. Jordan a observou, balançando a cabeça de forma lenta e positiva em reconhecimento conforme ela contava sobre as terríveis divisões em sua família, sua profunda decepção no amor e como ouvi-lo a trouxe de volta da beira do precipício. Era corajosa, contando sua história ao ponto de chorar profundamente, mesmo entre estranhos em um café.

Observei Jordan. Estava absorto na história dela, seus olhos também estavam cheios de lágrimas.

Ele estendeu sua mão para ela. Ficaram de mãos dadas por um curto momento, depois ele a cumprimentou, confortando-a. Ela desculpou-se para mim, depois para Jordan, e secou seus olhos. Disse: "Muito obrigada."

Com isso, virou-se e saiu do estabelecimento. Jordan voltou-se para mim, com os olhos transbordantes. Encolheu os ombros e balançou a cabeça lentamente, sem palavras.

Nosso tempo acabara. Jordan mencionou seu próximo compromisso. Levantamos, apertamos as mãos, e ele sorriu amavelmente. Eu não sabia o que dizer. Havia simplesmente muito para compreender no momento que saímos. Fiquei preocupado com ele; parecia frágil emocionalmente, mas eu sabia que tinha que deixá-lo ir.

"Até", disse a ele.

"Tchau", respondeu.

Ele caminhou em direção à movimentada Sexta Avenida. Parou para olhar o telefone, buscando seu próximo endereço, e foi embora. Fiquei abalado com o turbilhão de emoções que nos dominou durante a meia hora que passamos juntos, porém eu estava mais seriamente preocupado com Jordan. Sua depressão deve ser muito pior do que ele deixou transparecer. Pensei comigo mesmo: *Como será que vai conseguir superar? Como vai conseguir enfrentar tudo que precisa se qualquer estranho consegue fazê-lo chorar?*

Eu sobrevivera, mas foi um começo conturbado. Caminhei alguns quarteirões até o Hotel Pierre, sentei sozinho no restaurante vazio e pedi um almoço mais cedo, ostensivamente caro. Esperei pela comida em silêncio, sem checar meu e-mail, não esperando nenhum, aliviando a tensão. Lentamente, comecei a entender. Não tinha machucado Jordan com minha pergunta intrusiva sobre o estado de sua depressão, ele estava reagindo à minha depressão, assim como reagiu à história da jovem mulher.

Parecia que ele não tinha um filtro para protegê-lo do sofrimento dos outros, até mesmo de estranhos em um café, até mesmo do meu. Ele estava chorando por mim.

# AGRADECIMENTOS

Agradeço a Roxanne Baker, minha amiga, copidesque e pesquisadora, e a Susie Newton, pesquisadora abnegada, incansável e brilhante. Não conseguiria ter feito este livro sem vocês duas. Marc Resnick, o editor mais gentil e inspirador com quem já trabalhei. Você compreendeu a importância do Dr. Peterson imediatamente, quando outros em sua posição ficaram inseguros. Você manteve a fé com minhas tentativas ocasionais e heterodoxas de trazer as realizações dele à vida. Que você sempre reine supremo.

A meu amigo mais antigo, David Fallon, e sua família, aos novos amigos John Paxson, Peter Fallon e Joey Barquin. Ter amigos que verdadeiramente leem e se importam com meu trabalho é uma bênção e um favor que nunca esquecerei. Muito obrigado.

À minha família barulhenta e orgulhosamente judia, irlandesa, guianesa, tcheca, italiana, norte-americana, gay e hétero — Chip, Mike, Billy, Jim Kodlick, Johanna, Susannah, Anthony, Mick e, eternamente mais próximo do que um irmão, primo Daniel Zoller. A Terry, Lacey, Dave, Allotey, Olu, Elizabeth e todos os lindos primos e crianças da família, Aku, Sena, Duki, Akushika, Akiode, Luci, Elise, Zack, Tim, Zoe, Noah, Ethan, Eric, Gia e Jack. A Sue, Rachel e Dee. Vocês sempre estão comigo em meu coração e meus pensamentos. Perdoem-me. Amo vocês. Espero que este livro possa nos ajudar a estarmos juntos.

Ao pastor Bill Hild. Você me trouxe de volta à vida por meio do amor e me ensinou sobre a promessa curadora de Deus e Jesus Cristo. Você me mostrou um caminho em meio à escuridão. A Barre Yeager, um rapaz das montanhas e também um salvador. Aos corações amorosos na Primeira Igreja Batista de Sarasota. Vocês são demais. À fenomenal

Barbara Deutsche, que cunhou o termo, "amá-lo de volta a si mesmo", uma amiga de verdade quando muitos deram as costas.

A meus eternos amigões, Dave Brady, Guy Polhemus, Vivianne Castanos, e à amiga especial Anita Wise. Vocês detêm as memórias de nossos momentos mais lindos. À linda e extraordinária alma de Debi Frock e minha afilhada Comfort Johnson. Vocês são minha família também. Sou abençoado por tê-las.

A Deus e a meus queridos no céu. Estou um pouco atrasado.

Não esperem acordados.

# NOTAS

## CAPÍTULO UM: DESCIDA AO INFERNO

1. "Jordan Peterson talks about Socialism at UBC", The Challenger, 12 de janeiro de 2019, <https://youtu.be/9eZRkWx5SYw?t=872>.
2. Pete Earley, *Comrade J: The Untold Secrets of Russia's Master Spy in America After the End of the Cold War* (Nova York: G. P. Putnam's Sons, 2007), 167–77.
3. Jordan B. Peterson, prefácio para *Maps of Meaning: The Architecture of Belief* (Nova York: Routledge, 1999), xiii.\*
4. <http://jsomers.net/vonnegut-1970-commencement.html>.
5. <https://www.youtube.com/watch?v=mqSV72VNnV0>.
6. Jordan B. Peterson, prefácio para *Maps of Meaning: The Architecture of Belief* (Nova York: Routledge, 1999), xiv.
7. <https://torontolife.com/city/u-t-professor-sparked-vicious-battle-gender-neutral-pronouns/>.

## CAPÍTULO DOIS: PASSEIO PELO SUBMUNDO

1. <https://www.thestar.com/news/insight/2018/03/16/jordan-peterson-is-trying-to-make-sense-of-the-world-including-his-own-strange-journey.html>.
2. Ibid.
3. <https://en.wikipedia.org/wiki/Alexander_Luria#Books>.
4. <https://www.newscientist.com/article/dn13708-life-changing-books-the-mind-of-a-mnemonist/>.

---

\* A tradução brasileira traz o título *Mapas do Significado: A Arquitetura da Crença*, publicado em 2018 pela É Realizações e com tradução de Augusto Cezar. As referências desta e das próximas ocorrências são do original em inglês. [N. do T.]

5. Jordan B. Peterson, prefácio para *Maps of Meaning: The Architecture of Belief* (Nova York: Routledge, 1999), xiii.
6. Ibid.
7. Friedrich Nietzsche, *The Gay Science: With a Prelude in Rhymes and an Appendix of Songs*, traduzido e comentado por Walter Kaufmann (Nova York: Vintage Books, 1974), edição Kindle, posição 1443. [Obra disponível em português com o título *A Gaia Ciência*.]
8. Jordan B. Peterson, prefácio para *Maps of Meaning: The Architecture of Belief* (Nova York: Routledge, 1999), xiv.
9. Friedrich Nietzsche, *The Will to Power* (Nova York: Random House, 1968), edição Kindle, posição 5834. [Obra disponível em português com o título *Vontade de Poder*.]
10. Nietzsche, *The Gay Science*. [Obra disponível em português com o título *A Gaia Ciência*.]
11. <https://youtu.be/AR-86T8jpuQ?t=1795>.

## CAPÍTULO TRÊS: NA BARRIGA DA BESTA

1. C. G. Jung, *Memories, Dreams, Reflections,* reunidas e editadas por Aniela Jaffé, e traduzidas por Richard e Clara Winston (Nova York: Random House, 1963). [Obra disponível em português com o título *Memórias, Sonhos, Reflexões*.]
2. Ibid.
3. Ibid.
4. William Bechtel, Robert C. Williamson e E. Craig, editores, *Vitalism. Routledge Encyclopedia of Philosophy* (Nova York: Routledge, 1998), doi:10.4324/9780415249126 Q109-1.
5. Jordan B. Peterson, prefácio para *Maps of Meaning: The Architecture of Belief* (Nova York: Routledge, 1999), xvi.
6. *The Collected Works of C. G. Jung*, vol. 7, *Two Essays on Analytical Psychology*, tradução de R. F. C. Hull, Bollingen Series XX (Princeton, NJ: Princeton University Press, 1967), xvi.
7. Peterson, *Maps of Meaning*, xvi.
8. James Joyce, *Ulysses*, Classic Books Edition, Not So Noble Books, posição 744 no Kindle. [Obra disponível em português com o título *Ulisses*.]
9. Peterson, prefácio para *Maps of Meaning*, xvi.

10. Jordan B. Peterson, *12 Rules for Life: An Antidote to Chaos* (Toronto: Random House Canada, 2018), edição Kindle, página 249**. [Página 215 na tradução brasileira.]
11. Peterson, prefácio para *Maps of Meaning*, xvi.
12. Ibid.
13. Ibid.

## CAPÍTULO QUATRO: O RETORNO DO HERÓI

1. Jordan B. Peterson, *12 Rules for Life: An Antidote to Chaos* (Toronto: Random House Canada, 2018), edição Kindle, p. 235. [Página 205 na tradução brasileira.]
2. Yuri Bezmenov, entrevista na TV, <https://youtu.be/bX3EZCVj2XA?t=40, 1984>.
3. "Resolution on Certain Questions in the History of Our Party Since the Founding of the People's Republic of China", adotado pela Sexta Sessão Plenária da 11º Comissão do Partido comunista da China em 27 de junho de 1981; *Resolution on CPC History (1949–81)*, (Beijing: Foreign Languages Press, 1981), 32.
4. Peterson, *12 Rules for Life*, 247. [Página 214 na tradução brasileira.]
5. Ibid.
6. Ibid.
7. Jordan B. Peterson, *Maps of Meaning: The Architecture of Belief* (Nova York: Routledge, 1999), 472.
8. Amos Zeichner e R. O. Pihl, "Effects of Alcohol and Behavior Contingencies on Human Aggression", *Journal of Abnormal Psychology* 88 (1979): 153–60.
9. Leo Tolstoy, *A Confession and Other Religious Writings* (Neeland Media LLC.), edição Kindle, p. 12. [Obra disponível em português com o título *Uma Confissão*.]
10. <https://youtu.be/4GcU9LjuVOo?t=5509>.
11. <https://youtu.be/6c9Uu5eILZ8?t=59>.
12. Peterson, *12 Rules for Life*, edição Kindle, p. 251. [Página 216 na tradução em português.]

---

** A tradução brasileira traz o título *12 Regras para a Vida: Um Antídoto para o Caos*, publicado em 2018 pela Alta Books e com tradução de Alberto Gassul Streicher. As referências desta e das próximas ocorrências são do original em inglês, supridos pela paginação entre chaves da edição em português. [N. do T.]

13. <https://youtu.be/6c9Uu5eILZ8?t=98>.
14. <https://youtu.be/6c9Uu5eILZ8?t=64>.
15. <https://youtu.be/6c9Uu5eILZ8?t=525>.

## CAPÍTULO CINCO: SELVAGERIA

1. *Pravda*, 27 de março de 1983.
2. Michael Harrington, *The Other America: Poverty in the United States* (Nova York: Macmillan, 1962).
3. Herbert Mitgang, "Michael Harrington, Socialist and Author, Is Dead", *New York Times*, 2 de agosto de 1989, <https://www.nytimes.com/1989/08/02/obituaries/michael-harrington-socialist-and-author-is-dead.html>.
4. Ibid.
5. <http://archive.wilsonquarterly.com/sites/default/files/articles/WQ_VOL8_SU_1984_Review_08.pdf>.
6. Ernesto Guevara, *Che Guevara Reader: Writings by Ernesto Che Guevara on Guerrilla Strategy, Politics & Revolution*, editor David Deutschmann (Melbourne, Austrália: Ocean Press, 1997).
7. <https://youtu.be/f Ei4_HcOcLA?t=17>.
8. <https://youtu.be/f Ei4_HcOcLA?t=120>.
9. <https://youtu.be/f Ei4_HcOcLA?t=153>.
10. Jordan B. Peterson, J. M. Rothfleisch, Philip Zalazo e Robert O. Pihl, "Acute Alcohol Intoxication and Cognitive Functioning", *Journal of Studies on Alcohol* 51, (dez. 1990): 114–22, doi:10.15288/jsa.1990.51.114.
11. Jordan B. Peterson, *12 Rules for Life: An Antidote to Chaos* (Toronto, CA: Random House Canada, 2018), edição Kindle pp. 254–55 [Página 219 na tradução em português.]

## CAPÍTULO SEIS: TENTAÇÃO

1. David Horowitz, *The Black Book of the American Left*, vol. 2, *Progressives* (Sherman Oaks, CA: David Horowitz Freedom Center), edição Kindle, posição 442.
2. Paul Hollander, *Discontents: Post-Modern and Post-Communist*, op. cit., 281; cf. duas coleções comuns com o mesmo nome: *After the Fall: The Failure of Communism and the Future of Socialism*, editor Robin Blackburn (Londres: Verso, 1991), e *After the Fall: 1989 and the Future of Freedom*, editor George Katsiaficas (Nova York: Routledge, 2001).
3. Interesting Times, op. cit. Veja também a avaliação de Geoffrey Wheatcroft sobre a autobiografia em *New York Times*, 5 de setembro de 2003, intitulada "Still Saluting the Red Flag After the Flag Pole Fell".
4. Henry F. Myers, "Thinkers Who Shaped the Century", *Wall Street Journal*, Edição do Oeste; Nova York, NY, 5 de novembro de 1991: PÁGINA A1.
5. *After the Fall: The Failure of Communism and the Future of Socialism*, editor Robing Blackburn (Londres: Verso, 1991), 122–23; Interesting Times, 280.
6. Gerda Lerner, *Fireweed, A Political Autobiography* (Filadélfia: Temple University Press, 2002), 369.
7. Ibid.
8. Edward S. Shapiro, *Crown Heights: Blacks, Jews, and the 1991 Brooklyn Riot* (Waltham, MA: Brandeis University Press, 2006).
9. William Saletan e Avi Zenilman, "The Gaffes of Al Sharpton", *Slate*, 7 de outubro de 2003, acesso em 20 de outubro de 2007.
10. William McGowan, "Race and Reporting", verão de 1993, Manhattan Institute, *City Journal*.
11. <https://www.amazon.com/Race-Traitor-Noel-Ignatiev/dp/0415913934/re/-sr_1_3? Keywords-race+traitor&gid-1573514882& sr-8-3>.
12. Jordan B. Peterson, *12 Rules for Life: An Antidote to Chaos* (Toronto, CA: Random House Canada, 2018), edição Kindle, p. 91. [Página 69 na tradução em português.]
13. Ibid., 354. [Páginas 302 e 303 na tradução em português.]
14. Ibid. [Página 303]
15. Ibid., 351–52. [Página 304 na tradução em português.]
16. Ibid.

17. Jordan B. Peterson, *Maps of Meaning: The Architecture of Belief* (Nova York: Routledge, 1999), 340.

18. Diário de Eric Harris, transcrito e comentado por Peter Langman, Entry, 10 de abril de 1998, p. 26,005, <https://schoolshooters.info/sites/default/files/harris_journal_1.3.pdf>.

19. Jordan B. Peterson *Maps of Meaning*, p. 340.

20. Jordan B. Peterson, Preface to *Maps of Meaning: The Architecture of Belief* (Nova York: Routledge, 1999), 344.

21. Jordan B. Peterson, *Maps of Meaning*, p. 312.

22. Peterson, *12 Rules for Life*, edição Kindle, p. 383. [Página 350 da tradução em português.]

## CAPÍTULO SETE: UM CÔMODO NINHO DE VÍBORAS

1. Jordan B. Peterson, Prefácio para *Maps of Meaning: The Architecture of Belief* (Nova York: Routledge, 1999), 1.

2. <https://www.thecrimson.com/article/1995/4/26/jordan-peterson-pharvard-students-may-know/?page=single>.

3. Ibid.

4. Ibid.

5. Ibid.

6. Ibid.

7. David Horowitz, *The Black Book of the American Left*, vol. 2, *Progressives* (Sherman Oaks, CA: David Horowitz Freedom Center), edição Kindle, posição 1408.

8. <https://www.nationalreview.com/2019/04/harvard-uprising-protests-1969-radicalism/>.

9. Ann Coulter, *Demonic: How the Liberal Mob Is Endangering America* (Nova York: Crown, 2011), edição Kindle, p. 172.

10. Horowitz, *The Black Book of the American Left*, vol. 2, *Progressives*, edição Kindle, posição 3302.

11. Ibid, posição 3309.

12. Noam Chomsky, *What Uncle Sam Really Wants* (Berkeley, CA: Odonian Press, 1992), 32. [Obra disponível em português com o título *O que o Tio Sam Realmente Quer*.]
13. Dave Zirin, "Howard Zinn: The Historian Who Made History", *Huffington Post*, 28 de janeiro de 2010.
14. Jordan B. Peterson, Prefácio para *Maps of Meaning*, xv.
15. Ibid.
16. "Sad but funny story about Jordan Peterson and his wife, trying to feed a child from another family", Pragmatic Entertainment, 18 de março de 2018, <https://youtu.be/4baRTivL_fQ>.
17. Ibid.
18. Jordan B. Peterson, "Maps of Meaning Lecture 01a: Introduction (Part 1)", 7 de janeiro de 2015, <https://youtu.be/4tQOlQRp3gQ?t=3951>.
19. Ibid.
20. Ibid.
21. Ibid.
22. Jonathan A. Lewin, "Tension High at Faculty Meeting", *The Crimson*, 3 de maio de 1995.
23. Ibid.
24. Stephen Marglin, "Why Is So Little Left of the Left?" *Z Papers*, outubro–dezembro de 1992.
25. Jeffrey C. Milder, "At Harvard, Marxism Quietly Goes Out of Style", *The Crimson*, 31 de outubro de 1994.
26. Horowitz, *The Black Book of the American Left*, vol. 2, *Progressives*, edição Kindle, posição 473.
27. Resposta do editor, *Race Traitor*, PO Box 499, Dorchester, MA 02122, 1993.
28. Jordan B. Peterson, "Identity Politics and the Marxist Lie of White Privilege", <https://youtu.be/Pf H81G7Awk0?t-296>, 13 de novembro de 2017.
29. "Modern Times: Camille Paglia & Jordan B Peterson", outubro de 2017, <https://youtu.be/v-hIVnmUdXM?t=1720>.
30. Ibid., <https://youtu.be/v-hIVnmUdXM?t=344>.
31. Trecho do documentário *Derrida*, <https://youtu.be/vgwOjjoYtco>, 6 de setembro de 2008.

32. Peggy McIntosh, *Working Paper 189*, Wellesley Centers for Women, Wellesley, MA 1988.

33. Clube de Liberdade de Expressão da Universidade de British Columbia, 13 de novembro de 2017, <https://youtu.be/Pf H8IG7Awk0>.

34. Entrevista por telefone com Jim Proser, Gregg Hurwitz, 17 de maio de 2019.

35. Lan N. Nguyen, "The Faculty Feuds Over the Politics of Scholarship", *The Crimson*, 6 de junho de 1991.

36. Associação Nacional de Acadêmicos, "Is the Curriculum Biased?", www.nas.org, What We Are Doing, Statements, 8 de novembro de 1989.

37. Kimberlé Crenshaw, "Demarginalizing the Intersection of Race and Sex: A Black Feminist Critique of Antidiscrimination Doctrine, Feminist Theory and Antiracist Politics", University of Chicago Legal Forum, 1989.

38. Judith Butler, Prefácio para *Gender Trouble: Feminism and the Subversion of Identity* (Nova York: Routledge, 1990), viii. [Obra disponível em português com o título *Problemas de gênero: Feminismo e subversão da identidade*.]

39. Ibid., 3.

40. Peterson, *Maps of Meaning*, 271.

41. Katy Bennett, "Jordan Peterson Criticizes Cambridge's Decision to Rescind Fellowship Offer", *Varsity*, 21 de março de 2019.

42. E-mail de Gregg Hurwitz para Jim Proser, 28 de maio de 2019.

## CAPÍTULO OITO: BRINCADEIRA DE CRIANÇA

1. Jordan B. Peterson, *Maps of Meaning: The Architecture of Belief* (Nova York: Routledge, 1999), 468.

2. "Depression: A Family Affair", *The Agenda with Steve Paikin*, TVO, 9 de maio de 2012, <https://youtu.be/KqXZY3B-cGo?t=209>.

3. Peterson, *Maps of Meaning*, 461.

4. <https://www.researchgate.net/post/How_many_papers_are_people_expected_to_publish_a_year>.

5. Sherry H. Stewart, Jordan B. Peterson e Robert O. Pihl, "Anxiety Sensitivity and Risk for Alcohol Abuse in Young Adult Females", *Journal of Anxiety Disorders* 9 (julho–agosto de 1995): 283–92.

6. Jacob B. Hirsh, Colin G. DeYoung, Xiaowen Xu e Jordan B. Peterson, "Compassionate Liberals and Polite Conservatives: Associations of

Agreeableness with Political Ideology and Moral Values", *Personality and Social Psychology Bulletin* 36 (maio de 2010): 664–65.

7. Xiaowen Xu, Ramond A. Mar e Jordon B. Peterson, "Does Cultural Exposure Partially Explain the Association Between Personality and Political Orientation?" *Personality and Social Psychology Bulletin* 39 (dezembro de 2013): 1497–1517, <https://doi.org/10.1177/0146167213499235>.

8. "Jordan Peterson: 'My Biggest Regret'", 22 setembro de 2017, <https://youtu.be/z86kVQxXt7g?t=180>.

9. Bernard Schiff, "I Was Jordan Peterson's Strongest Supporter. Now I Think He's Dangerous", Toronto *Star*, 25 de maio de 2018.

10. "Depression: A Family Affair".

11. Schiff, "I Was Jordan Peterson's Strongest Supporter".

12. "Depression: A Family Affair".

13. <https://www.ratemyprofessors.com/ShowRatings.jsp?tid=32245>.

14. Craig Lambert, "Chaos, Culture, Curiosity", *Harvard Magazine*, setembro de 1998, <https://harvardmagazine.com/1998/09/right.chaos.html>.

15. Aleksandr Solzhenitsyn, *The Gulag Archipelago, 1918–1956: An Experiment in Literary Investigation*, vol. 1, trans. Thomas P. Whitney (Nova York: Harper & Row, 1974), 39. [Obra disponível em português com o título *Arquipélago Gulag*.]

16. Jordan B. Peterson, "Neuropsychology of Motivation for Group Aggression and Mythology", em *Encyclopedia of Violence, Peace, & Conflict*, editor Lester Kurtz (São Diego, CA: Academic Press, 1999), 1329–40.

17. Tom Bartlett, "What's So Dangerous About Jordan Peterson?" *Chronicle of Higher Education*, 17 de janeiro de 2018, <https://www.chronicle.com/article/what-s-so-dangerous-about/242256>.

18. Harvey Shepherd, "Meaning from Myths", *Montreal Gazette*, 11 de novembro de 2003.

19. Bartlett, "What's So Dangerous About Jordan Peterson?"

20. Schiff, "I Was Jordan Peterson's Strongest Supporter".

## CAPÍTULO NOVE: ORDEM E CAOS

1.  Jordan B. Peterson, *Maps of Meaning: The Architecture of Belief* (Nova York: Routledge, 1999), 366.

2.  Jill Dougherty, "How the Media Became One of Putin's Most Powerful Weapons", *Atlantic*, 21 de abril de 2015.

3.  Julia Ioffe, "What Is Russia Today?", *Columbia Journalism Review*, set./out. de 2010.

4.  David Horowitz, *The Black Book of the American Left*, vol. 2, *Progressives* (Sherman Oaks, CA: David Horowitz Freedom Center), edição Kindle, posição 477.

5.  Jordan B. Peterson, "Maps of Meaning: The Architecture of Belief (Precis)", *Psycoloquy* 10 (dez. de 1999): 1–31.

6.  Jordan B. Peterson e Colin G. DeYoung, "Metaphoric Threat Is More Real Than Real Threat", *Behavioral and Brain Sciences* 23 (dez. de 2000): 992–93.

7.  Jordan B. Peterson, "Awareness May Be Existence as Well as (Higher-order) Thought", *Behavioral and Brain Science* 23 (dez. de 2000): 214–15

8.  Bernard Schiff, "I Was Jordan Peterson's Strongest Supporter. Now I Think He's Dangerous", Toronto *Star*, 25 de maio de 2018.

9.  "List of genocides by death toll", Wikipedia, múltiplas sub-referências de apoio, <https://en.wikipedia.org/wiki/List_of_genocides_by_death_toll#List_of_the_genocides>.

10. "Depression: A Family Affair", *The Agenda with Steve Paikin*, TVO, 9 de maio de 2012, <https://youtu.be/KqXZY3B-cGo?t=268>.

11. "Digesting Depression", *The Agenda with Steve Paikin*, TVO, 20 de abril de 2016, <https://youtu.be/A6g_geYeL4U?t=122>.

12. Tarek A. Hammad, "Review and Evaluation of Clinical Data. Relationship Between Psychiatric Drugs and Pediatric Suicidal Behavior", Food and Drug Administration, 16 de agosto de 2004, 42, 115.

## CAPÍTULO DEZ: A MÃE DEVORADORA

1. Jill Ker Conway, *True North* (Nova York: Alfred A. Knopf, 1994), 67.
2. Ibid., 240.
3. Jordan B. Peterson, "Strengthen the Individual: Q & A Parts I & II", discurso na Biblioteca Pública da Ottawa, 12 de março de 2017, <https://youtu.be/CwcVLETRBjg>.
4. Assembleia da Universidade Liberty, 29 de março de 2019, <https://youtu.be/aDepoPl1oEM?t=1132>.
5. <https://thecosmicmother.org/home/kali/>.
6. Jordan B. Peterson, "The Devouring Mother: Understanding the Psychological Archetypes of Consciousness", Sagacious News, 16 de julho de 2017, <https://www.sagaciousnewsnetwork.com/the-devouring-mother-understanding-the-psychological-archetypes-of-consciousness/>; <https://www.youtube.com/watch?v=mSQ_pZCP1w8&feature=youtu.be>.
7. "The Coddling of the American Mind: A First Principles Conversation with Dr. Jonathan Haidt", *Real Time with Bill Maher*, <https://youtu.be/tKW3vKpPrlw>.
8. Blaine Conzatti, "4 Reasons Suicide Is Increasing Among Young Adults", Family Policy Institute of Washington, 19 de maio de 2017, <https://www.fpiw.org/blog/2017/05/19/4-reasons-suicide-is-increasing-among-young-adults/>.
9. Michael Jonas, "The Downside of Diversity", *Boston Globe*, 5 de agosto de 2007, <https://archive.boston.com/news/globe/ideas/articles/2007/08/05/the_downside_of_diversity/>.
10. Ilana Mercer, "Greater Diversity Equals More Misery", *Orange County Register*, 22 de julho de 2007, <https://www.ocregister.com/2007/07/22/ilana-mercer-greater-diversity-equals-more-misery/>.
11. Ben Shapiro, "Comedy & Tragedy, 2003–2004", Young America's Foundation, 2003; *Brainwashed* (Nashville, TN: Thomas Nelson, 2004).
12. Ibid.
13. "Genders, Rights and Freedom of Speech", *The Agenda with Steve Paikin*, 26 de outubro de 2016, <https://youtu.be/kasiov0ytEc>.
14. Mark S. Bonham Centre for Sexual Diversity Studies, Universidade de Toronto, <http://sds.utoronto.ca/people/instructors/440-2/>.
15. Ibid.
16. <https://www.ratemyprofessors.com/ShowRatings.jsp?tid=32245>.

17. <https://www.ratemyprofessors.com/ShowRatings.jsp?tid=1292465>.
18. Ibid.
19. "The Positive Space Campaign", conferência no Canadá, 20 de agosto de 2012.
20. <https://independentsector.org/resource/why-diversity-equity-and-inclusion-matter>.
21. "Jordan Peterson", *The Joe Rogan Experience*, #1070, 30 de janeiro de 2018, <https://www.youtube.com/watch?v=6T7pUEZfgdI&feature=youtu.be&t=7534>.
22. Jordan B. Peterson, "The Meaning of Meaning", *International Journal of Existential Psychology & Psychotherapy* 1, nº 2 (1º de junho de 2007).
23. Ibid.
24. A Psycho-ontological Analysis of Genesis 2–6. J. Peterson — Archive for the Psychology of Religion, 2007.
25. Ibid.
26. Ibid.
27. <https://youtu.be/UGQNc1Nrvlo?t=128>.

## CAPÍTULO ONZE: A REALIDADE E O SAGRADO

1. Jordan B. Peterson, "Reality and the Sacred" palestra, 5iF3R, 14 de julho de 2010, <https://youtu.be/AESMraB4qt4>.
2. Ibid.
3. Ibid.
4. Ibid., <https://youtu.be/2c3m0tt5KcE>.
5. Ibid.
6. Ibid.
7. Ibid.
8. Ibid.
9. Ibid.
10. Ibid.
11. Ibid.
12. Ibid.

13. Ibid.
14. Ibid.
15. Ibid.
16. Ibid.
17. Ibid.
18. Ibid.
19. Ibid.
20. Ibid.
21. Ibid.
22. Ibid.
23. Ibid.
24. Ibid.
25. Ibid.
26. Slavoj Žižek, "Shoplifters of the World Unite", *London Review of Books*, 19 de agosto de 2011, <https://www.lrb.co.uk/2011/08/19/slavoj-zizek/shoplifters-of-the-world-unite>.
27. Antoine Reverchon e Adrien de Tricornot, "*La rente pétrolière ne garantit plus la paix sociale*", *Le Monde*, 14 de março de 2011.
28. List of Riots, Wikipédia e outras fontes, <https://en.wikipedia.org/wiki/List_of_riots#>.
29. The Wayback Machine, "Adbusters", "About Adbusters", 31 de outubro de 2011, <http://www.adbusters.org/about/adbusters>.
30. The Wayback Machine, "The Culture Jammers Network", 17 de agosto de 2000, <http://adbusters.org/information/network/>.
31. Derek Thompson, "Occupy the World: The '99 Percent' Movement Goes Global", *Atlantic*. 15 de outubro de 2011, <https://www.theatlantic.com/business/archive/2011/10/occupy-the-world-the-99-percent-movement-goes-global/246757/>.
32. "Palin to GOP: 'Fight Like a Girl'", *Fox News*, 16 de abril de 2011.
33. Mark Bray, Introdução ao *Antifa: The Anti-Fascist Handbook* (Nova York: Melville House, 2017). [Obra disponível em português com o título *ANTIFA — O Manual Antifascista*.]
34. Ibid, 47.

35. Peter Beinhart, "The Rise of the Violent Left", *Atlantic*, 6 de setembro de 2017.
36. Gender Research Institute at Dartmouth, Mission Statement, <http://www.dartmouth.edu/~grid/about/index.html>.
37. "Jordan Peterson: The War on Masculinity", *Tucker Carlson Tonight*, Fox News, publicado em 11 de março de 2018, <https://youtu.be/kn1q6GRnxx0?t=28>.
38. Ben Shapiro, "And The Damned: Dartmouth's Worst", *Dartmouth Review*, 27 de setembro de 2002; *Brainwashed* (Nashville, TN: Thomas Nelson, 2004).
39. Paul J. Fleming, Joseph G. L. Lee e Shari L. Dworkin, "Real Men Don't: Constructions of Masculinity and Inadvertent Harm in Public Health Interventions", *American Journal of Public Health* 104, nº 6 (junho de 2014): 1029–35, doi:10.2105/AJPH.2013.301820.
40. Carlos Lozada, "The History, Theory and Contradictions of Antifa", *Washington Post*, 1º de setembro de 2017.
41. Andreas Dorpalen, *German History in Marxist Perspective: The East German Approach* (Londres: I. B. Tauris, 1986), 384.
42. "Agenda Insight: Gender Forever", *The Agenda with Steve Paikin*, TVO, 19 de janeiro de 2012, <https://youtu.be/QOJaVL7N4G4>.
43. Ibid.

## CAPÍTULO DOZE: A DARK WEB INTELECTUAL

1. Jason VandenBeukel, "Jordan Peterson: The Man who Reignited Canada's Culture War", *C2C Journal*, 1º de dezembro de 2016.
2. Joseph Brean, "Ontario Rights Commission Dismisses Complaint, Sort of", *National Post*, 10 de abril de 2008.
3. Joseph Brean, "Rights Body Dismisses Maclean's Case", *National Post*, 9 de abril de 2008.
4. "No to National Censorship Council", editorial, *National Post*, 12 de fevereiro de 2009.
5. Jordan B. Peterson, "What Matters", TVO, 30 de março de 2013, <https://youtu.be/A5216ZJVbVs>.
6. Ibid.
7. Ibid.
8. Peterson, "What Matters", comentários.

9. Ibid.
10. "The Coddling of the American Mind: A First Principles Conversation with Dr. Jonathan Haidt", *Real Time with Bill Maher*, <https://youtu.be/tKW3vKpPrlw>.
11. Ibid.
12. Tadeusz Biernot, *Layers*, apresentado por Jordan Peterson na Articsok Gallery, 11 de outubro de 2013, <https://youtu.be/GR-lwWS9mTo?t=478>.
13. "Mikhaila Peterson — 'Don't Eat That'", Boulder Carnivore Conference, Low Carb Down Under, 9 de abril de 2019, <https://youtu.be/N39o_DI5laI?t=310>.
14. Emma Colton, "The Daily Caller Proudly Presents: The Dumbest College Courses for 2015", *Daily Caller*, 21 de agosto de 2015, <https://dailycaller.com/2015/08/21/the-daily-caller-proudly-presents-the-dumbest-college-courses-for-2015/>.
15. Ibid.
16. Xiaowen Xu, Raymond A. Mar e Jordan B. Peterson, "Does Cultural Exposure Partially Explain the Association Between Personality and Political Orientation?" *Personality and Social Psychology Bulletin* 39 (dez. de 2013): 1497–517, <https://doi.org/10.1177/0146167213499235>.
17. Sean Stevens, "Campus Speaker Disinvitations: Recent Trends (Parte 1 de 2)", 24 de janeiro de 2017, <https://heterodoxacademy.org/campus-speaker-disinvitations-recent-trends-part-1-of-2/>.
18. Heather Sells, "Turning Point: Is the Youth Vote Really All That Liberal?" *CBN News*, 28 de abril de 2016, <https://www1.cbn.com/cbnnews/politics/2016/april/turning-point-is-the-youth-vote-really-all-that-liberal>.
19. Julie Bykowicz, "This Boy Wonder Is Building the Conservative MoveOn.org in an Illinois Garage", Bloomberg.com, 7 de maio de 2015, <https://www.bloomberg.com/news/articles/2015-05-07/conservative-boy-wonder>.
20. Lachlan Markay, "Exclusive: Pro-Trump Group, Turning Point USA, Has Finances Revealed", *Daily Beast*, 28 de junho de 2018, <https://www.thedailybeast.com/exclusive-pro-trumpgroup-turning-point-usa-has-finances-revealed>.
21. Dominique Morisano Jacob B. Hirsh, Jordan B. Peterson, Robert O. Pihl e Bruce M. Shore, "Setting, Elaborating, and Reflecting on Personal Goals Improves Academic Performance", *Journal of Applied Psychology* 95, nº 2 (2010): 255–64.
22. Colin G. DeYoung, Lena C. Quilty e Jordan Peterson, "Between Facets and Domains: 10 Aspects of the Big Five", *Journal of Personality and Social Psychology* 93, nº 5, (2007): 880–96.

23. UCLA Professor Joshua Muldavin, Geography 5, palestra, 16 de janeiro de 2001; Ben Shapiro, *Brainwashed* (Nashville, TN: Thomas Nelson, 2004).
24. Yuri Bezmenov, entrevista na TV, <https://youtu.be/mqSV72VNnV0?t=3>.
25. Julia Ioffe, "What Is Russia Today?", *Columbia Journalism Review*, set. de 2010.
26. Simona Chiose, "Jordan Peterson and the Trolls in the Ivory Tower", *Globe and Mail*, 2 de junho de 2017.
27. Ibid.
28. "Mikhaila Peterson — 'Don't Eat That'".

## CAPÍTULO TREZE: O TURBILHÃO

1. CBC Radio, "'I'm not a bigot' Meet the U of T Prof who Refuses to Use Genderless Pronouns", *As It Happens,* 30 de setembro de 2016.
2. Simona Chiose, "Jordan Peterson and the Trolls in the Ivory Tower", *Globe and Mail*, 2 de junho de 2017.
3. Laura Kane, "Sexual Assault Policies Lacking at Most Canadian Universities, Say Students", Canadian Press, 7 de março de 2016, <https://www.cbc.ca/news/canada/british-columbia/canadian-universities-sex-assault-policies-1.3479314>.
4. "Rape and Sexual Assault Victimization Among College-Age Females, 1995–2013", U.S. Department of Justice, Estatísticas do Departamento de Justiça, dez. de 2014.
5. Kane, "Sexual Assault Policies Lacking at Most Canadian Universities, Say Students".
6. Criminal Code, R.S.C. 1985, c. C-46, s. 319, <https://laws-lois.justice.gc.ca/eng/acts/C-46/section-319.html>.
7. <https://openparliament.ca/bills/41-1/C-279/>.
8. Ibid.
9. Valerie Straus, "Canada's New Leader, Justin Trudeau was a Schoolteacher", *Washington Post*, 20 de outubro de 2015, <https://www.washingtonpost.com/news/answer-sheet/wp/2015/10/20/canadasnew-leader-justin-trudeau-was-a-schoolteacher/>.
10. "Jordan Peterson—Uncensored", *Valuetainment*, 18 de outubro de 2018, <https://youtu.be/dvBbxbjFRw4, 1:15:15>.

11. Jordan B. Peterson, "Maps of Meaning: Object and Meaning" (Parte 2) palestra, 14 de janeiro de 2015, <https://youtu.be/6Rd10PQVsGs>.
12. Ibid.
13. Ibid.
14. Caitlin M. Burton, Jason E. Plaks e Jordan B. Peterson, "Why Do Conservatives Report Being Happier Than Liberals? The Contribution of Neuroticism", *Journal of Social and Political Psychology* 3, nº 1 (abril de 2015): 89–102, <http://dx.doi.org/10.23668/psycharchives.1706>.
15. Peterson, "Maps of Meaning: Object and Meaning" (Parte 2), palestra.
16. Jordan B. Peterson, "The Death of the Oceans", 10 de novembro de 2014, <https://youtu.be/IrtEH5BYpmE>, 1:48:03.
17. Alexandra Zimmern, "University Bans Use of 'Mr.' and 'Ms.' em All Correspondence", College Fix, 29 de janeiro de 2015, <http://www.thecollegefix.com/post/21034>.
18. "Public University Spends $16K on Campaign to Warn Students to Watch What They Say", College Fix, 9 de fevereiro de 2015, <http://www.thecollegefix.com/post/21174/>.
19. Alex Griswold, "University of Missouri Police Ask Students to Report 'Hurtful Speech'", Mediaite, 10 de novembro de 2015, <https://www.mediaite.com/online/university-of-missouri-police-ask-students-to-report-hurtful-speech/>.
20. Heather Mac Donald, "Microaggression, Macro-Crazy", *City Journal*, verão de 2015, <http://t.co/wrb9jEha4P?amp=1>.
21. <https://twitter.com/jordanbpeterson/status/578578554885144576/photo/1>.
22. "Woman's Parents Accepting of Mixed-Attractiveness Relationship", *The Onion*, 14 de janeiro de 2015, <https://t.co/PW6cxz3ZT6?amp=1>.
23. "Gender and the Brain: When a Little Means a Lot", *The Agenda with Steve Paikin*, TVO, 5 de maio de 2015, <https://youtu.be/sSIEs1ngNiU?t=1023>.
24. "Gender and the Brain; Differences Now?" *The Agenda with Steve Paikin*, TVO, 5 de maio de 2015, <https://youtu.be/sSIEs1ngNiU?t>.
25. Ibid.
26. Ibid.
27. Ibid.
28. Ibid.
29. Ibid.

30. <http://www.ohrc.on.ca/sites/default/filesGender%20Identity_Gender%20 Expression%20Brochure_Accessible_English.pdf>.

31. Ibid.

32. Ibid.

33. Donald Trump Presidential Campaign Announcement, 16 de junho de 2015, FOX 10 Phoenix, <https://youtu.be/MEqINP-TuV8>.

34. Ibid.

35. Stephanie Condon, "Obama Responds to San Bernardino Shooting", *CBS News*, 2 de dezembro de 2015, <https://www.cbsnews.com/news/obama-responds-to-san-bernardino-shooting/>.

36. "1,000 Mass Shootings in 1,260 Days: This Is What America's Gun Crisis Looks Like", *Guardian*, 13 de junho de 2006, <https://www.theguardian.com/us-news/ng-interactive/2015/oct/02/mass-shootings-america-gun-violence>.

37. "Black Lives Matter Toronto Stalls Pride Parade", Canadian Broacasting Company, 3 de julho de 2016, <https://www.cbc.ca/news/canada/toronto/pride-parade-toronto-1.3662823>.

38. "Mass Public Shootings are Much Higher in the Rest of the World and Increasing Much More Quickly", Crime Prevention Research Center, 22 de novembro de 2018, <https://crimeresearch.org/2018/11/new-cprc-research-mass-public-shootings-are-much-higher-in-the-rest-of-theworld-and-increasing-much-more-quickly/>.

39. Parliament of Canada, House of Commons, House Publications, 42nd Parliament, First Session, 17 de maio de 2016, <https://www.ourcommons.ca/DocumentViewer/en/42-1/house/sitting-57/hansard>.

40. Russell Goldman, "Here's a List of 58 Gender Options for Facebook Users", *ABC News*, 13 de fevereiro de 2014, <https://abcnews.go.com/blogs/headlines/2014/02/heres-a-list-of-58-genderoptions-for-facebook-users/>.

41. Jordan Peterson, "Part 1, Fear and the Law", 27 de setembro de 2016, <https://youtu.be/fvPgjg201w0>.

42. Ibid.

43. Ibid.

44. Ibid.

45. Ibid.

46. Ibid.

47. Ibid.

48. Ibid.
49. Ibid.

## CAPÍTULO QUATORZE: RETALIAÇÃO

1. Jackie Hong, "Protesters Decry U of T Professor's Comments on Gender Identity", Toronto *Star*, 5 de outubro de 2016, <https://www.thestar.com/news/canada/2016/10/05/protesters-decry-u-oft-professors-comments-on-gender-identity.html>.
2. Egale, "What is Bill C-16", <https://egale.ca/billc16/>.
3. Jordan B. Peterson, "Part 1, Fear and the Law", 27 de setembro de 2016, <https://youtu.be/fvPgjg201w0>.
4. Gad Saad, "My Chat with Psychologist Jordan Peterson", <https://www.youtube.com/watch?v=Bpim_n0r0z0&t=565s>.
5. Ibid.
6. Ibid.
7. Ibid.
8. Ibid.
9. Ibid.
10. Ibid.
11. Ibid.
12. Ibid.
13. Ibid.
14. Ibid.
15. Ibid.
16. Ibid.
17. Ibid.
18. Ibid.
19. Ibid.
20. "Jordan Peterson's First Protest at the University of Toronto", 11 de outubro de 2016, <https://youtu.be/HAlPjMiaKdw>.
21. Ibid.

22. Ibid.
23. Ibid.
24. Ibid.
25. Ibid.
26. Ibid.
27. Ibid.
28. "Toronto Radicals Fight Free Speech", *Rebel Media,* 13 de outubro de 2016.
29. "Dr Jordan B. Peterson", <https://graphtreon.com/creator/user?u=3019121>.
30. Antonella Artuso, "Human Rights Commissioner Weighs in on ze and hir", Toronto *Sun,* 13 de novembro de 2016, <https://torontosun.com/2016/11/13/human-rights-commissioner-weighs-inon-ze-and-hir/wcm/0254ab55-ade7-40f4-b1f3-553b75b10842>.
31. Ibid.
32. Ibid.
33. Jared Brown, "Bill C-16—What's the Big Deal?" *Perspectives on Commercial Ligigation* (blog), 24 de dezembro de 2016, <https://litigationguy.wordpress.com/2016/12/24/bill-c-16-whats-the-big-deal/>.
34. Ibid.
35. "University of Toronto Free Speech Debate", Universidade de Toronto, 21 de novembro de 2016, <https://youtu.be/68NHUV5me7Q>.
36. Ibid.
37. Ibid.
38. Ibid.
39. Ibid.
40. Ibid.
41. Ibid.
42. Ibid.
43. Ibid.
44. Ibid.
45. Ibid.
46. Ibid.
47. Ibid.

48. "Jordan Peterson", *The Joe Rogan Experience*, #1070, 30 de janeiro de 2018, <https://www.youtube.com/watch?v=6T7pUEZfgdI&feature=youtu.be&t=7534>.
49. Ibid.
50. Ibid.
51. Ibid.
52. Jordan B. Peterson, "Go ahead, make my day...", 18 de março de 2017, <https://youtu.be/0p1UFiNiOek?t=112>.
53. Ibid.
54. "Jordan Peterson", *The Joe Rogan Experience*, #1070, 30 de janeiro de 2018.
55. Ibid.
56. Ibid.
57. "Gender Differences in Personality Across the Ten Aspects of the Big Five", <http://bit.ly/2bnlWUy>.
58. "Gender Differences in Personality Traits Across Cultures: Robust and Surprising Findings", <http://bit.ly/2ns6MhJ>.
59. "Gender Differences in Personality and Interests: When, Where, and Why?" <http://bit.ly/2ooh3R8>.
60. "Cross-Cultural Studies of Personality Traits and their Relevance to Psychiatry", <http://bit.ly/2nvcy31>.
61. "Jordan Peterson", *The Joe Rogan Experience*, #1070, 30 de janeiro de 2018.
62. Ibid.
63. Ibid.
64. Ibid.
65. Bradford Richardson, "Students Berate Professor Who Refused to Participate in No-Whites 'Day of Absence'", *Washington Times*, 25 de maio de 2017, <https://www.washingtontimes.com/news/2017/may/25/evergreen-state-students-demand-professor-resign-f/>.
66. Susan Svrluga e Joe Heim, "Threat Shuts Down College Embroiled in Racial Dispute", *Washington Post*, 1º de junho de 2017, <https://www.washingtonpost.com/news/grade-point/wp/2017/06/01/threats-shut-down-college-embroiled-in-racial-dispute/>.
67. Richardson, "Students Berate Professor Who Refused to Participate in No-Whites 'Day of Absence'".

68. Ibid.
69. Jordan B. Peterson, "2017/05/17: Senate hearing on Bill C16", 18 de maio de 2017, <https://youtu.be/KnIAAkSNtqo>.
70. Ibid.
71. Ibid.
72. Ibid.
73. Ibid.
74. Ibid.
75. Ibid.
76. Ibid.
77. Ibid.
78. Ibid.
79. Ibid.
80. Ibid.
81. Ibid.
82. Ibid.
83. "Dr Jordan B Peterson".
84. "Genders, Rights and Freedom of Speech", <https://youtu.be/kasiov0ytEc>.
85. Christie Blatchford, "Thought Police Strike Again", *National Post*, 10 de novembro de 2017, <https://nationalpost.com/opinion/christie-blatchford-thought-police-strike-again-as-wilfridlaurier-grad-student-is-chastised-for-showing-jordan-peterson-video>.
86. Ibid.
87. Ibid.
88. Jordan B. Peterson, "Secret Recording: Jordan Peterson Witchhunt with TA at Wilfrid Laurier University", 19 de novembro de 2017, <https://www.youtube.com/watch?v=usoID8zkUQM>.
89. Ibid.
90. Blatchford, "Thought Police Strike Again".
91. Ibid.
92. Ibid.

93. <https://www.w/v.ca/news/spotlights/2017/nov/apology-from-laurier-president-and-vice-chancellor.html>.
94. <https://www.w/v.ca/news/spotlights/2017/nov/open-letter-to-my-ta-lindsay-shepherd.html>.
95. Ibid.
96. <https://www.w/v.ca/news/spotlights/2018/aug//laurier-files-statement-of-defence-in-jor dan-peterson-lawsuit>.
97. <https://www.the.record.com/news-story/8894891-jordan-peterson-doubles-down-on-laurier-lawsuit/>.
98. "Jordan Peterson Doubles Down on Laurier Lawsuit", *The Record*, 11 de setembro de 2018, <https://www.therecord.com/news-story/8894891-jordan-peterson-doubles-down-on-laurier-lawsuit/?s=e>.
99. "Jordan Peterson Debate on the Gender Pay Gap, Campus Protests and Postmodernism", *Channel 4 News*, 16 de janeiro de 2018, <https://youtu.be/aMcjxSThD54>.
100. Ibid.
101. Nellie Bowles, "Jordan Peterson, Custodian of the Patriarchy", *New York Times*, 18 de maio de 2018, <https://www.nytimes.com/2018/05/18/style/jordan-peterson-12-rules-for-life.html>.
102. Ibid.
103. Guy Stevenson, "Straw Gods: A Cautious Response to Jordan B. Peterson", *Los Angeles Review of Books*, 1º de outubro de 2018.
104. Deborah Dundas, "Jordan Peterson's Book Is a Bestseller—Except Where It Matters Most", Toronto *Star*, 9 de fevereiro de 2018.
105. Jim Proser, entrevista por telefone com Dave Rubin, 28 de maio de 2019.
106. Tuíte para o Premier de Ontário Doug Ford, <https://twitter.com/jordanbpeterson/status/105009 7390722699265>.
107. "Doug Ford Met Jordan Peterson, Appointment Calendar Reveals", *Maharlika News*, 27 de janeiro de 2019, <https://www.maharlikanews.com/2019/01/27/doug-ford-metjordan-petersonappointment-calendar-reveals/>.
108. "Genders, Rights and Freedom of Speech", *The Agenda with Steve Paikin*, TVO, 26 de outubro de 2016, <https://www.youtube.com/watch?v=kasiov0ytEc&feature=youtu.be&t=3087>.
109. <https://www.tvo.org/article/why-the-governments-campus-free-speech-policy-is-making-universities-nervous>.
110. Jim Proser, anotações contemporâneas no Teatro Beacon, 14 de abril de 2019.

## CONHEÇA OUTROS LIVROS DA ALTA CULT

*Todas as imagens são meramente ilustrativas.*

### CATEGORIAS
Negócios - Nacionais - Comunicação - Guias de Viagem - Interesse Geral - Informática - Idiomas

---

**SEJA AUTOR DA ALTA BOOKS!**

Envie a sua proposta para: autoria@altabooks.com.br

Visite também nosso site e nossas redes sociais para conhecer lançamentos e futuras publicações!

*www.altabooks.com.br*

**ALTA BOOKS**
EDITORA

/altabooks • /altabooks • /alta_books

Este livro foi impresso nas oficinas gráficas da Editora Vozes Ltda.,
Rua Frei Luís, 100 – Petrópolis, RJ.